François Delaroziere | Machines de Ville

Ouvrage publié sous la direction de Claire David

Première de couverture :
Le Dragon de Calais en spectacle : première apparition dans le port de pêche.
The premiere appearance of the Dragon of Calais during a show in the fishing port.

Quatrième de couverture :
Sur l'île de Nantes , le Grand Éléphant avec cinquante personnes à bord croise le Carrousel des mondes marins.
On the Île de Nantes, the Elephant passes the Marine Worlds Carousel with fifty passengers on board.

Ouvrage publié en coédition avec la compagnie La Machine.

Graphisme : Anne-Laure Exbrayat, studio graphique Actes Sud
Traduction anglaise / Translation : Global Link, Emily Battersby & Bronwyn Mahoney
Photograveur : Atelier Frédéric Claudel

© Actes Sud / Compagnie La Machine, 2020.
ISBN : 978-2-330-13643-7

Achevé d'imprimer en août 2020 par l'imprimerie Sepec à Péronnas
pour le compte des éditions Actes Sud, Le Méjan,
place Nina-Berberova, 13200 Arles.
www.actes-sud.fr

Dépôt légal 1re édition : septembre 2020
(Imprimé en France.)
Numéro d'impression : 08374190990

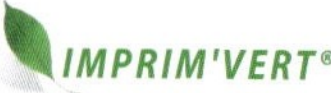

François Delaroziere

Machines de Ville

Propos recueillis par Philippe Dossal
An interview with Philippe Dossal

Préface de David Mangin
Preface by David Mangin

ACTES SUD | COMPAGNIE LA MACHINE

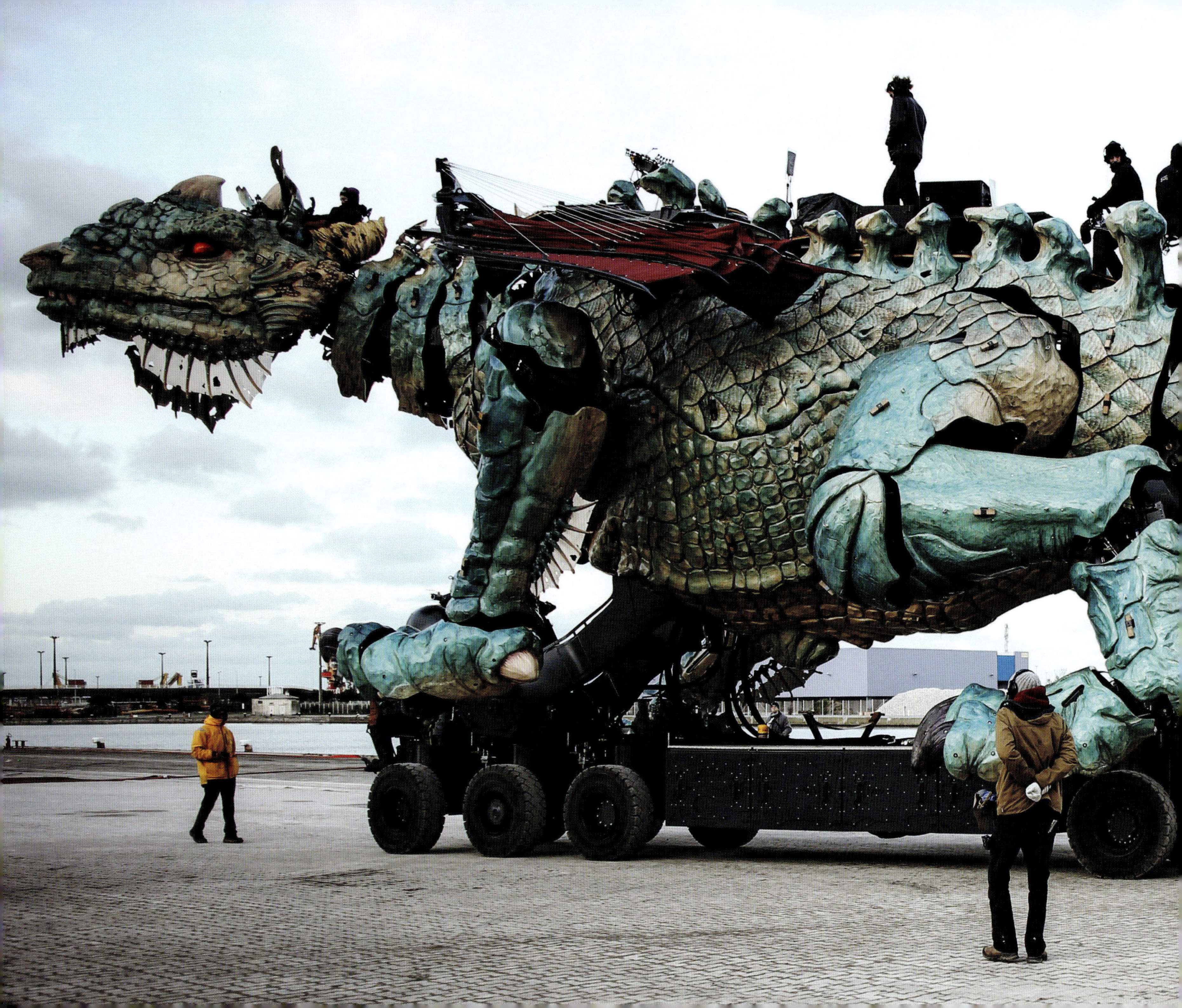

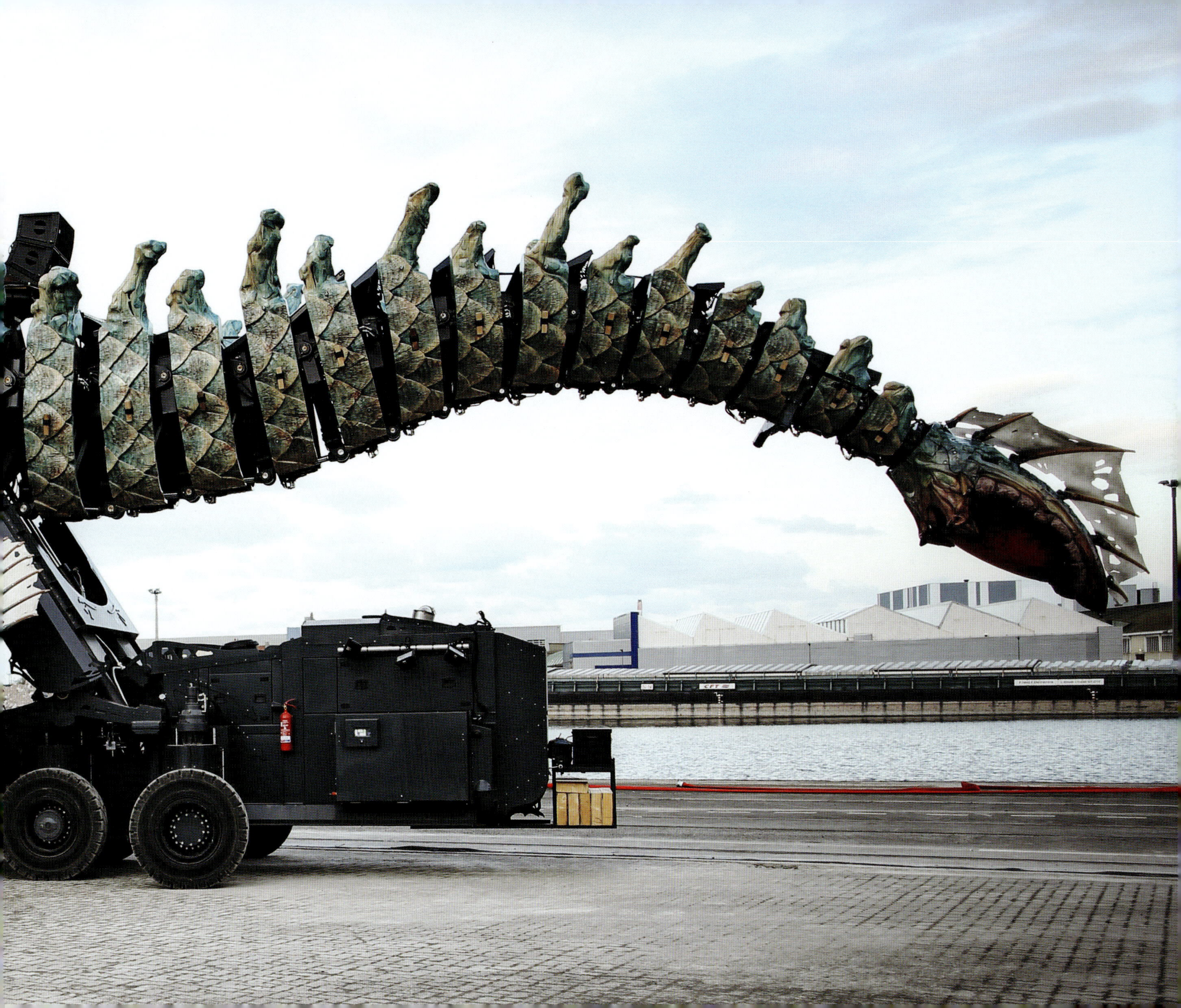

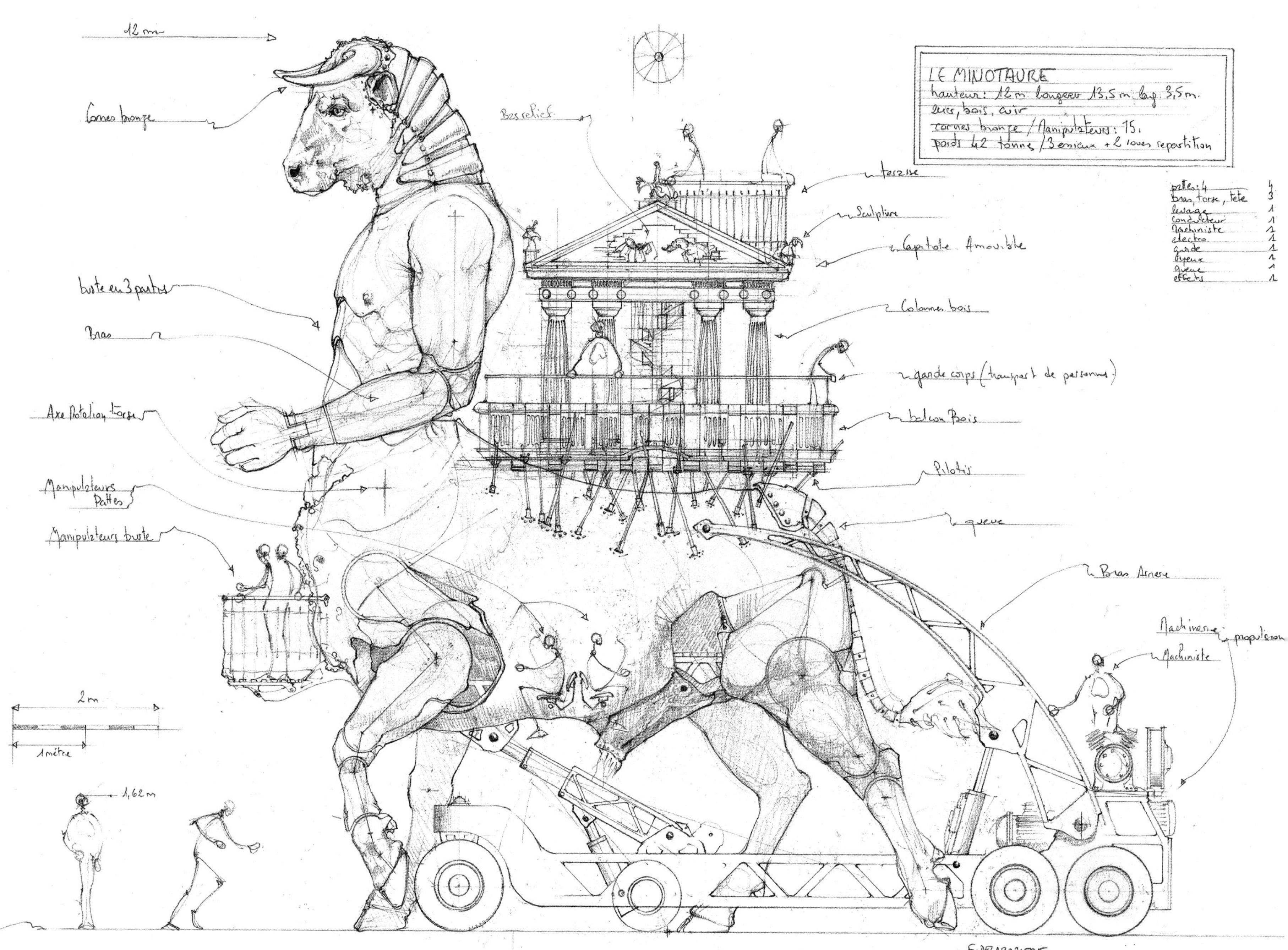

12 m
Cornes bronze
buste en 3 parties
Bras
Axe Rotation torse
Manipulateurs Pattes
Manipulateurs buste
2 m
1 mètre
1,62 m
Bas relief
terrasse
Sculpture
Capitale Amouvible
Colonnes bois
garde corps (transport de personnes)
balcon Bois
Pilotis
queue
Bras Arriere
Machinerie propulsion
Machiniste
LE MINOTAURE
hauteur: 12 m. longeur 13,5 m. larg: 3,5 m.
acier, bois, cuir
cornes bronze / Manipulateurs: 15.
poids 42 tonne / 3 essieux + 2 roues repartition
pattes: 4 — 4
bras, torse, tete — 3
levage — 1
conducteur — 1
machiniste — 1
electro — 1
garde — 1
yeux — 1
queue — 1
effets — 1
— F. DELAROZIERE —

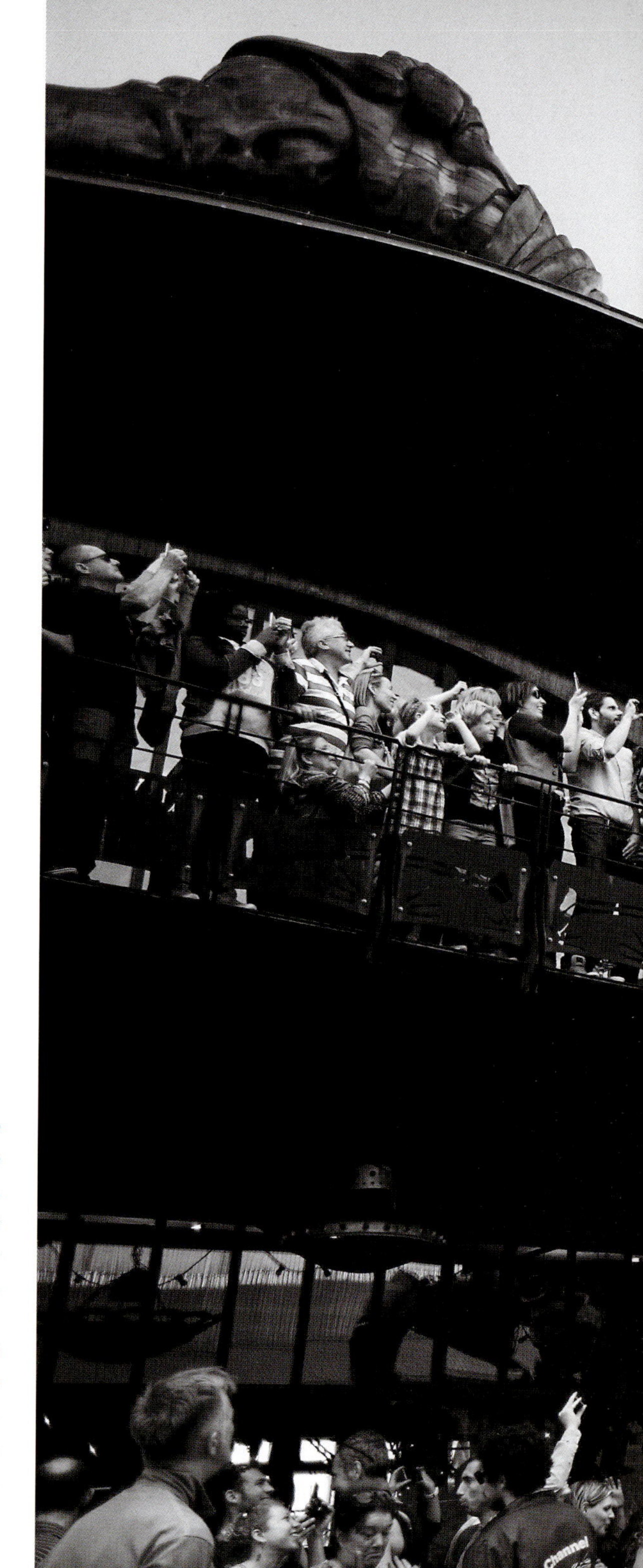

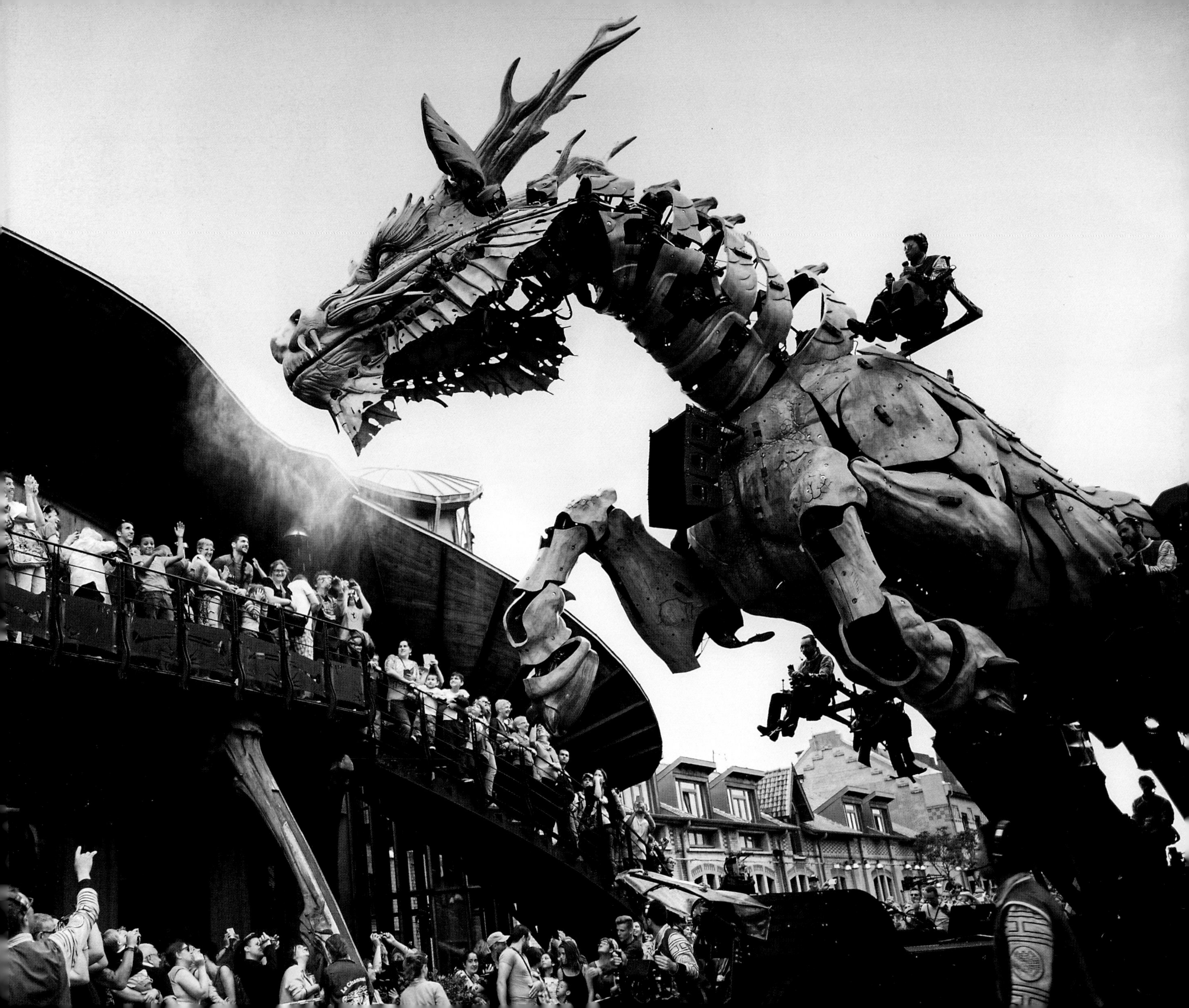

Les machines de ville de la compagnie de François Delaroziere sont des architectures urbaines en mouvement. Elles participent de la ville et la révèlent. Elles habitent l'espace public et accompagnent ainsi les nécessaires transformations. Elles sont porteuses d'histoires dans lesquelles les habitants deviennent les acteurs et la ville le décor.

Ces gigantesques machines se découpent et se superposent sur un fond de façades d'immeubles ou de bâtiments. Elles m'évoquent l'extraordinaire "Théâtre du Monde" créé par l'architecte Aldo Rossi pour la Biennale de Venise de 1980. Ce théâtre en bois monté sur une barge accueillait une scène éphémère, dans la tradition des carnavals, se déplaçait lentement sur les grands canaux pour accoster sur les quais de la Dogana di Mare et voguer vers les ports de l'Adriatique. Le décalque du théâtre octogonal en bois haut de vingt-cinq mètres glissant sur les façades contemporaines de brique et de marbre nourrissait l'imagination évoquant les célèbres tableaux du peintre vénitien Carpaccio.

EN COMPAGNIE DES MACHINES

L'apparition des machines de la compagnie lorsqu'elles surgissent au détour d'une rue de Toulouse, au milieu des hangars de l'île de Nantes, ou se réveillent sur la Grande Place de La Roche-sur-Yon, participe à cette même mythologie. Ces architectures mobiles, par leur aspect mécanique et métallique, nous rappellent aussi les engins qui réalisent nos travaux publics. Les chantiers souvent cachés et dissimulés par des palissades sont un spectacle à eux seuls, parfois même plus désirables que le résultat bâti…

Les machines de ville participent au mouvement général de la ville. Elles ont pour vocation et destination d'accompagner de grands projets de transformation urbaine : à l'île de Nantes une manière de faire avec les friches industrielles ; à La Roche-sur-Yon d'occuper par un récit un espace impossible du fait de ses dimensions disproportionnées.

À Montaudran, l'installation de la compagnie La Machine et surtout son esprit sont une chance pour le projet de réhabilitation urbaine mais aussi, bien sûr, pour les quartiers voisins et pour l'ensemble de la métropole toulousaine. Transformer ce légendaire terrain d'aviation enherbé, devenu piste en béton de mille huit cents mètres de long et trente mètres de large, est un défi pour l'urbanisme. De nombreux

terrains et pistes d'aviation ont été rejoints par l'étalement urbain. La conception que François Delaroziere a d'un espace public partagé et événementiel est à la hauteur du projet en cours. Opportunité magnifique qui défend l'idée d'un espace libre d'accès et gratuit, aujourd'hui largement menacé : villes "franchisées" privatisées, vidéosurveillées, "managées" se répandent partout, lorsque tout n'est pas déjà conçu pour et par la voiture, en ne délivrant que des aires de parking et des bordures de routes.

Le Minotaure, par sa taille, est à l'échelle et habite le lieu. Son génial battement de paupières, à lui seul, fait vibrer la foule et la piste. Le savoir-faire de l'équipe et l'autorité naturelle de François Delaroziere pour manœuvrer dans les allées et les boulevards de Toulouse et maintenant sur le site de Montaudran sont impressionnants. Ceux qui ont eu la chance, et ils furent des centaines de milliers, de voir "L'Opéra total du Minotaure" dans les allées, sur les ponts et la place du Capitole s'en souviendront longtemps.

Plus largement, au-delà de ce qu'on appelle un urbanisme événementiel, ces interventions sont des révélateurs de ce qu'a de plus précieux l'idée européenne de l'espace public apparue à la renaissance italienne et que le monde nous envie. Il suffit de voir l'engouement des passants autour des machines de ville à Calais, Reims, Yokohama, Santiago du Chili ou Beijing pour se dire que cet espace commun d'appartenance qui nous est cher en Europe se retrouve partout dans le monde.

Durant la récente période de confinement mondial, le spectacle des rues et des avenues vides d'humains et d'automobiles a sidéré. Il rappelle, en creux, l'importance d'habiter-vivre l'espace public. Certes, toutes les rues, toutes les places, n'ont pas vocation à être "animées" : il y a des rues tristes, ensoleillées ou non, commerciales ou résidentielles, longées de vitrines ou de murs… Mais les villes, les grandes villes, ont besoin d'événements qui attirent, rassemblent, dynamisent. L'humanité des machines de La Machine a cette capacité. Et quand elles s'installent, comme en témoigne ce livre, elles permettent un nouveau regard sur sa ville. Merci à elles.

David Mangin
Urbaniste architecte
Agence seura Architectes

The city machines from François Delaroziere's company are urban architecture in motion. By forming an integral part of the city they reveal it all the more. By living in the public space they accompany necessary and essential transformations undertaken by city planners. They are the bearers of stories in which the inhabitants become the actors and the city sets the scene.

The silhouettes of these gigantic machines form a juxtaposition against the backdrop of urban facades and buildings. They remind me of the extraordinary Teatro del Mondo (Theatre of the World) created by the architect Aldo Rossi for the 1980 Venice Biennale. This wooden theatre, mounted on a barge in the carnival tradition, hosted an ephemeral scene, moving slowly along the Grand Canal to dock at the quays of the Dogana di Mare and sail towards the ports of the Adriatic. The image of the octagonal wooden theatre, twenty-five metres high, gliding along contemporary brick and marble facades fuelled the imagination, evoking the famous paintings of the Venetian painter Vittore Carpaccio.

IN COMPANY WITH THE MACHINES

The vision of the machines created by La Machine, whether they appear around the corner of a street in Toulouse, come to life in the middle of the hangars on the Île de Nantes, or wake up on the Grande Place in La Roche-sur-Yon, are part of the same mythology. These mobile architectures, by their mechanical and metallic aspect, also remind us of the machines that carry out our public works. The building sites, often hidden and concealed by palisades, are a spectacle in themselves, sometimes even more interesting than the finished result.

City machines are part of the general vibe of the city in which they dwell. Their vocation and destination are to support major urban transformation projects: on the Île de Nantes they introduced a way of doing business with brownfield sites; at La Roche-sur-Yon they occupy and animate a space complicated by its disproportionate dimensions.

The arrival of La Machine, with the mindset it embodies, at Montaudran and its legendary airfield in Toulouse, provides an exciting opportunity to renovate an urban territory, but also opens up new horizons for neighbouring districts and even the city itself.

The transformation of this mythical grassy airfield, which has since become a concrete runway of one thousand eight hundred metres long and thirty metres wide, is a true town-planning challenge. Many airfields and runways have been infiltrated by urban sprawl.

François Delaroziere's conception of a shared public and event space is consistent with the current project. It is a magnificent opportunity to defend the idea of an open space, free of charge, an idea today widely threatened: privatised, franchised, camera-controlled, "managed", cities are spreading everywhere, when everything is not already designed for and by the car, providing only parking and roadside areas.

The Minotaur, by its size, is to scale and inhabits the place. His awesome blinking alone thrills the crowd and the runway. The expertise of the team and the natural authority of François Delaroziere to manoeuvre in the alleys and boulevards of Toulouse and now on the Montaudran site are impressive. Those who were lucky enough, and there were hundreds of thousands, to see *The Total Opera of the Minotaur* in the alleys, on the bridges and on the Place du Capitole will remember it for a long time. More broadly, beyond what is called urban planning, these interventions deliberate on a notion even more valuable: that of a public space. The awareness of its importance was first developed in Europe during the Italian Renaissance and the world over now envies us for it. Suffice to see the enthusiasm of passers-by when face-to-face with city machines in Liverpool, Calais, Reims, Yokohama, Santiago de Chile or Beijing. Their presence equates with a statement that says this common space of belonging, dear to us in Europe, is found throughout the world.

During the recent period of almost global lockdown, the spectacle of empty streets and avenues void of humans and cars has stunned. The stark contrast recalls the importance of living and occupying the public space. Admittedly, all the streets, all the squares, are not intended to be "animated": there are quiet streets, sunny or not, commercial or residential, lined with shop windows or walls. But the cities; the big cities need events that attract, bring together, energise. The humanity of La Machine has this capacity. And when they settle in, as this book shows, they throw a new light on the city. Thanks to them.

David Mangin
Town planner architect
SEURA Architectes

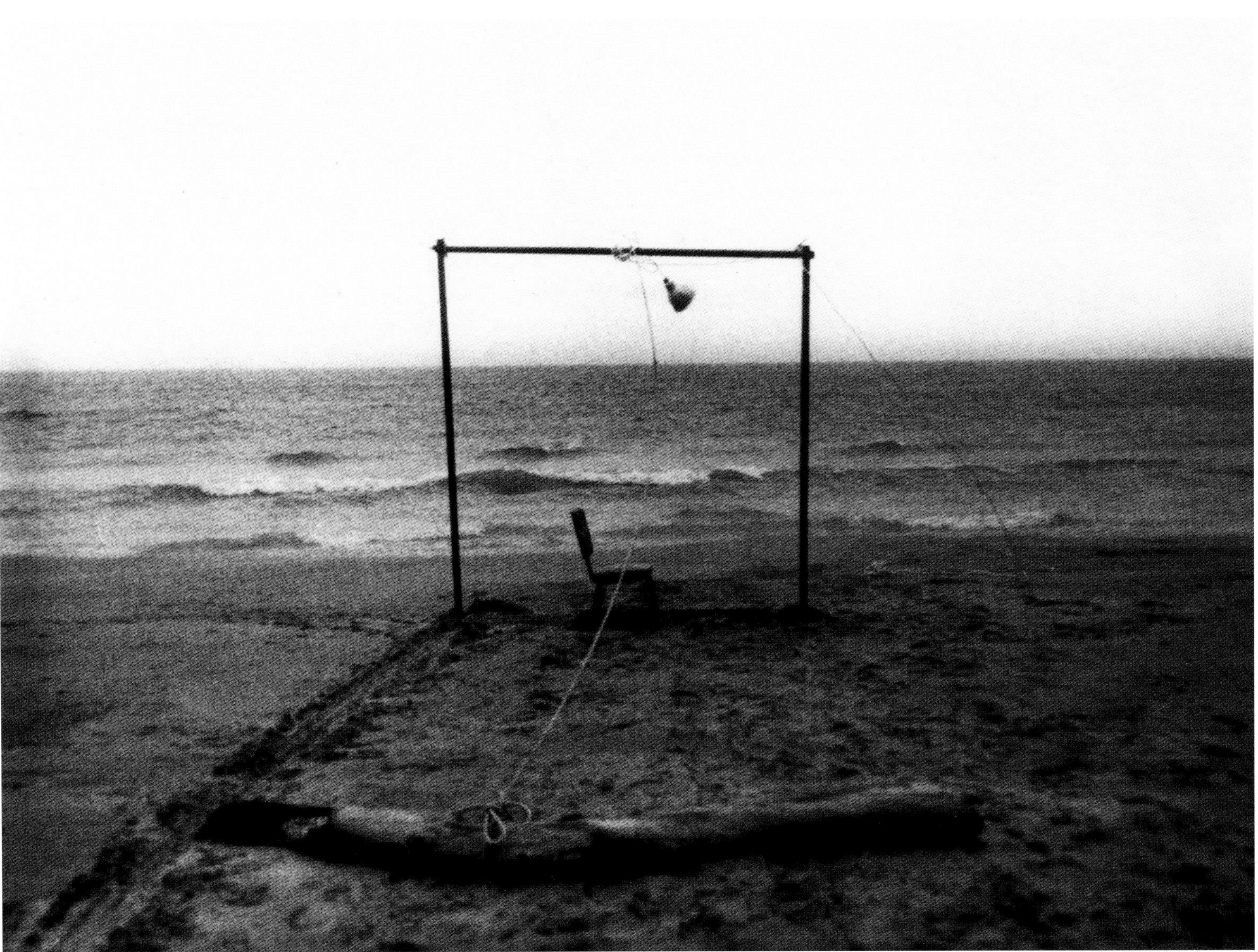

L'acte de construire, de façonner, d'assembler est un acte théâtral. Qu'il s'agisse d'un bâtiment, d'interventions sur l'espace public ou de construction mécanique, un chantier est toujours remarquable. Il témoigne du fait que la ville est elle-même un mouvement permanent. On peut presque dire que l'espace public est un magma, un organisme vivant, qui évolue et se transforme constamment. La ville n'est pas la même le matin et le soir, les flux ne cessent d'évoluer, de se dilater, de se rétracter, au rythme de l'activité humaine. Le retour des piétons dans les centres-villes et l'avènement d'une circulation plus apaisée modifient notre perception de l'espace, des volumes, de l'environnement urbain, laissant apparaître des interstices, des espaces délaissés, des friches artisanales ou industrielles que la ville nouvelle s'emploie à oublier. Petit à petit, à pas de loup, des saltimbanques à la recherche d'espaces pour expérimenter leur savoir-faire, des comédiens sortis de leurs boîtes s'emparent de ces délaissés, leur redonnent vie, les mettent en lumière. La rue s'ouvre au spectacle, des artistes investissent les lieux publics, modifiant le regard porté sur une ville trop utile et froide, incitant les citadins à ouvrir et lever les yeux, à agrandir leur regard. Le frottement entre la ville sage et la ville théâtrale réinjecte de la vie, de la poésie, de l'émotion dans les parcours quotidiens. Dans quelques villes téméraires, cet élan artistique se poursuit avec l'apport d'architectures mobiles. Aujourd'hui, des machines géantes réenchantent des quartiers entiers, accompagnent leurs mutations. Ce dialogue est le fruit du long cheminement engagé au sein de la compagnie La Machine. Fait de rencontres inattendues, après s'être attardé longuement sur des tables à dessin, ce langage, fruit de collaborations multiples, se forge dans nos ateliers pour finalement se déployer dans les rues, sur les places de villes aujourd'hui conquises, comme Nantes, La Roche-sur-Yon, Toulouse ou Calais.

LA VILLE COMME THÉÂTRE

Filmer l'horizon, vidéo-performance de François Delaroziere aux Saintes-Maries-de-la-Mer, 1983. *Filmer l'horizon* (Filming the Horizon), a video-performance by François Delaroziere at Saintes-Maries-de-la-Mer, 1983.

LE GRAND DEHORS

Tout commence en apparence par un pas de côté. Malgré le fait que je ne sois pas issu d'une famille d'agriculteurs – mon père est un constructeur, bricoleur de génie, menuisier, capable de bâtir à lui seul une maison, des fondations aux poignées de porte –, mon parcours débute par des études agricoles dans un internat entre Aix-en-Provence et Marseille. Ces trois années d'études me permettent d'appréhender au plus près le fonctionnement de la nature. J'apprivoise la biologie animale, la biologie végétale, la génétique, la météorologie, le fonctionnement du cycle de l'eau. J'apprends aussi à tailler la vigne, les pommiers, à observer les animaux, leurs modes de reproduction, leur façon de se déplacer, leurs mouvements. Tout cela me passionne et m'est extrêmement précieux aujourd'hui, puisque ma source d'inspiration principale reste la nature. Au terme de ces études secondaires, rattrapé par une passion immodérée pour le dessin, j'opte pour l'École des beaux-arts de Marseille. Le temps et le mouvement me fascinent et, durant six années, j'utilise les paysages comme support d'expression. Le hasard veut que, dans le même temps, je fasse la connaissance de la compagnie Royal de luxe, une troupe iconoclaste de théâtre de rue. Je passe une partie de mes week-ends avec cette bande d'originaux qui squattent une maison dans les Cévennes où l'on construit des baignoires roulantes et bien d'autres accessoires aussi inutiles qu'ingénieux. Cette rencontre avec la compagnie de théâtre de rue Royal de luxe, alors au tout début de son aventure, renforce une attirance de plus en plus marquée pour la rue et l'espace public. Par ailleurs, en tant que plasticien, je réalise des performances en immersion dans les paysages naturels. Jusqu'au jour de 1988 où je décide avec mon ami Henry Gallot-Lavallée d'habiter, trois semaines durant et en plein hiver, deux platanes du parc Chanot à Marseille. Cette performance pour laquelle il faut, non sans peine, obtenir l'autorisation du maire de l'époque, Gaston Deferre, ne passe pas inaperçue mais, surtout, me fait prendre conscience du fait que mon expression artistique est là : c'est l'espace public, c'est la ville, c'est l'extérieur. Je me rends compte aussi, avec un plaisir immense, de l'impact que peut avoir ce type d'action sur la ville, sur le paysage et aussi sur les habitants, dont les réactions provoquent des échanges infinis.

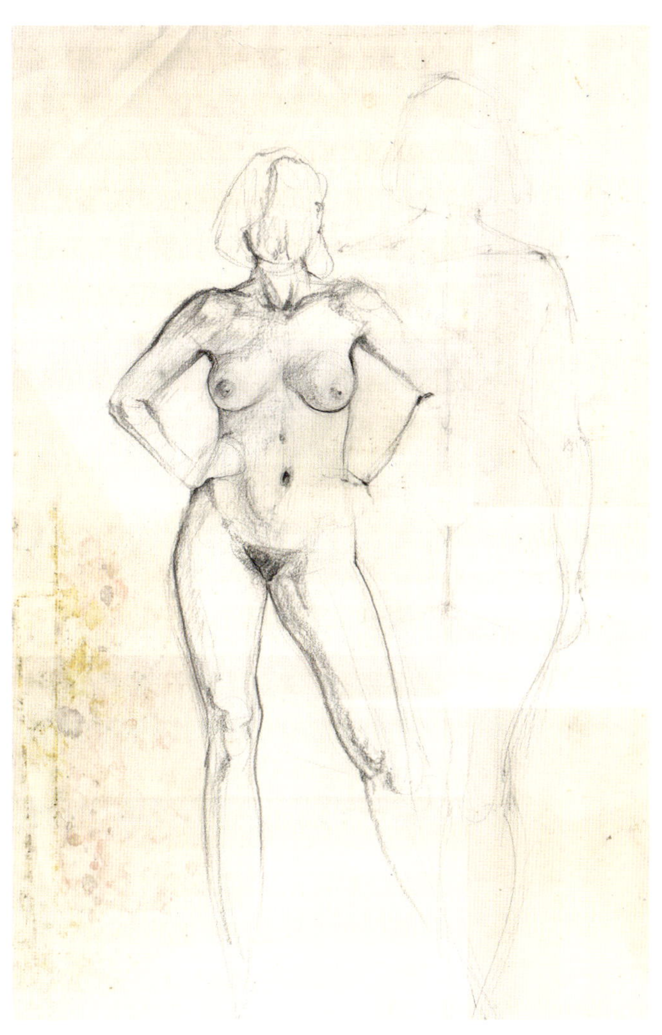

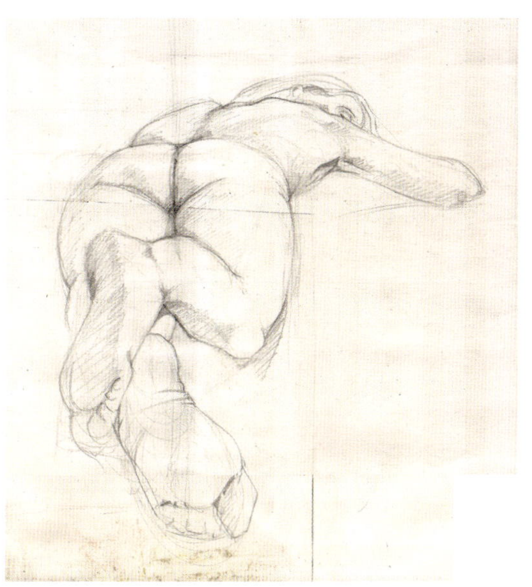

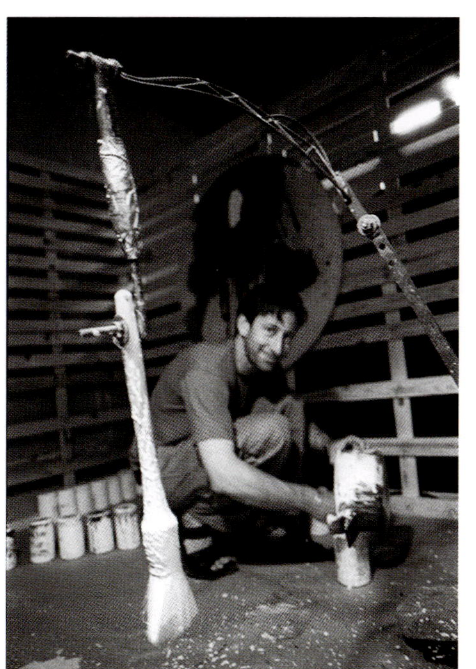

UNE EXPÉRIENCE INOUBLIABLE

Dans le même temps, je travaille dans le design pour financer mes études, pour l'aménagement de magasins ou la création de modèles prototypes de mannequins destinés aux moulages industriels. Je me frotte à la fabrication concrète, je me familiarise avec les machines-outils, j'apprends à souder, je me forge au sens propre du terme et je deviens à mon tour constructeur. C'est au cours d'un voyage de repérage à Rio de Janeiro que tout bascule. Jean-Luc Courcoult, metteur en scène de la compagnie Royal de luxe, a l'idée d'un grand personnage manipulable qui pourrait arpenter les rues. Il imagine une marionnette haute de cinq mètres. Au regard de l'échelle de la ville, cette hauteur me paraît insuffisante et je lui propose de construire un personnage encore plus grand, neuf ou dix mètres, pour provoquer le vertige des spectateurs. Il faut savoir qu'en règle générale le vertige apparaît à partir de trois fois notre propre hauteur. Je me lance dans le dessin puis dans la construction du Géant dans notre vieux hangar de Blagnac. Nous ne sommes pas plus de quatre ou cinq pour fabriquer cette marionnette géante avec les moyens du bord. Nous choisissons de ne pas masquer les articulations, d'assumer les soufflets et de laisser la manipulation à vue. Mon expérience artistique me conduit à utiliser des matériaux bruts, le bois et le cuir qui bronzent comme la peau, l'acier, le cuivre. À mes yeux, le matériau incarne la vie. Là, nous allons de surprise en surprise, proprement fascinés par l'échelle de ce que nous sommes en train de produire. Je me souviendrai toujours de la première sortie du Géant au Havre où, réveillé un matin pour se lever dans son échafaudage de quatorze mètres de hauteur et de huit mètres de large, il tétanise le public venu en nombre. Mon intuition était juste, le rapport d'échelle se révèle le bon dans les rues de la ville. La manipulation à vue devient un élément narratif et le Géant prend vie sous nos yeux. Les spectateurs sont bouleversés, c'est une expérience inoubliable.

Le Géant est un tournant pour moi et je retiens que la notion d'échelle, de taille des machines, joue un rôle capital sur le regard que l'on porte non seulement sur la machine, mais aussi sur la ville.

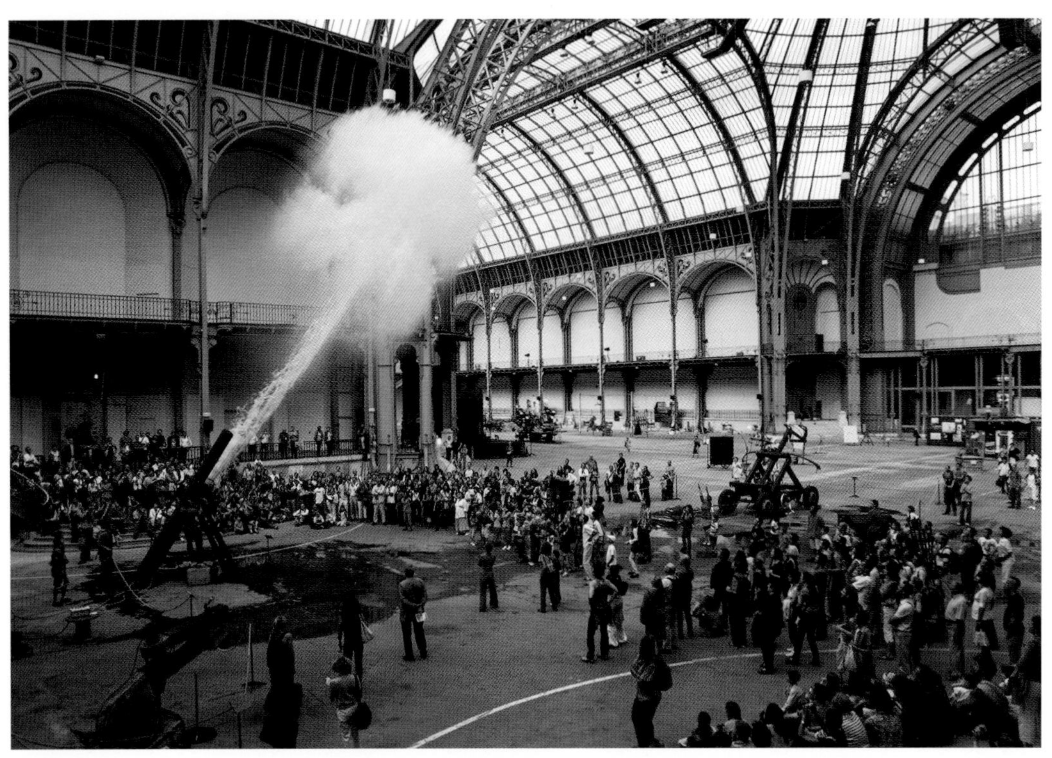

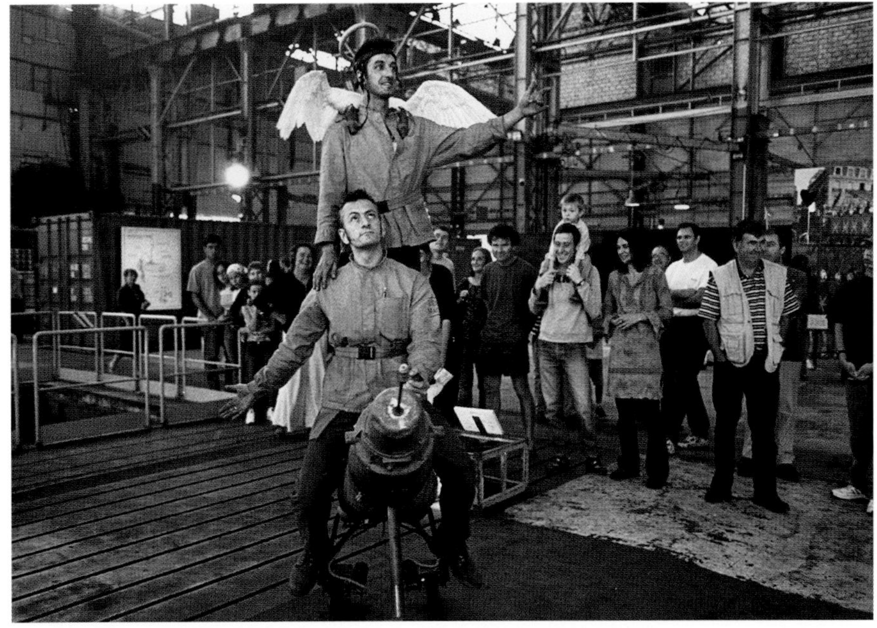

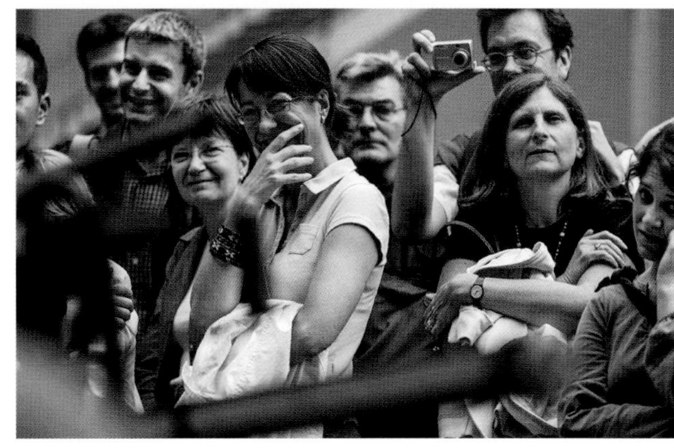

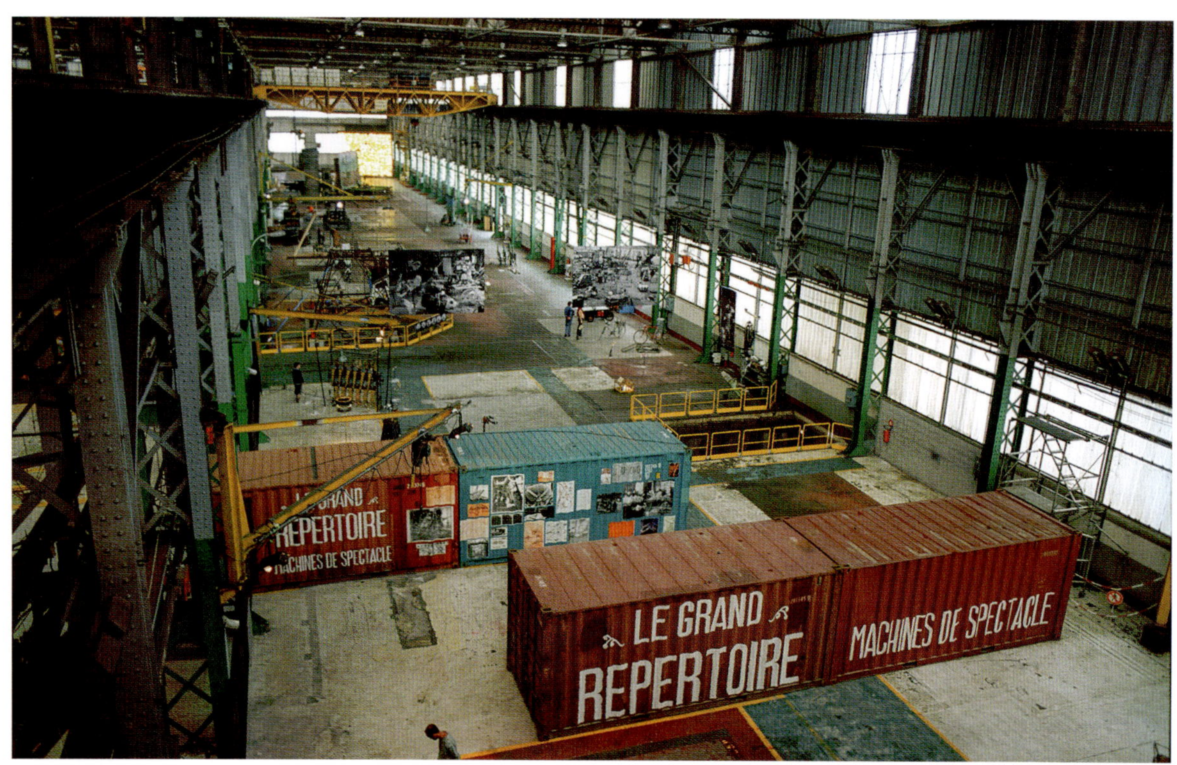

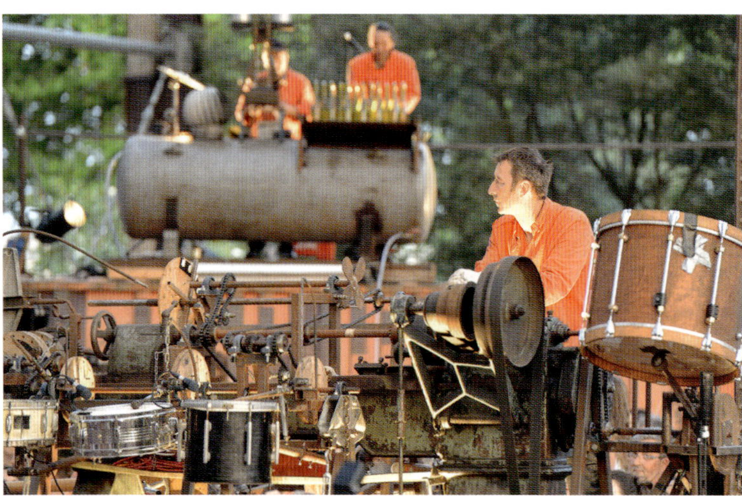

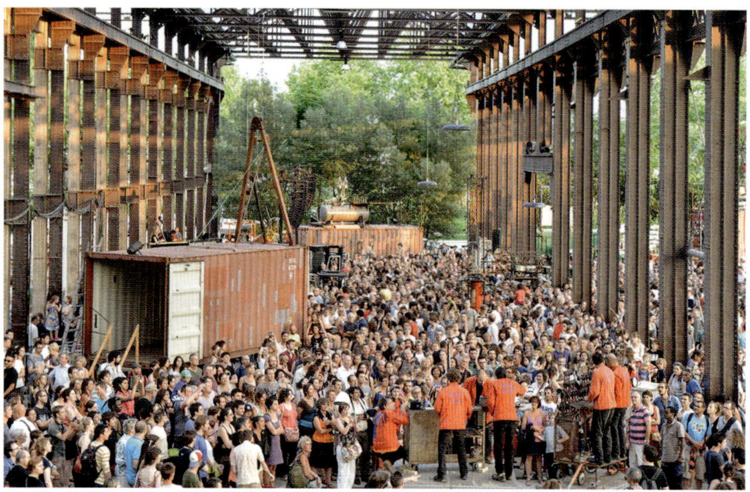

Je retiens également l'importance du travail sur le mouvement qui exprime la vie et produit de l'émotion. Prenons l'exemple d'un bras articulé. Il évolue dans l'espace selon plusieurs paramètres : amplitude, fréquence et vitesse. Un mouvement très lent, ample, avec une vitesse très faible va exprimer la douceur. À l'inverse, un mouvement très court, saccadé, vibrant et bruyant exprime le stress et peut traduire une forme de violence. La machine par son expression théâtrale devient ainsi vivante. Dans nos ateliers, on peut être ingénieur, soudeur, constructeur et manipuler une machine en spectacle, aussi faire de la musique ou travailler un costume. Le fait de passer d'une tâche à l'autre enrichit nos capacités, même si la compétence la plus pointue doit toujours être requise au bon moment. Nous faisons ainsi en sorte qu'au sein de La Machine, les équipes soient polyvalentes.

MACHINES DE SPECTACLE, MACHINES DE VILLE

La compagnie La Machine est le prolongement naturel de mon activité de création de machines de spectacle. C'est par "Le Grand Répertoire. Machines de spectacle" au début des années 2000, une exposition d'une centaine de machines réunies dans une friche industrielle sur l'île de Nantes, qu'une relation durable avec le public s'installe. Cette exposition-spectacle, qui tourne dans plusieurs villes, rassemble, dans un joyeux mélange de mécaniques folles, les créations de trente-cinq concepteurs provenant de quinze compagnies européennes. Ces œuvres d'art animées par leurs concepteurs ou des comédiens sont toutes visibles à trois cent soixante degrés et composent un événement vivant, inédit, qui intrigue et enchante des milliers de visiteurs. Dans le même temps, le projet de créer des machines pérennes sur l'île de Nantes prend forme. Les machines de spectacle vont peu à peu se transformer en machines de ville. L'Éléphant de Nantes en est la première traduction et sa fonction qui consiste à transporter du public légitime son insertion dans le milieu urbain. La présence d'une machine qui arpente le paysage, se confronte à la ville et à la vie au quotidien, à la lumière qui change, aux visiteurs qui gravitent autour de l'animal mécanique, tout cela

crée une forme théâtrale assez douce. L'ex-directeur du département de scénographie de l'École d'archi-tecture de Nantes et ami aujourd'hui décédé, Marcel Freydefont, a nommé cela du "théâtre infusé". Le groupe de visiteurs qui monte sur la machine devient acteur d'une scène vue par des spectateurs au sol, lesquels, en regardant le grand éléphant, lèvent les yeux. L'Éléphant prend alors le paysage en otage en transformant de grands bâtiments, les anciennes nefs des chantiers navals, en décor. En d'autres termes, ces machines nous font percevoir la ville comme une immense scène. Le théâtre c'est, étymologiquement, le lieu où l'on raconte. Cela veut dire que le visiteur devenu spectateur se raconte une histoire à lui-même. Il me semble que nos villes sont souvent trop sérieuses et doivent s'enrichir de perturbations artistiques et émotionnelles qui stimulent l'imagination et nous poussent à échanger, à lever les yeux. Les parcours urbains, du lieu de vie au travail en passant par les espaces de consommation, qu'on les arpente en train, en voiture ou à pied, sont tristes si la ville ne féconde pas le paysage par l'art ou le théâtre. Nous avons besoin de ces déclencheurs qui nous permettent de changer de regard plutôt que de ville utile, où l'on gère les flux, où l'on sépare les usages entre les piétons, les cyclistes, les automobilistes et les bus. Une distance de deux kilomètres peut être un enfer et paraître extrêmement longue. Si on y installe des œuvres, des objets en mouvement, des événements impromptus, cette distance paraîtra beaucoup plus courte. On aura le sentiment d'avoir marché moins longtemps. Les perceptions du temps et de l'espace sont intimement liées. La présence des machines, que l'on vient voir en famille et en nombre, génère des échanges émotionnels et il se passe quelque chose de magique quand les passants devenus spectateurs se regardent, sourient et partagent une émotion commune.

L'ACCOMPAGNEMENT DE PROJETS URBAINS

Le travail sur de grandes formes dans le tissu urbain demande des repérages très précis. Il est nécessaire de rencontrer des élus avec lesquels il faut savoir décrypter leur ville, comprendre les enjeux, entendre

Première apparition publique du
Grand Éléphant à Nantes.
First public appearance of the
Great Elephant in Nantes.

Selfie lors d'une sortie de
Long Ma à Ottawa.
Selfie taken during a Long Ma
outing in Ottawa.

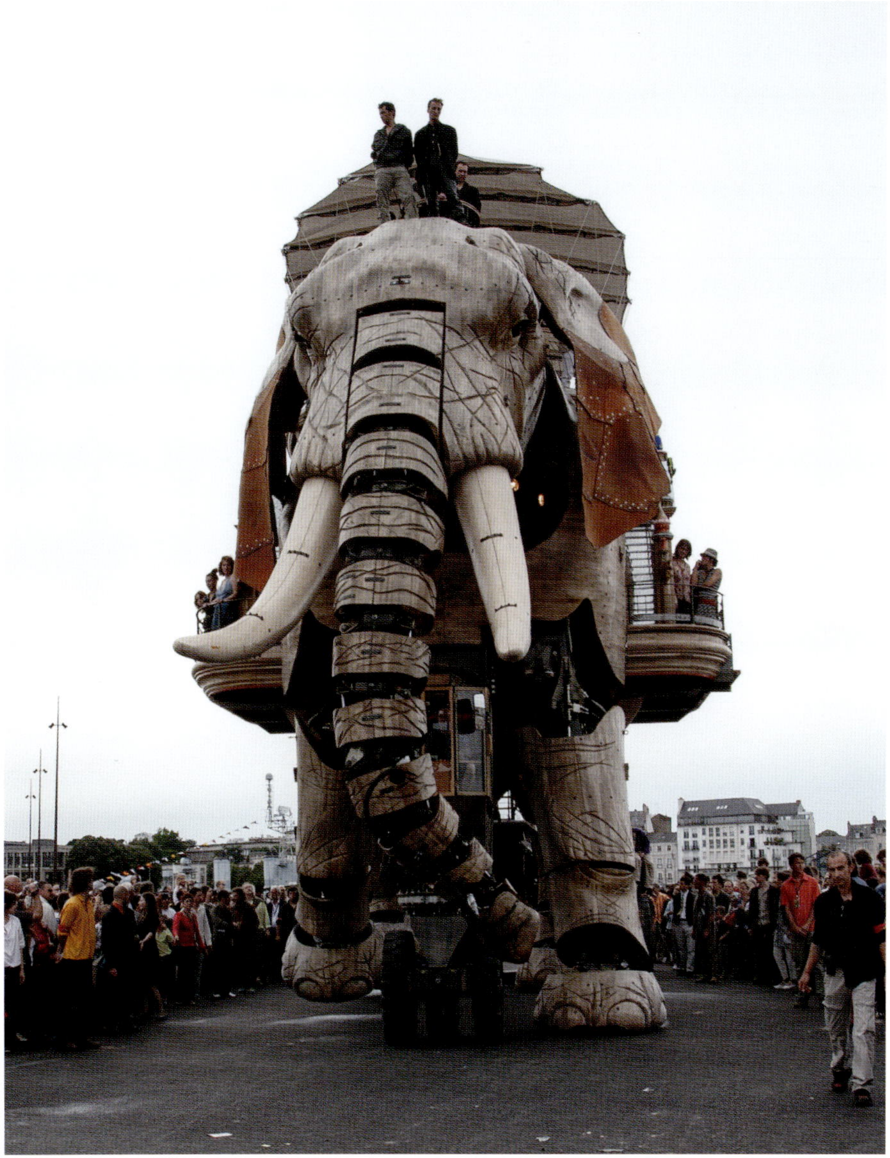

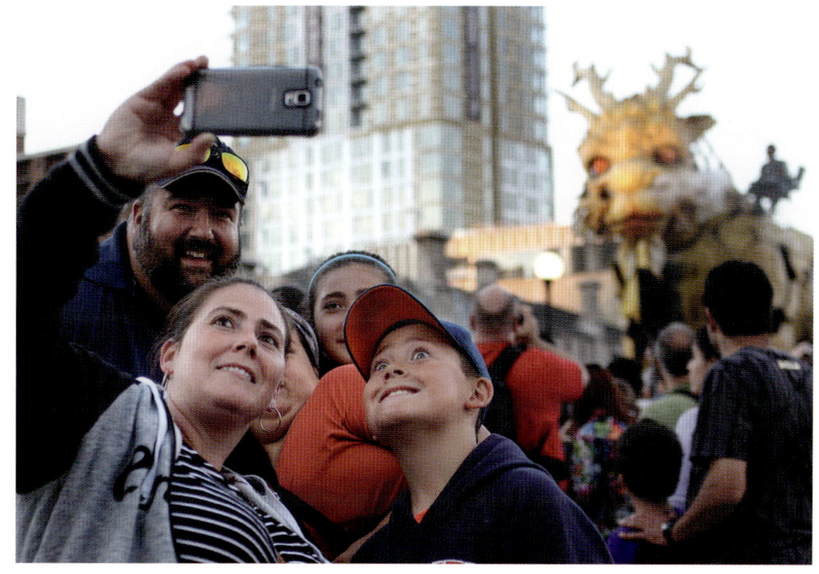

les préoccupations, saisir le projet politique, avant d'envisager tout projet d'aménagement urbain. Il faut également composer avec leurs exigences, qui ont souvent tendance à choisir les lieux d'aménagement possible en fonction de l'agenda politique pour mettre en lumière par exemple la rénovation d'une place ou d'un quartier. J'apprends ainsi à écouter mais aussi à observer la ville, le comportement de ses habitants, les usages. Au fil des ans, nous avons développé une forme d'expertise. Force est d'observer que notre urbanisme ne laisse aujourd'hui que peu de place à l'expression artistique. Nos aménageurs ont tendance, souvent par réflexe, à combler les vides. On occupe l'espace en y greffant des bancs, des arbres ou du mobilier urbain, on le remplit, on ne l'habite pas, et on empêche toute autre activité de s'y déployer. En observant attentivement tel ou tel lieu, on comprend que l'éclairage public n'est pas toujours bien placé, que les atriums, les amphithéâtres de rue ne sont pas ou peu utilisés par les habitants. Avoir la vision d'un artiste, c'est se permettre bien souvent de débusquer les lieux qui font partie du fonctionnement naturel de la ville avec un soin artistique, en prenant garde au placement du soleil par exemple pour ne pas éblouir, en protégeant l'environnement végétal et en créant des inattendus pour le regard. La ville comme je la ressens est un immense terrain de jeu et avec nos interventions elle peut se transformer en un grand théâtre.

Avec le temps, nous sommes devenus capables de dialoguer, de conseiller et d'interagir avec les aménageurs, les urbanistes et les techniciens. Certaines mairies, certaines métropoles se tournent vers nous, nous invitant à déchiffrer le territoire, acte préalable à la création, au dessin d'une nouvelle machine. J'aime rencontrer des historiens, travailler avec des urbanistes pour rêver les aménagements urbains à l'échelle de dix, quinze ou vingt ans, pour que nos propositions soient en lien avec la transformation permanente des villes et des habitants.

À Toulouse, place Terechkova, le Minotaure évolue sur la piste aéronautique après avoir embarqué cinquante passagers.
Place Terechkova, Toulouse, the Minotaur moves along the runway after taking on fifty passengers.

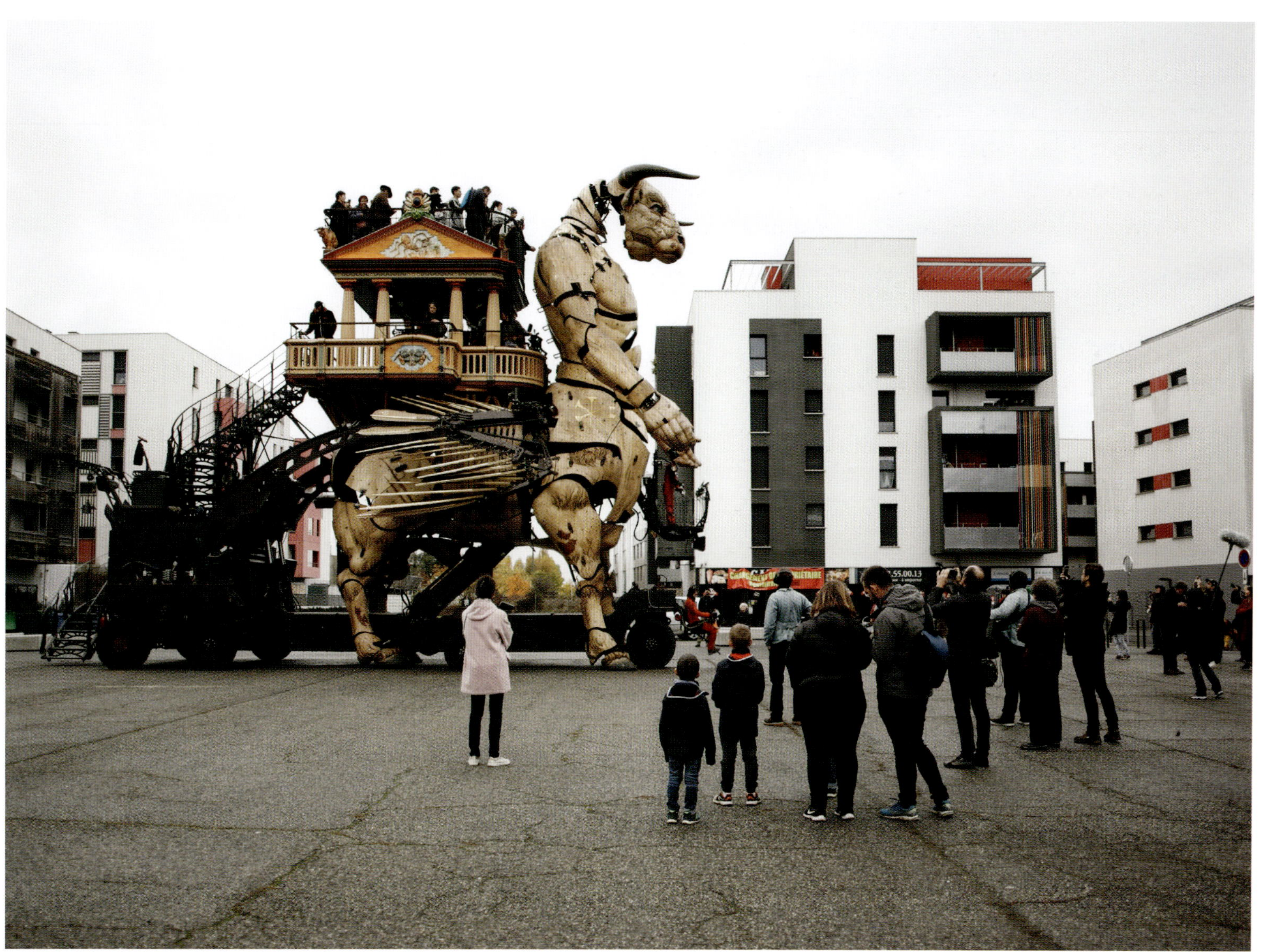

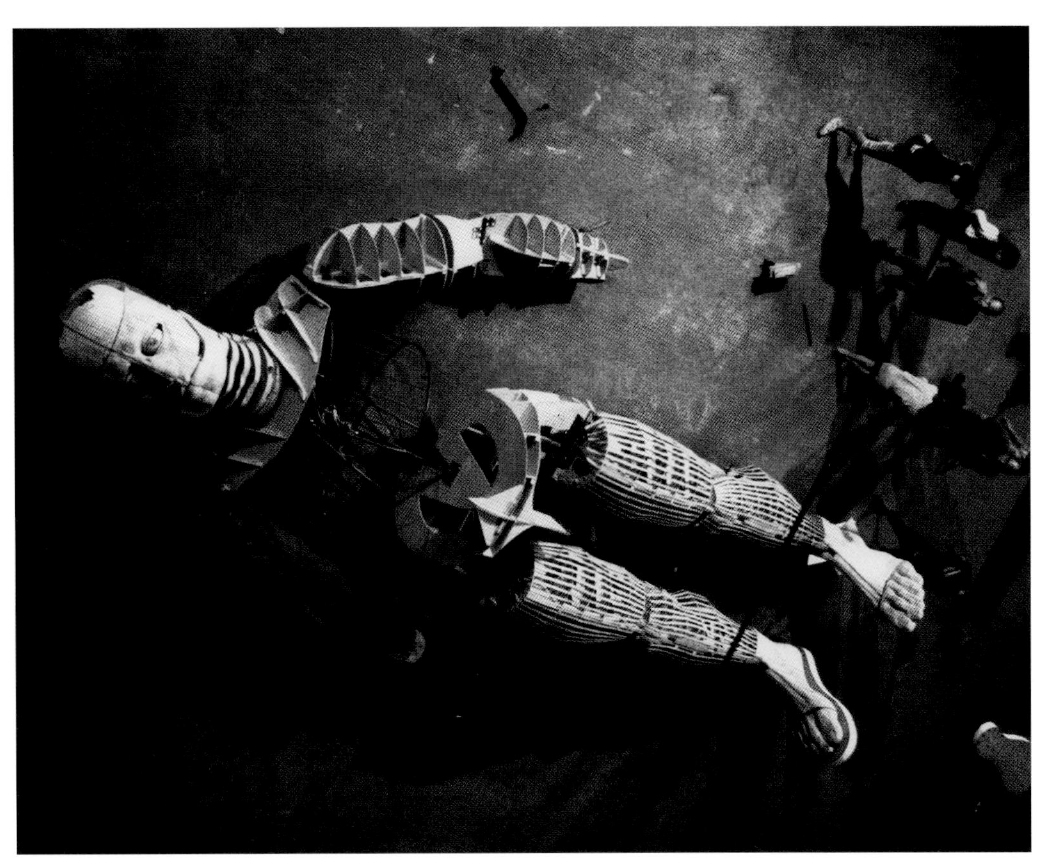
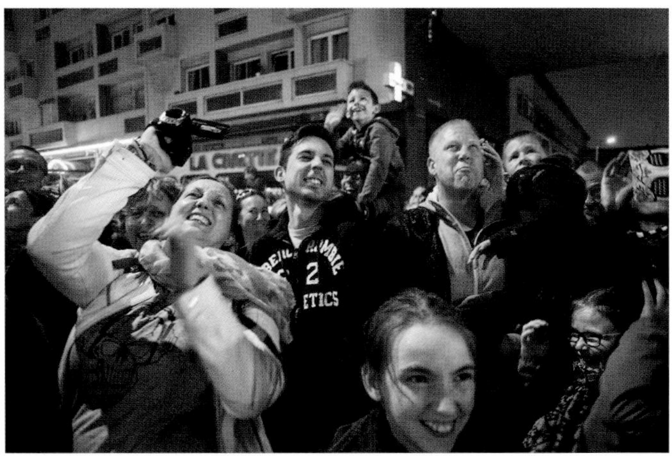
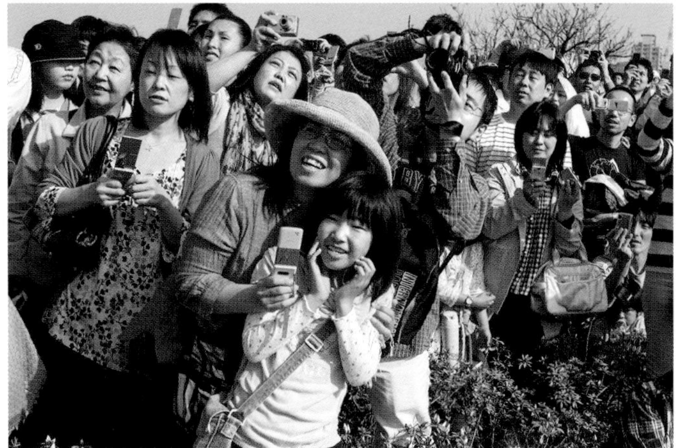

The act of building, shaping and assembly is theatrical in its nature. Whether it is a building, an intervention in public space or a mechanical construction, a work site is always remarkable. It testifies to the fact that the city itself is in permanent movement. We can almost say that public space is a magma, a living organism that is constantly evolving and transforming. The city is different in the morning and the evening – the flows continue to evolve, expand and retract, following the rhythm of human activity. The return of pedestrians to city centres and the advent of calmer traffic is changing our perception of space, volumes and the urban environment – revealing interstices, abandoned spaces, brownfields and industrial wastelands that the new city is trying to forget. Little by little, with baby steps, acrobats looking for spaces to experiment with their skills, actors coming taking hold of these derelict back to life, bringing them opens up to the spectacle, places changing the way is too often useful and cold, to open their eyes and to the action. The friction

THE CITY AS THEATRE

out of their boxes, are spaces and bringing them into the light. The street artists take over public people look at a city that encouraging city dwellers look up, drawing them between the prosaic city and the theatrical city injects life, poetry and emotion into daily journeys. In some daring cities, this artistic momentum continues with the contribution of mobile architectures. Today, giant machines re-enchant entire districts, accompanying their mutations. This dialogue is the result of the long journey taken by La Machine. Borne of unexpected encounters, after lingering for a long time on drawing tables, the language, the result of multiple collaborations, is forged in our workshops to finally unfold in the streets and the squares of now-conquered cities – including Nantes, La Roche-sur-Yon, Toulouse and Calais.

Construction du Grand Géant. Premier montage avant les finitions dans les ateliers nantais de la compagnie Royal de luxe.
Construction of the Big Giant. The initial assembly before finishing in the Nantes workshops of the Royal de Luxe company.

Public de Calais (en haut) et de Yokohama (en bas).
Audiences in Calais (top) and in Yokohama (bottom).

THE GREAT OUTDOORS

It all begins with a sidestep. Despite not being from a family of farmers – my father is a builder, a genius-level handyman, a carpenter, capable of building a house on his own, from the foundations to its door handles – my journey began with agricultural studies at a boarding school between Aix-en-Provence and Marseilles. These three years of study allowed me to get a closer look at how nature works. I am familiar with animal biology, plant biology, genetics, meteorology and the water cycle. I also learned to prune vines and apple trees, to observe animals and how they reproduce, their way of moving and their movements. All of this fascinates me and is extremely valuable to me today, since nature remains my main source of inspiration. At the end of my secondary studies, overtaken by an immoderate passion for drawing, I opted to study fine arts at the École des Beaux-Arts de Marseilles. I am fascinated by time and movement, and for six years I used landscapes as a medium for expression. By chance, at the same time, I got to know the Royal de Luxe, an iconoclastic street theatre troupe. I would spend my weekends with this band of true originals who were squatting a house in the Cévennes, where we would build bathtubs on wheels and many other props as useless as they were ingenious. This meeting with the Royal de Luxe, then at the very beginning of its adventure, reinforced an increasingly evident attraction for the street and public spaces. Furthermore, as a visual artist, I created performances with an immersion in natural landscapes. Until the day in 1988 when my friend Henry Gallot-Lavallée and I decided to live – for three weeks during mid-winter – in two plane trees in Parc Chanot in Marseilles. For this performance it was necessary, to obtain the authorisation of Gaston Deferre, the mayor at the time; we did, though not without difficulty. It did not go unnoticed but, above all, made me realise where my artistic expression lay: public spaces, the city and the outdoors. I also realised, with immense pleasure, the impact that this type of action can have on the city, on the landscape and its inhabitants, whose reactions provoke infinite interactions.

Le Grand Répertoire à Nantes dans les Halles Alsthom. Les Anges (Royal de luxe) et en arrière-plan la Moto ascensionnelle (Mécanique vivante/Archaos).
Le Grand Répertoire in Nantes in the Halles Alstom. The Angels (Royal de Luxe), in the background the Ascending motorcycle (Mécanique vivante/Archaos).

Vue générale du *Grand Répertoire-Machines de spectacle* au Grand-Palais à Paris.
View of the *Grand Répertoire-Machines de spectacle* at the Grand-Palais, Paris.

Le Grand Répertoire à Nantes. Hale Bopp (compagnie Sud Side), démonstrations autour de la Moto (sens)ascensionnelle.
Le Grand Répertoire In Nantes. Hale Bopp (Sud Side company): displays around the Motocyle (sense) ascension.

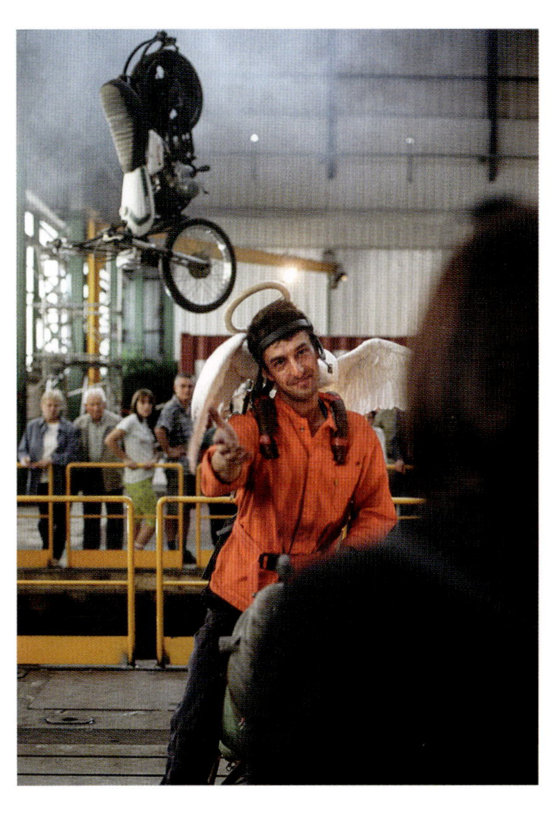

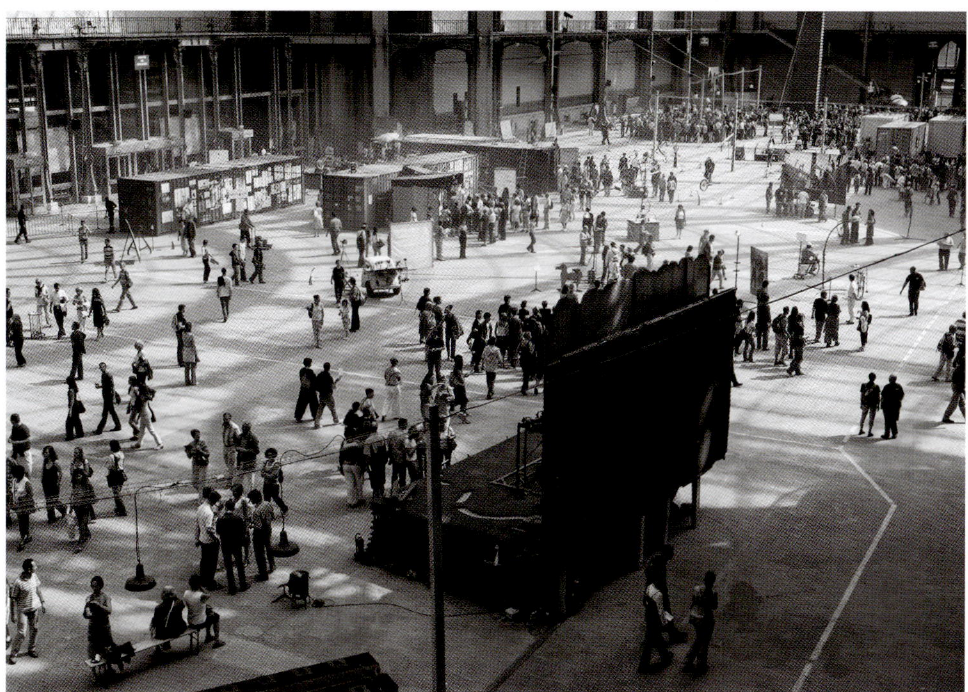

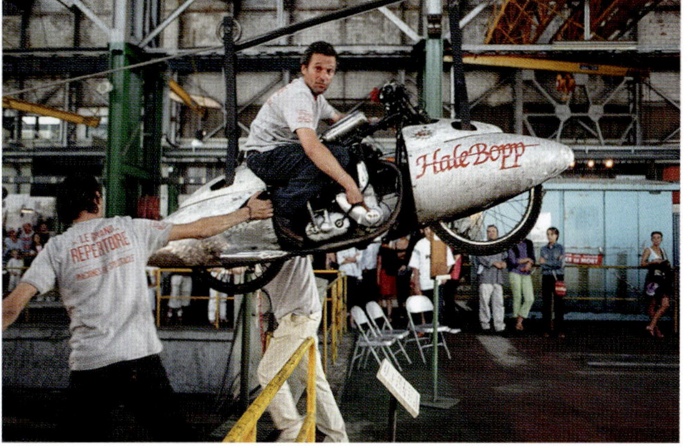

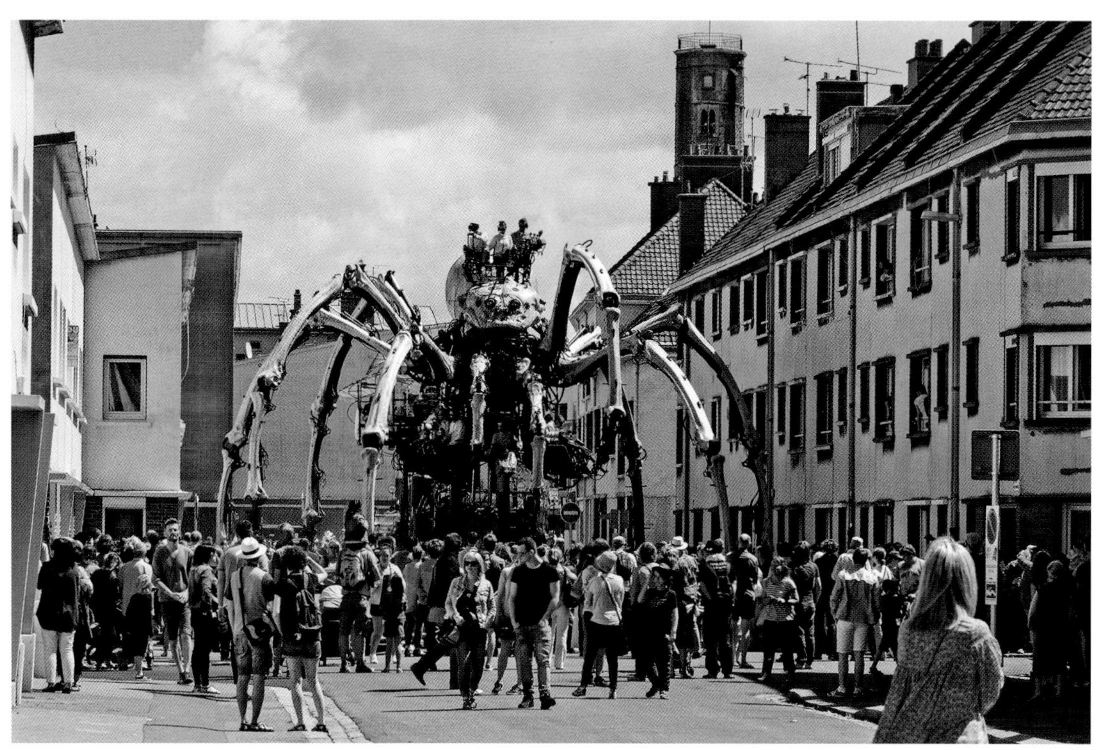

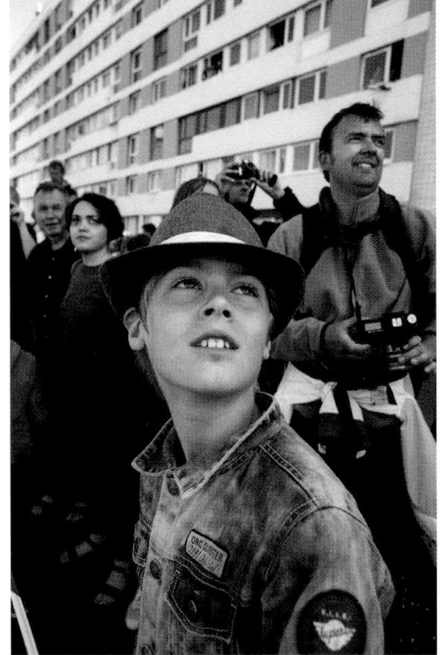

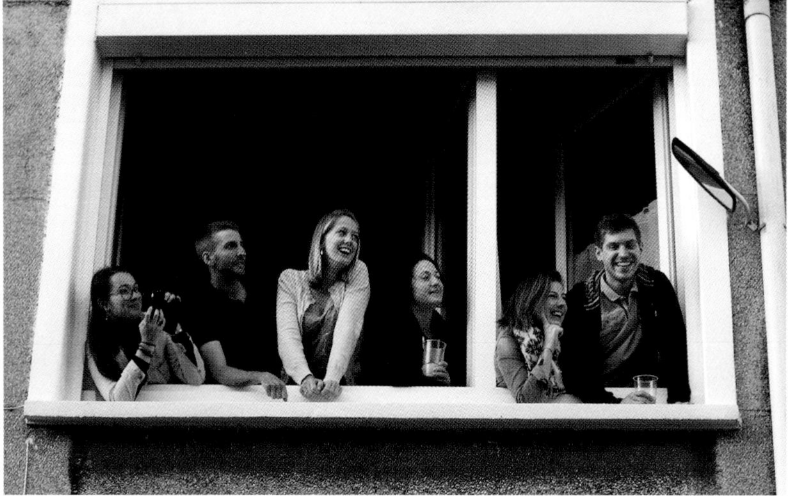

AN UNFORGETTABLE EXPERIENCE

At the same time, I worked in design to finance my studies, working on store fit-outs and the creation of prototype mannequin models for industrial mouldings. I worked with concrete manufacturing, became familiar with machine tools, learned to weld, forging myself in the true sense of the term and, in turn, became a constructor. It was during a scouting trip to Rio de Janeiro that everything changed. Jean-Luc Courcoult, director of Royal de Luxe, came up with the idea of a large manipulable character that could roam the streets. He imagined a five-metre tall marionette. In light of the scale of the city, this height seemed insufficient to me. I suggested that he build an even larger figure – nine or ten metres tall – to give the spectators vertigo. You should know that, as a rule, vertigo occurs at three times our own height. I started drawing and then built the Giant in our old hangar in Blagnac. This giant puppet was put together by no more than four or five people with the means to hand. We chose not to hide the joints, assume the bellows and leave the manipulations visible. My artistic experience led me to use raw materials – wood and leather that tans like skin, steel and copper. In my eyes, the material embodies life. There we went from surprise to surprise, properly fascinated by the scale of what we were producing. I will always remember the first outing of the Giant in Le Havre where, awoken one morning to rise up from his scaffolding – fourteen metres high and eight metres wide – he stunned the large crowd. My intuition was right; the scale ratio proved to work well in the city's streets. Visual manipulation became a narrative element and the Giant came to life before our eyes. The spectators were overwhelmed – it was an unforgettable experience.

The Giant was a turning point for me, and I remember that the notion of scale, the size of the machines played an integral role, not only in the way we looked at the machine, but also at the city. I also remember the significance of work on movement that expresses life and produces emotion. Take the example of an articulated arm. It evolves in the space according to several parameters: amplitude, frequency and speed. A very slow, wide movement. A very low speed will express softness.

Conversely, a short, jerky, vibrant and noisy movement expresses stress and can also convey a kind of violence. Thus, the machine – by its theatrical expression – becomes alive. In our workshops, you may be an engineer, welder, builder and manipulate the machine in a show or otherwise make music or work on a costume. Going from one task to another enriches our abilities, even if the most advanced skill must always be required at the right time. Therefore, we ensure that the teams at La Machine are versatile.

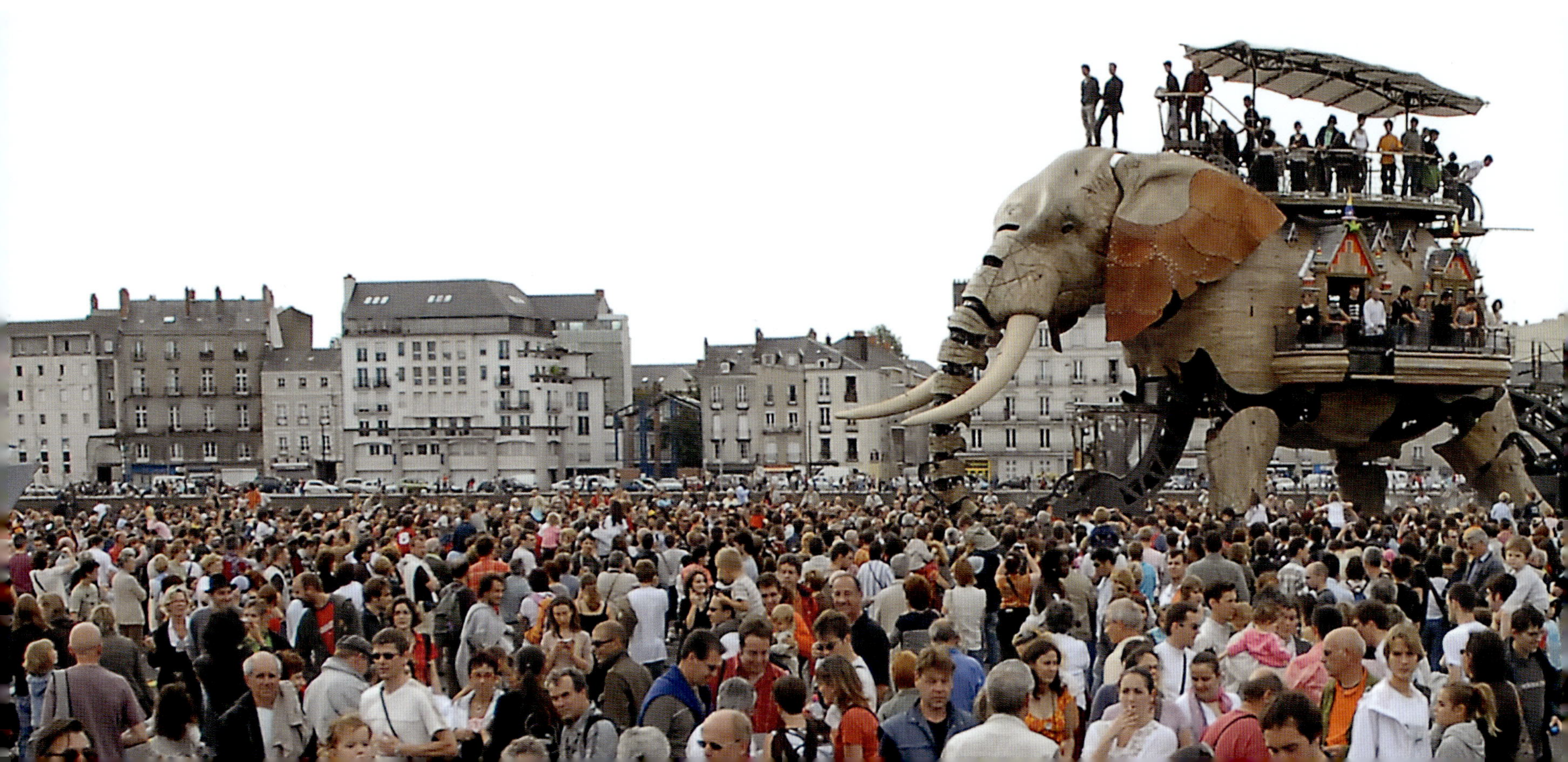

SHOW MACHINES, CITY MACHINES

La Machine is a natural extension of my activity of creating show machines. It was through *Le Grand Répertoire. Machines de spectacle* at the beginning of the 2000s, an exhibition of one hundred machines gathered in an industrial wasteland on the Île de Nantes, that a lasting relationship with the public was established. This exhibition, hosted by several cities, brought together – in a joyful mix of crazy mechanics – creations from thirty-five designers from fifteen European companies.

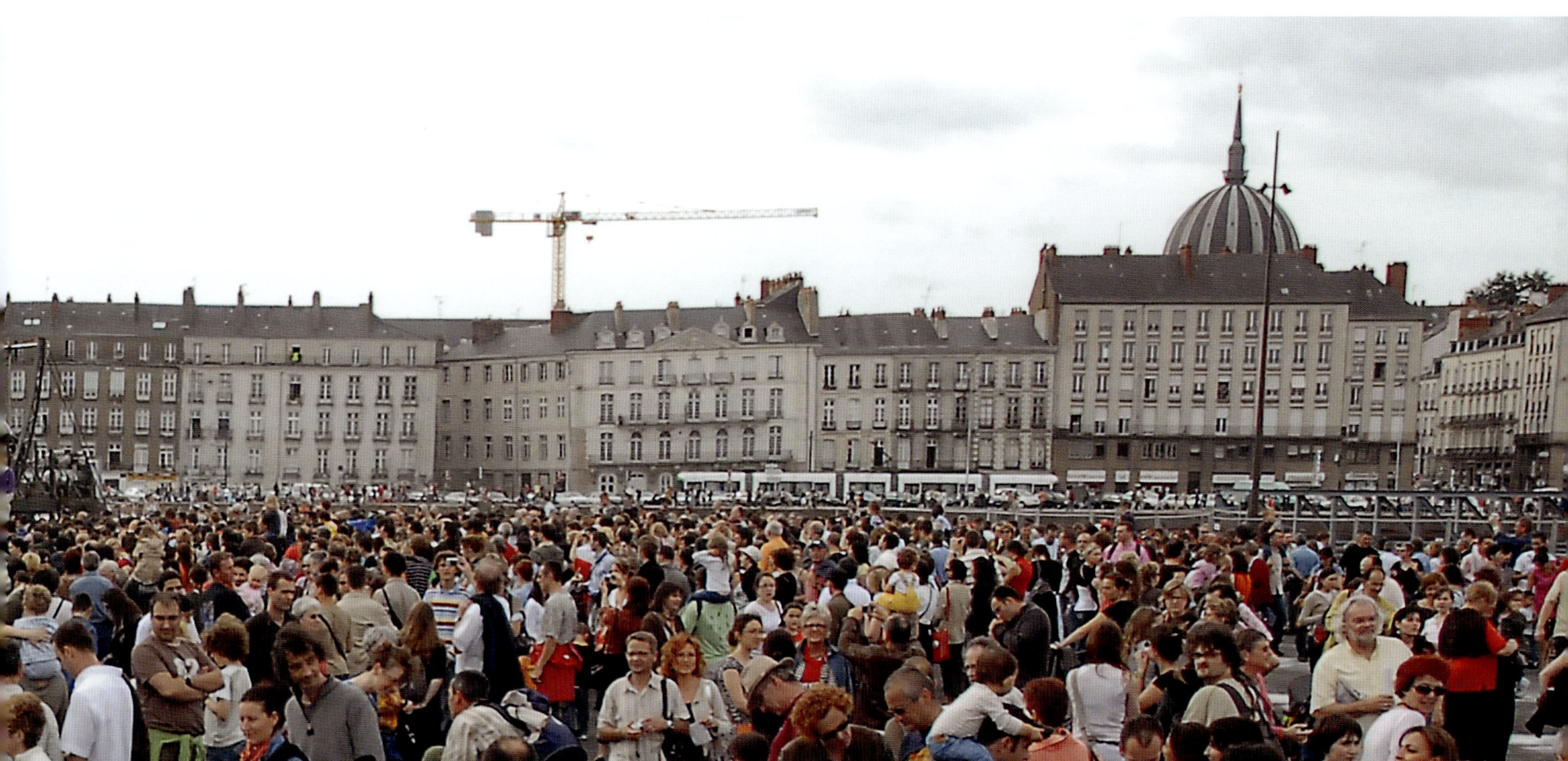

These works of art, animated by their designers or actors, all visible in 360 degrees, formed a living, original event, intriguing and enchanting thousands of visitors. At the same time, the project to create permanent machines on the Île de Nantes started taking shape. The show machines gradually turned into city machines. The Éléphant de Nantes was the first translation of this, and since it transports the public it can be legitimately placed into the urban environment. The presence of a machine that surveys the landscape, confronts the city and the everyday, the changing light, the visitors who gravitate around the mechanical animal – all of this creating a fairly gentle theatrical form. The former director of the stage design department at the École d'Architecture de Nantes and friend, Marcel Freydefont, called it *théâtre infusé* (infusion theatre). The group of visitors who alight onto the machine become actors in the scene. It is seen by spectators on the ground who, on seeing the elephant, look up. The Elephant then takes the landscape hostage, transforming large buildings and the old naves of the shipyards into a set. In other words, these machines make us perceive the city as a huge stage. The theatre is, etymologically, the place where we tell stories. The visitor who has become a spectator tells themselves a story. It seems to me that our cities are often too serious. They must be enriched by artistic and emotional disturbances, stimulating the imagination and push us to engage, to look up. Urban journeys, from home to work, passing through consumption spaces – whether by train, car or on foot – are sad if the city landscape is not fertilised with art or theatre. We need these triggers that allow us to change our perspective rather than a "useful" city where we manage flows where we separate uses between pedestrians, cyclists, motorists and buses. A distance of two kilometres can be hell and seem extremely long. If you install artistic works, moving objects, impromptu events then this distance will appear much shorter. It will feel like we have been travelling for less time. Perceptions of time and space are closely linked. The presence of the machines, which we see as a family and in large numbers, generates emotional exchanges and something magical happens when the passers-by who have become spectators look at each other, smile and share a common emotion.

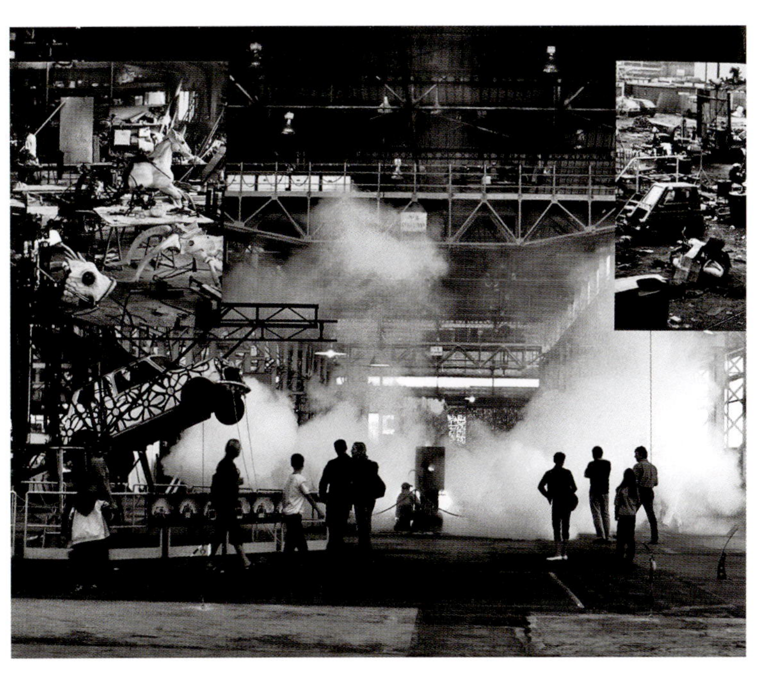

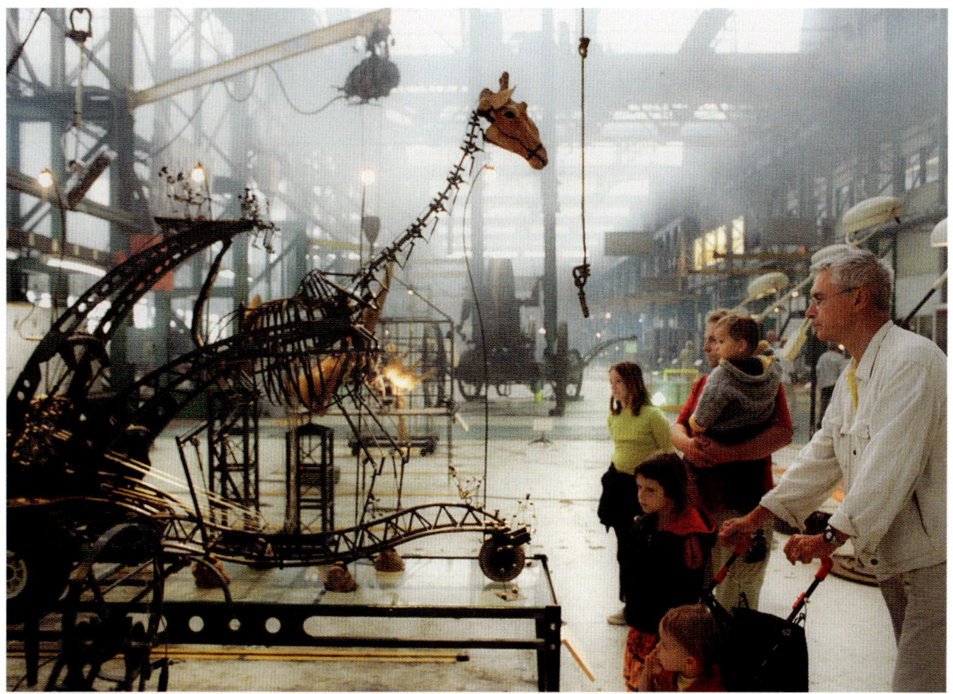

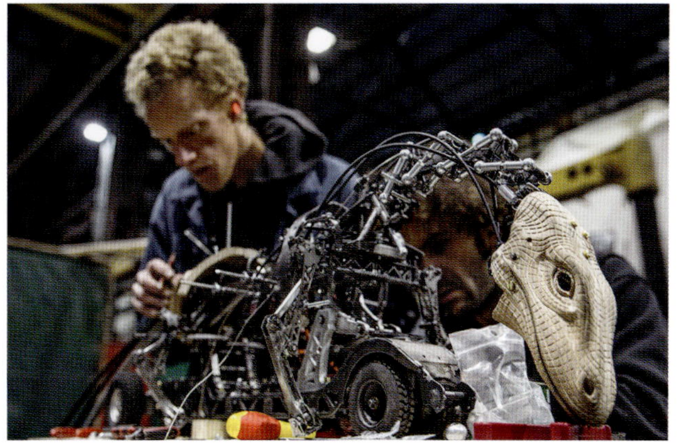

SUPPORT FOR URBAN PROJECTS

Work on large forms in the urban fabric requires very precise location scouting. It is necessary to meet with elected officials with whom you will decipher their city. Before considering any urban development project you must understand the issues, hear their concerns and be aware of the political project. You also have to deal with their requirements. Often, they tend to choose places for possible development according to a political agenda to highlight, for example, renovation of a place or a district. Therefore, I have learned to listen but also to observe the city, the behaviour of its inhabitants and its culture. Over the years, we have developed a certain expertise. It is clear that contemporary urban planning leaves little room for artistic expression. Our developers tend, often by reflex, to fill in the gaps. We tend to occupy spaces with benches, trees or street furniture. We fill spaces, we don't live in them and any other activity is prevented from taking place. By carefully observing such places, we understand that public lighting is not always well placed, that atriums, amphitheatres of the street, are either never or rarely used by the residents. Very often the artist's vision entails highlighting those places that are inherent to the natural functioning of the city – taking note of the placement of the sun, for example, so as not to dazzle, protecting the vegetation and creating the unexpected for the spectator. I feel that the city is a huge playground and with our interventions it can be turned into a big theatre.

Over time we have been able to talk, advise and interact with developers, planners and technicians. Certain town halls or metropolitan areas have approached us, inviting us to scope out the landscape, a preliminary act to creating and designing a new machine. I like to meet historians and to work with town planners to dream up urban developments on a timescale of ten, fifteen or twenty years, so that our proposals are in line with the permanent transformation of cities and their inhabitants.

Le site des chantiers vu depuis le pont Anne-de-Bretagne à Nantes : le Carrousel des mondes marins, la grue jaune et la grue grise valorisent le caractère historique et industriel du paysage.
The construction site seen from the Anne-de-Bretagne bridge in Nantes: the Marine Worlds Carousel, the yellow crane and the grey crane emphasise the landscape's historical and industrial character.

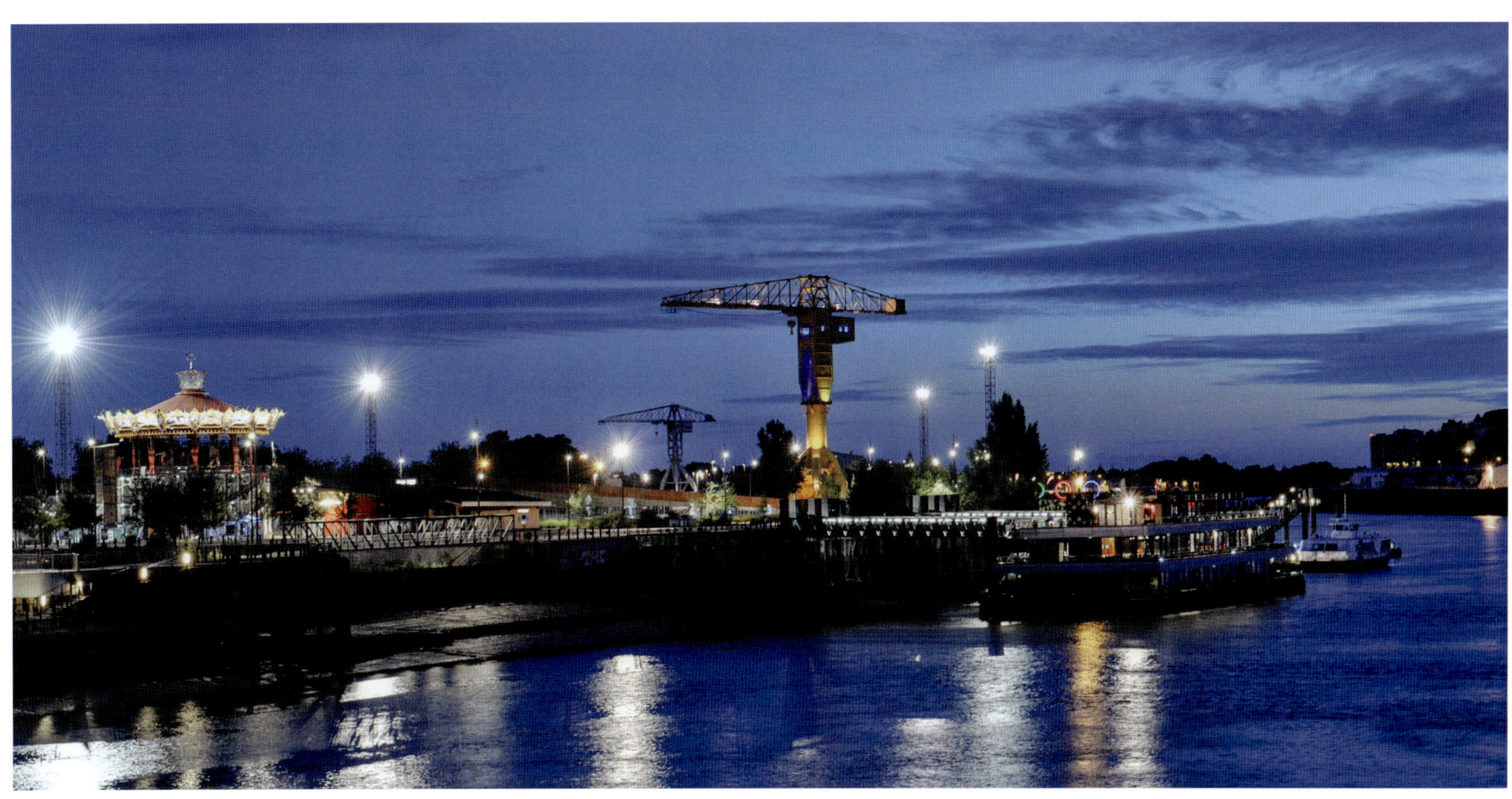

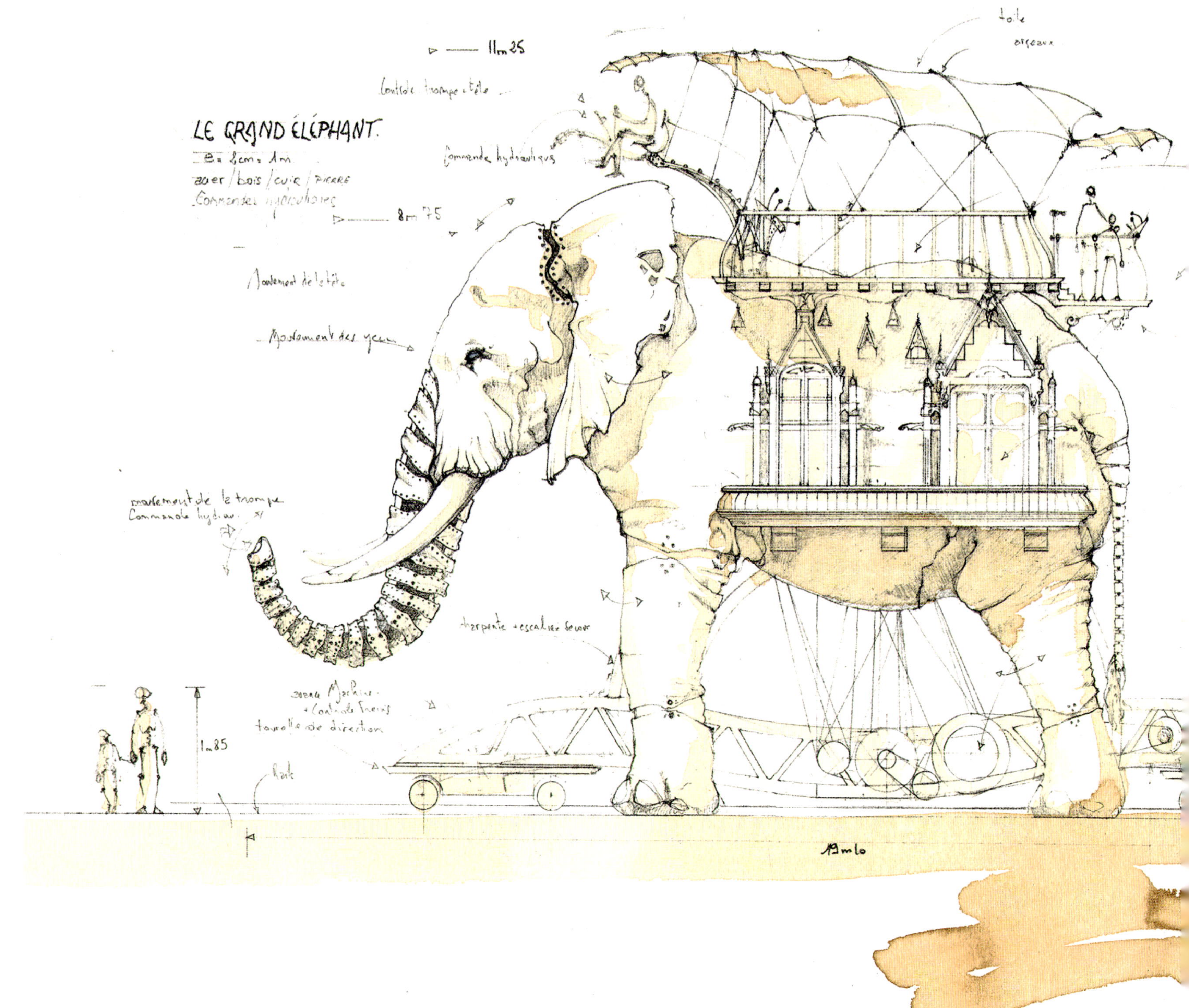

Contrôle trompe + tête
Commande hydraulique
⊳ — 11m25
⊳ — 8m 75
LE GRAND ÉLÉPHANT.
e = 2cm = 1m.
acier / bois / cuir / pierre
Commandes hydrauliques
Mouvement de la tête
Mouvement des yeux
mouvement de la trompe
Commande hydrau.
charpente + escalier besoin
Machine + Contrôle freins
tourelle de direction
Pont
1m85
19m60
toile
arceaux

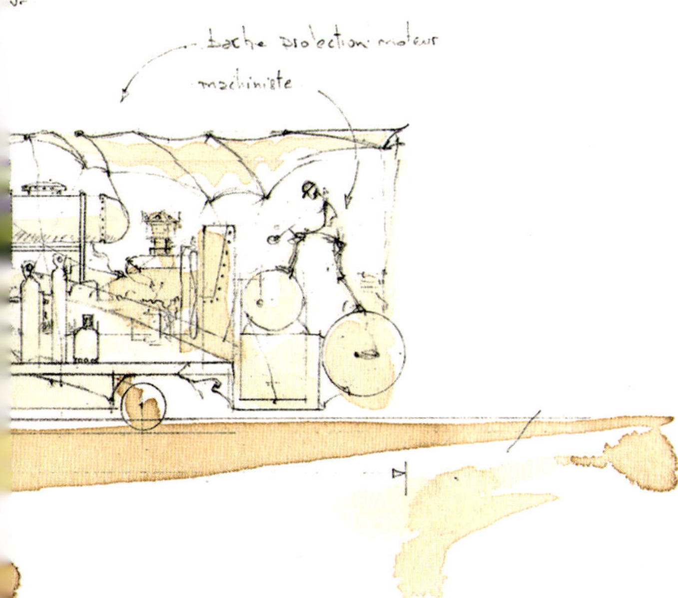

LES MACHINES DE L'ÎLE

THE MACHINES OF THE ISLAND

NANTES

UNE SIMPLE IMAGE

L'île de Nantes est un projet charnière dans l'histoire de la compagnie. C'est le moment où l'aventure théâtrale s'inscrit dans le temps et féconde le paysage urbain. Ce changement de perspective commence au début des années 2000. Nous comprenons alors avec mon ami Pierre Orefice, qui vient de se séparer de la compagnie Royal de luxe, qu'un projet d'aménagement se dessine sur le site des anciens chantiers navals, une immense friche industrielle qui fait face au centre de Nantes et située au cœur de l'agglomération qui forme les vingt-quatre communes de la métropole. Un site que nous connaissons bien pour avoir longuement fréquenté ses hangars de métal, marché dans ses herbes folles, arpenté ses rails désaffectés à l'occasion de précédentes créations. Nous savons que le maire, Jean-Marc Ayrault, est à l'écoute des propositions. La pointe occidentale de l'île de Nantes, en forme de proue de navire, attend depuis des années de reprendre vie. Mais le site est sensible, inscrit dans la mémoire de la ville, dans sa tradition ouvrière. C'est la rencontre avec l'architecte-urbaniste Alexandre Chemetoff et le directeur de Nantes Métropole, Laurent Théry, qui va donner corps au projet des Machines de l'île.

Tout part d'une image. Au cours d'une réunion très sérieuse en mairie, je glisse à Alexandre Chemetoff une photo de

A SIMPLE IMAGE

The Île de Nantes is a pivotal project in the company's history. It is the moment where the theatrical adventure marks its point in time and fertilises the urban landscape. This change in perspective began at the start of the twenty-first century. We then learned, along with my friend Pierre Orefice, who had just left Royal de Luxe, that a development project was taking place on the site of the former shipyards. This was a huge industrial wasteland facing the centre of Nantes and located at the heart of the conurbation of the twenty-four municipalities of the metropolitan area. A site that we knew well when preparing previous creations, having frequented its metal hangars, walked in its wild grass and surveyed its disused rails. We knew that the then mayor, Jean-Marc Ayrault, was listening to proposals. The western tip of the Île de Nantes, shaped like the bow of a ship, had been waiting to come back to life for years. But there were sensitivities around the site – it is embedded in the city's memory and its working-class tradition. It was the meeting with the architect and town planner Alexandre Chemetoff and the director of the Nantes metropolitan area, Laurent Théry, that would give substance to the Machines de l'Île project.

Everything starts from an image. During a very serious town hall meeting, I slipped a photo of our workshop to Alexandre

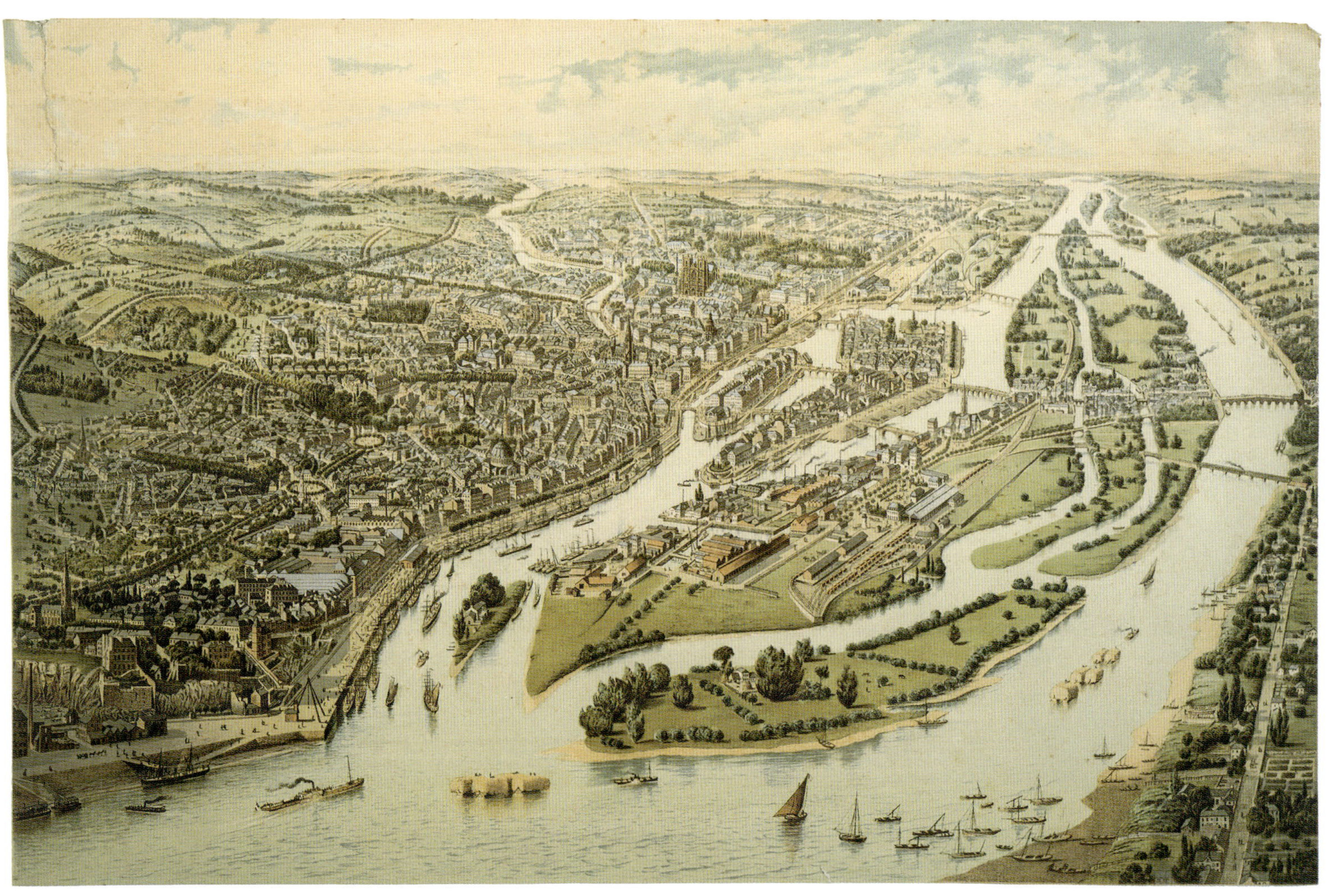

Au XIXᵉ siècle, Nantes est composée de plusieurs îles.
During the 19th century, Nantes was made up of several islands.

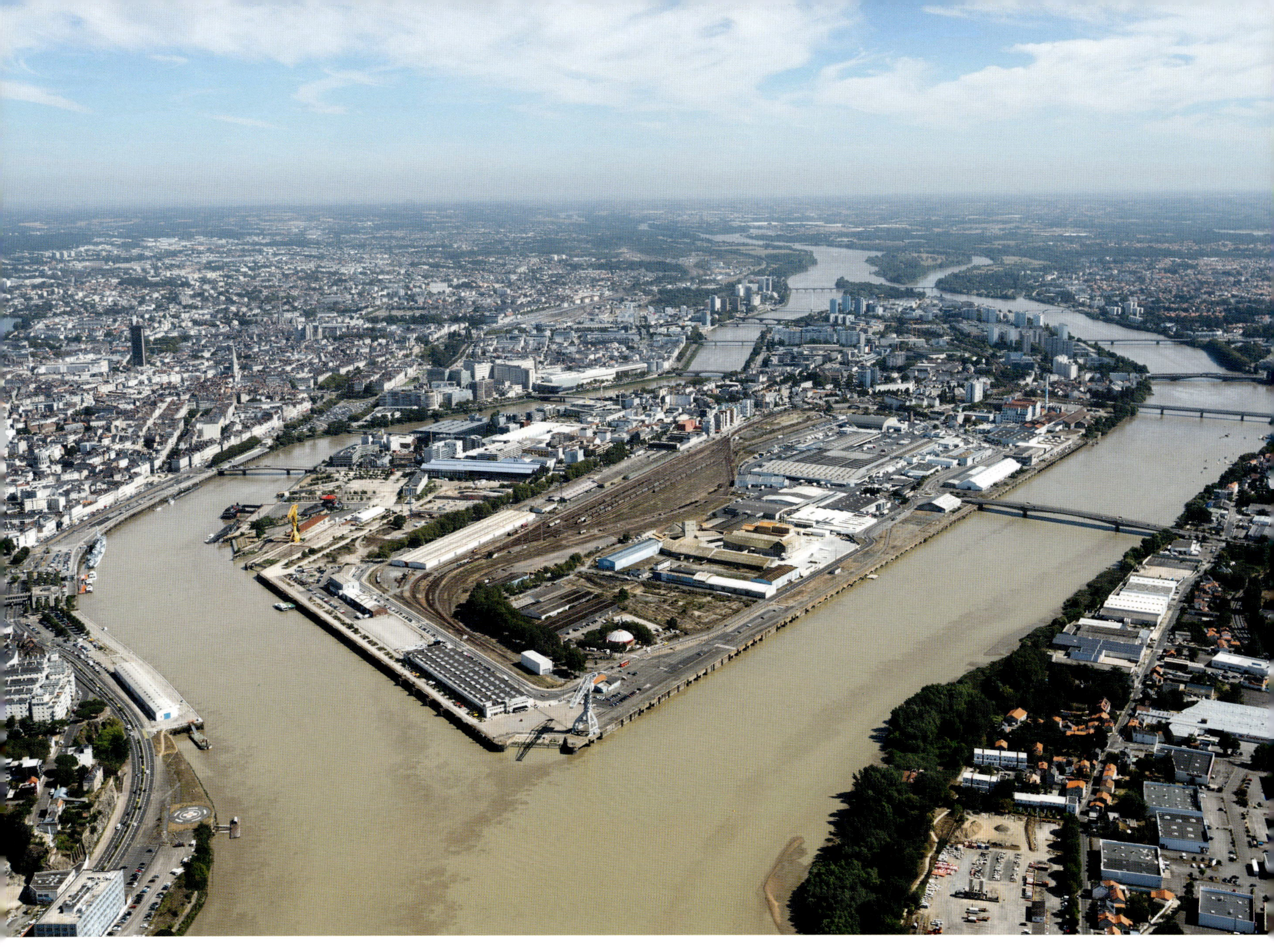

L'île de Nantes aujourd'hui : au fil du temps, les bras de la Loire ont été comblés. Elle garde aujourd'hui les traces des îles qui la composent.
The Île de Nantes today: over time the branches of the Loire have been filled in. The island retains traces of the islands that make it up.

notre atelier, aux allures de grand bestiaire, en guise d'exemple de ce que l'on pourrait faire sur l'île. Alexandre Chemetoff s'arrête sur la photo et rebondit aussitôt : "Nous pourrions installer un atelier sur l'île de Nantes d'où sortiraient des machines dans le lieu où l'on construisait des bateaux." Tout à coup, le projet urbain prend une nouvelle coloration, une autre dimension. Le travail mécanique va ressurgir sur l'île sous une forme contemporaine.

Il faut dire que se produit à ce moment une sorte d'alignement des planètes, un moment extraordinaire avec Alexandre Chemetoff et Laurent Théry. Nous inventons ce morceau de ville ensemble puisque le projet initial est complètement bouleversé. L'île n'est plus imaginée comme une friche industrielle à aménager mais comme un lieu de vie où une nouvelle forme de création se déploierait, s'insérant dans le tissu industriel préexistant. L'élément déterminant et surtout novateur est sans doute son mode de financement. De l'univers de la culture nous passons dans celui de l'aménagement urbain et le projet s'inscrit dans une tout autre échelle financière. Là où on parlait en centaines de milliers d'euros, on peut désormais parler en millions. Et nous obtenons avec Pierre Orefice, coauteur du projet, les moyens pour construire des machines monumentales et aménager les anciennes nefs des chantiers navals. Les machines passent ainsi du statut de machines de

Chemetoff; it looked like a big bestiary, an example of what we could do on the island. Alexandre Chemetoff set eyes on the photo and immediately responded: "We could set up a workshop on the Île de Nantes from which machines would come out in the place where boats were once built." Suddenly, the urban project took on a new colour, another dimension. Mechanical work was going to resurface on the island in a contemporary form.

It must be said that at this point the planets aligned, in an extraordinary moment with Alexandre Chemetoff and Laurent Théry. We invented this piece of the city together, since the initial project was completely revolutionised. The island is no longer imagined as an industrial wasteland to be developed, but rather as a place where a new form of creation would unfold, melding into the pre-existing industrial fabric. The determining and especially innovative element is, undoubtedly, its means of funding. From the default position of a cultural world, we moved into one of urban planning and so the project is on a completely different financial scale. Where we were before talking in hundreds of thousands of euros, we can now speak in terms of millions. And we received the means to build monumental machines and to fit out the shipyards' old naves. Thus, the machines passed from being "show machines" to city machines. This is a mutation made

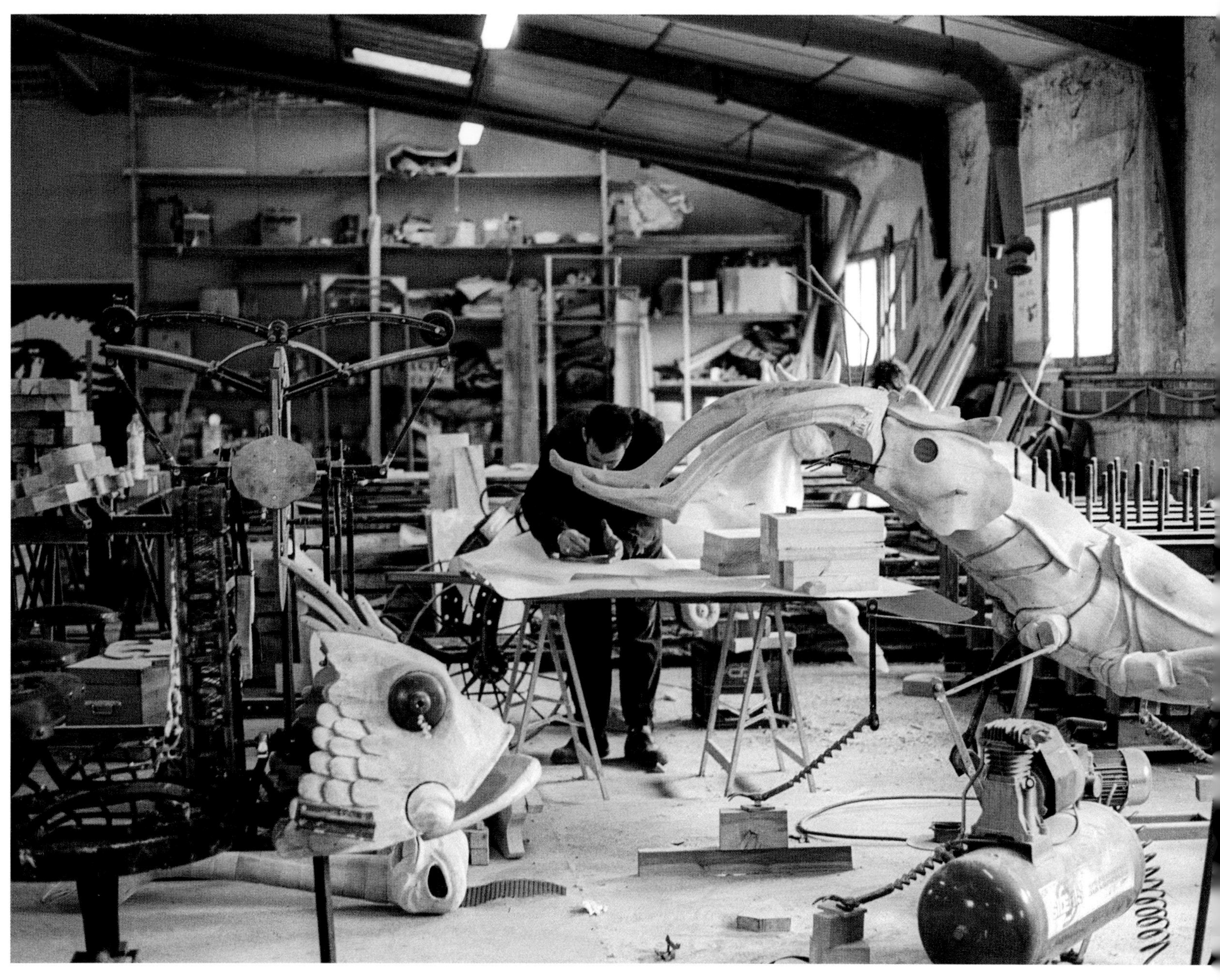

L'atelier de la compagnie La Machine en 1999 lors de la construction du Manège d'Andréa. Alexandre Chemetoff décide d'intégrer un atelier vivant dans le projet de l'île de Nantes.
La Machine's workshop in 1999 during construction of Andrea's merry-go-round. Alexandre Chemetoff decided to integrate an actual workshop into the Île de Nantes project.

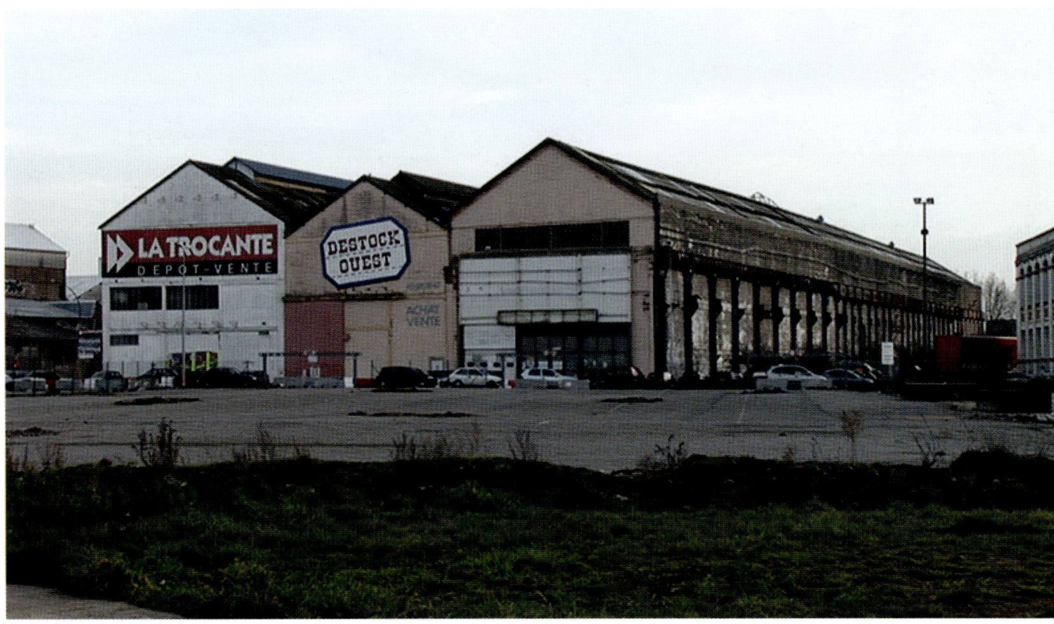

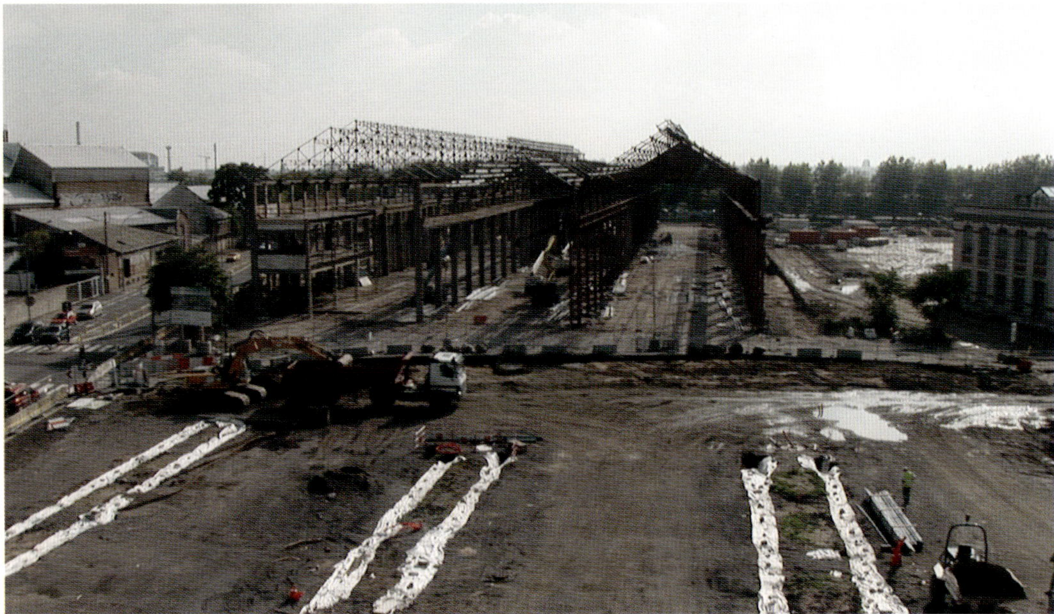

En 1987, la fermeture définitive des chantiers navals Dubigeon marque la fin de deux cents ans d'industrie navale à Nantes. Des commerces s'installent dans les ateliers délaissés.
In 1987 the definitive closure of the Dubigeon shipyards marked the end of 200 years of shipbuilding in Nantes. Shops were set up in abandoned workshops.

En 2005, le projet des Machines de l'île de Nantes est acté. La réhabilitation des nefs démarre et la charpente centenaire est totalement désossée.
In 2005 the Machines of the Île de Nantes project was launched. Restoration of the naves began and the century-old structure was taken apart.

Façade nord des nefs en 2007. Le bâtiment devient un espace public. Alexandre Chemetoff qualifiera cette architecture de "grand parapluie". La rue couverte devient la maison du Grand Éléphant.
Northern facade of the naves in 2007. The building became a public space. Alexandre Chemetoff described this architecture as a "big umbrella". The covered street became the home of the Great Elephant.

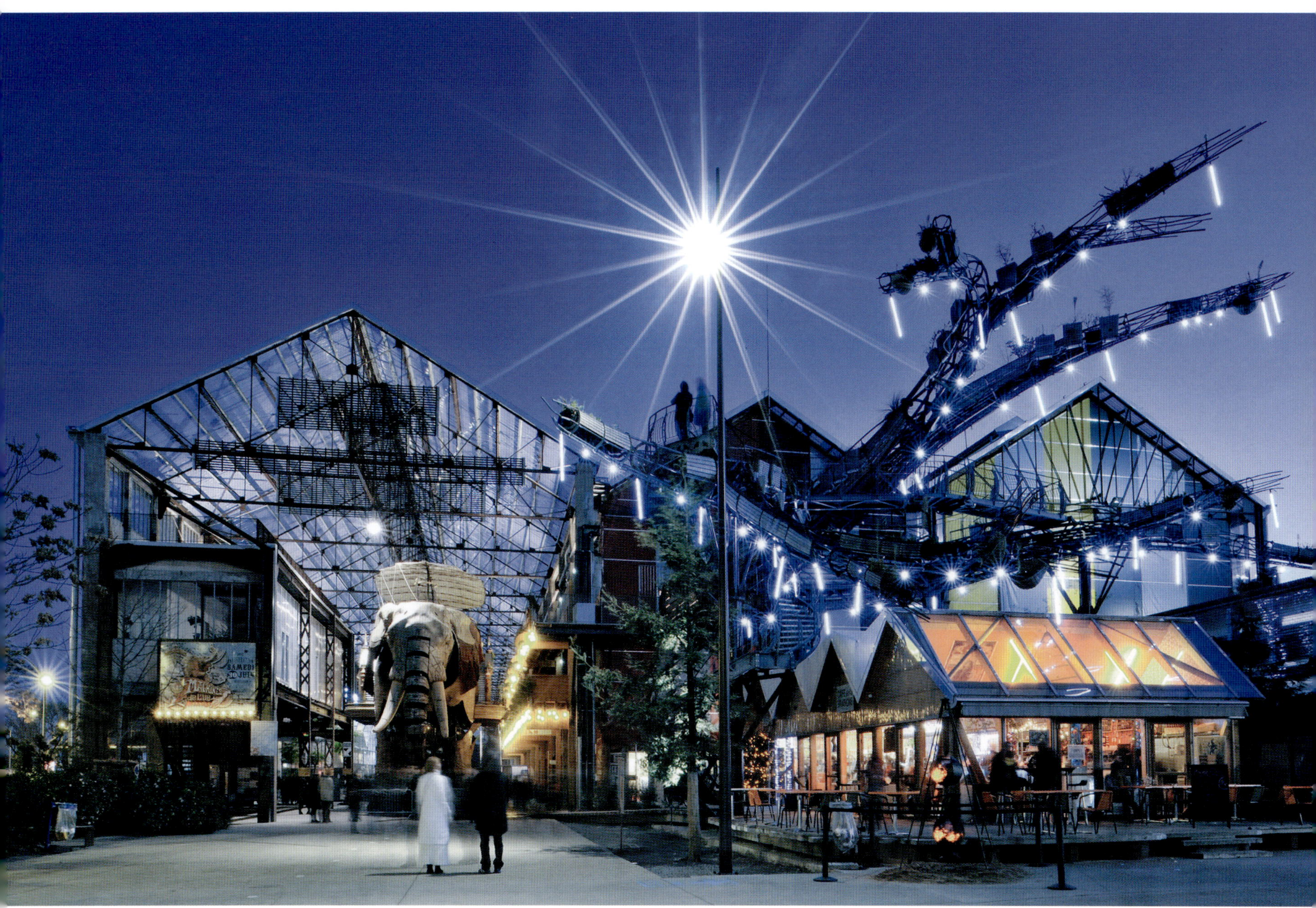

spectacle à celui de machines de ville, une mutation rendue possible dans l'esprit des Nantais car la magie des machines géantes avait déjà opéré lors de nombreux spectacles de rue.

Rapidement, notre idée est de jalonner de machines vivantes un parcours sur l'ensemble de l'île de Nantes pour que les passants puissent passer de l'une à l'autre au hasard de leur périple et ainsi rendre ce morceau de ville attractif. Dans un premier temps, les machines sont déployées dans la continuité du parcours touristique existant sur l'esplanade des Chantiers, aménagée par Alexandre Chemetoff.

possible in the minds of the people of Nantes, since giant machines had already featured in many street events.

Quickly, our idea was to punctuate the route across the Île de Nantes with living machines so that passers-by could switch from one to another at random during their journey, thus making this part of the town attractive. Initially the machines were deployed along the existing tourist route on the Esplanade des Chantiers, built by Alexandre Chemetoff.

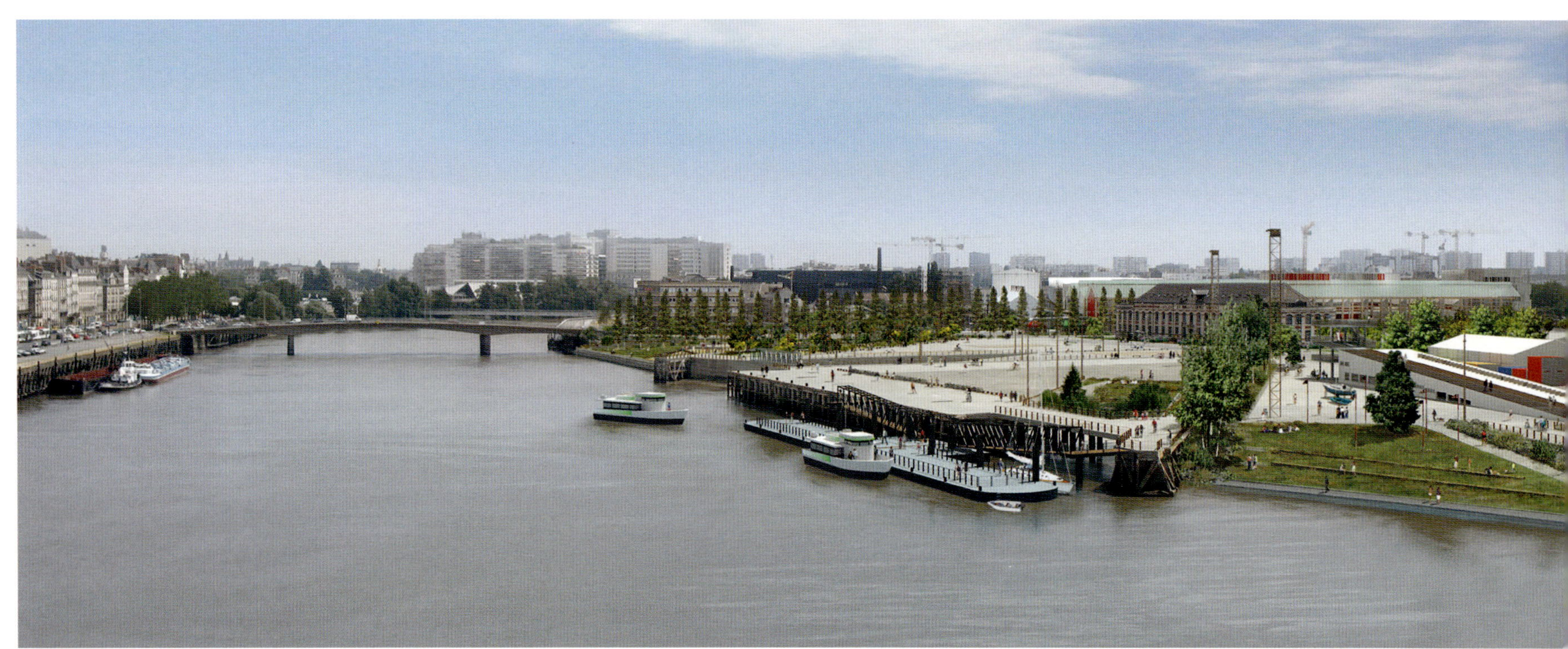

UN ATELIER AU CŒUR DE LA CITÉ

L'atelier de la compagnie est installé dans deux des nefs qui servaient jadis à la construction des navires. Le bâtiment a été déshabillé pour ne conserver que sa structure métallique et recouvert d'une couverture translucide qui le transforme en un grand parapluie. Les nefs font face au centre-ville, en plein cœur de la cité. Une coursive permet au public de surplomber ce grand espace et d'observer la production de l'atelier, le travail du métal, celui du bois, les essais, les assemblages. La particularité du lieu est son absence d'espace extérieur, nous devons donc réaliser les

A WORKSHOP AT THE HEART OF THE CITY

The company's workshop is located in two of the naves once used to build ships. The building was stripped down to its metallic structure and covered with a translucent roof that transforms it into a large umbrella. The naves face the city centre, the very heart of the city. A passageway allows the public to overlook this large space and observe workshop production – work with metal and wood, testing and assemblies. The particularity of the place is the absence of external space. Therefore, we must carry out the adjustments and repeat

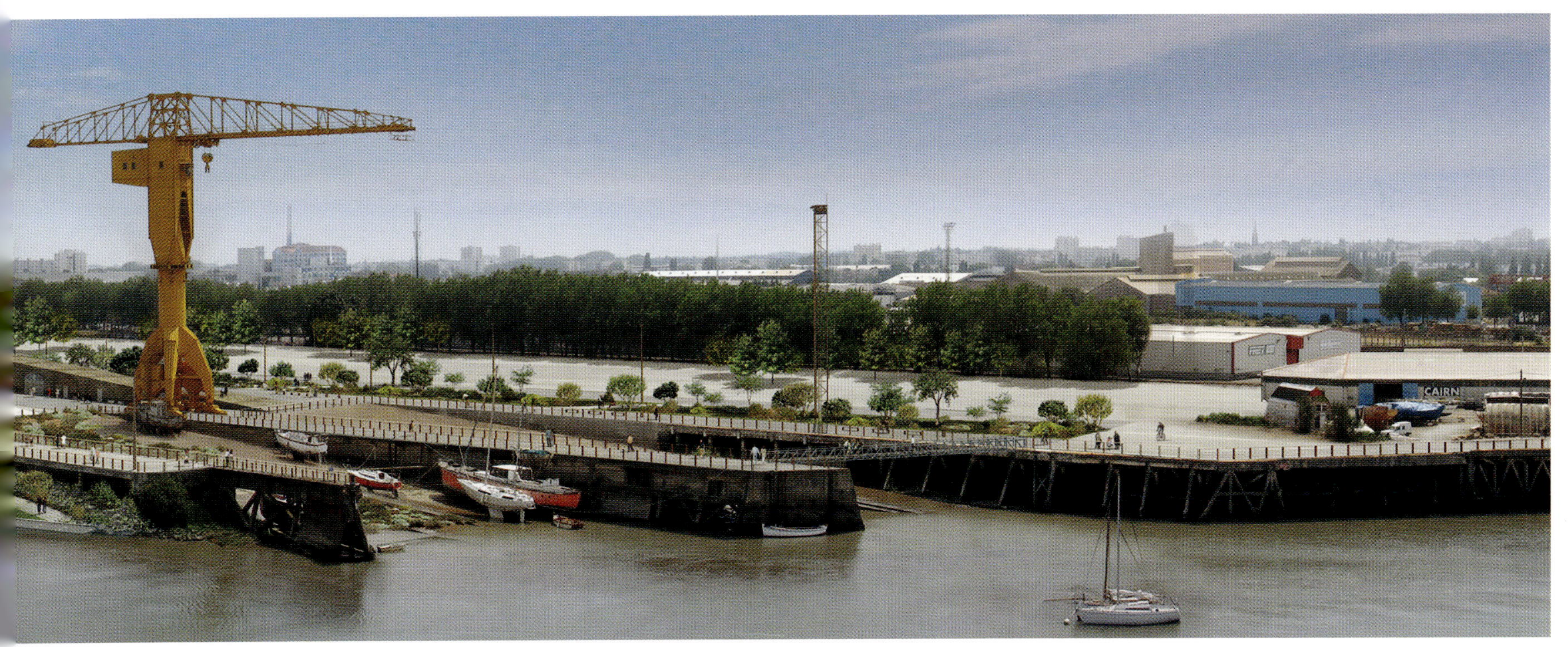

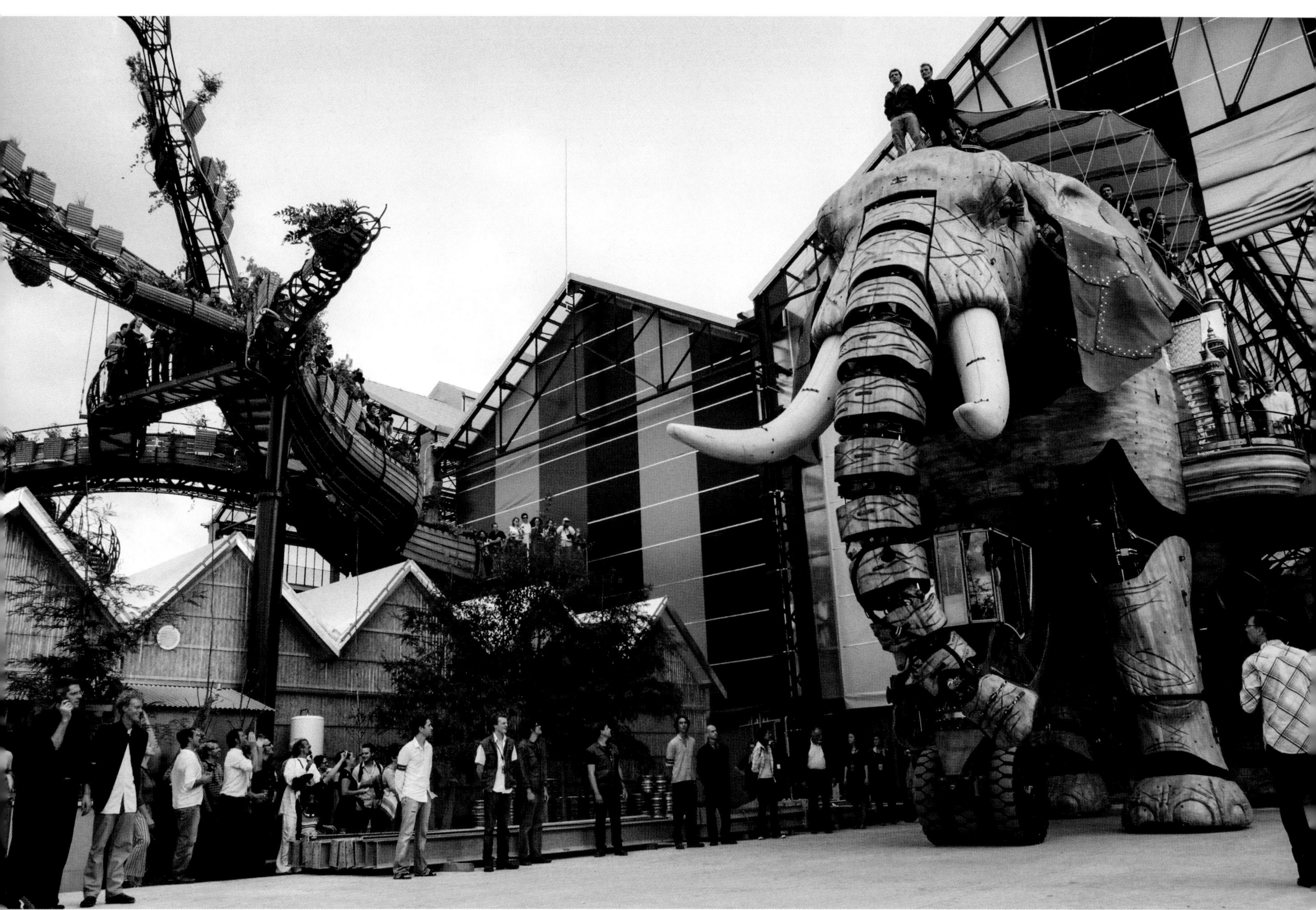

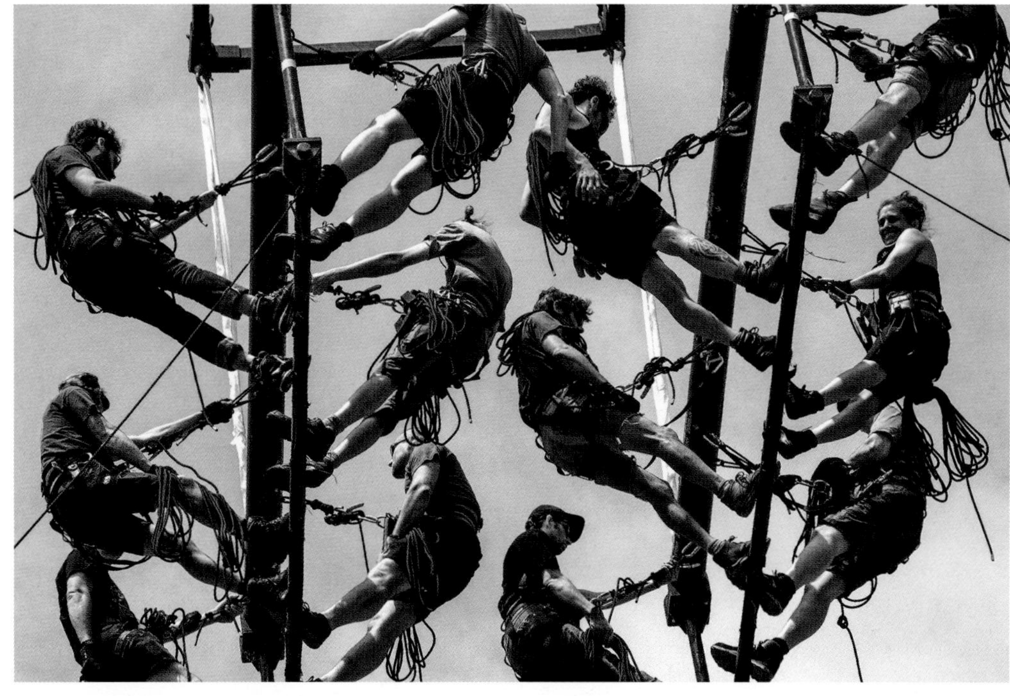

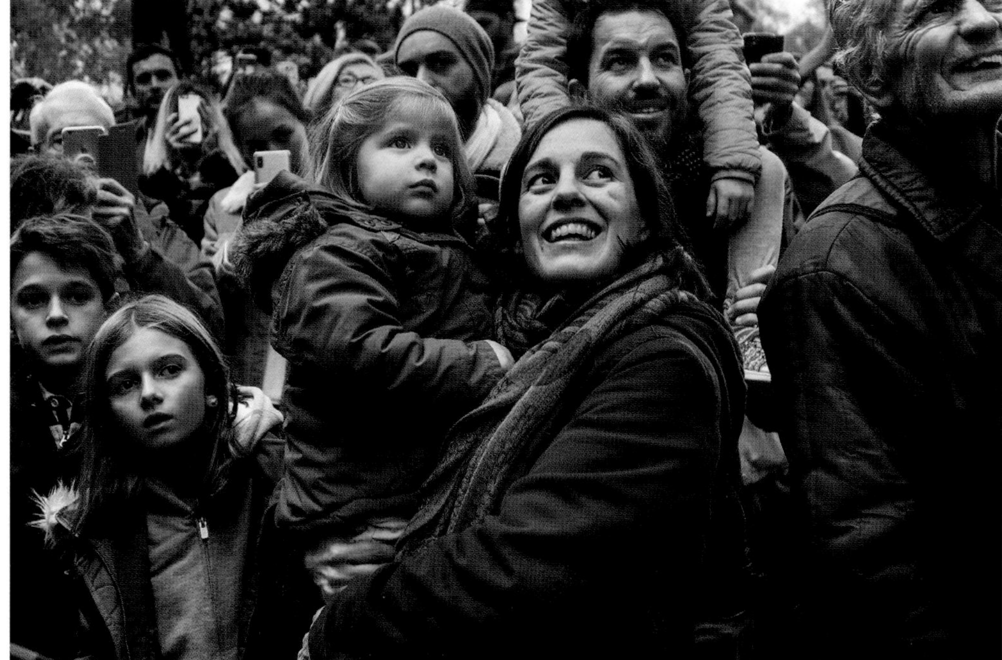

30 juin 2007, inauguration du Grand
Éléphant.
30 June 2007, the inauguration of the Great
Elephant.

Entraînements à la descente pour le réveil de
l'Araignée, répétition à vue.
Descent training for the waking of the Spider,
on-site rehearsal.

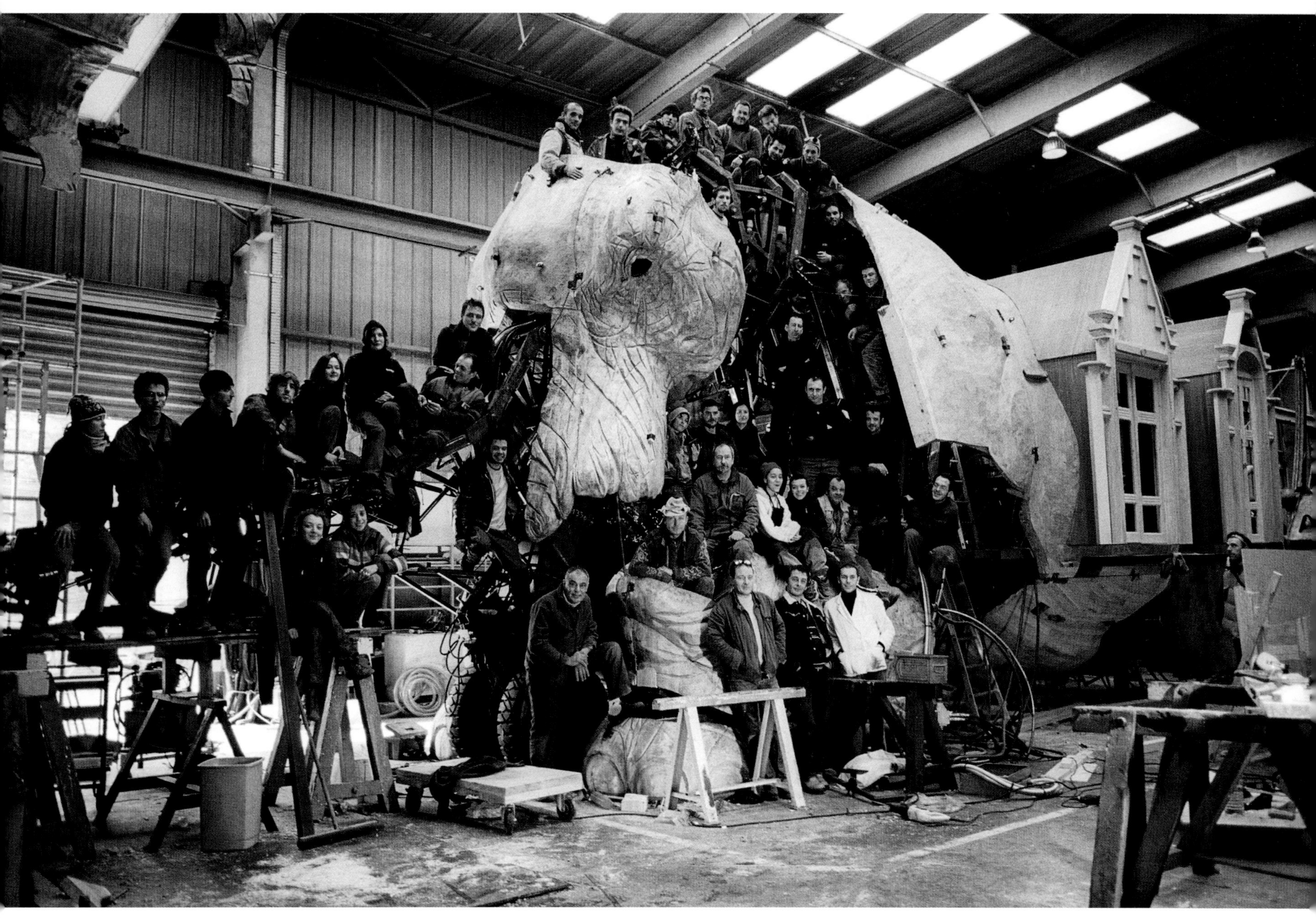

Construction du Grand Éléphant.
Construction of the Great Elephant.

mises au point, répéter les mouvements sur l'espace public devant les nefs. La porte monumentale de l'atelier, qui mesure douze mètres sur sept, s'ouvre alors, la plupart du temps sans prévenir, et les passants, les parents qui emmènent leurs enfants à l'école, peuvent croiser un éléphant qui marche à côté d'une araignée géante, ou un cheval dragon essayant de cracher du feu. C'est une volonté, une façon pour nous d'insuffler de la vie dans l'espace public, à l'image de ce qui se produisait quand on construisait des bateaux à vue. Il faut se souvenir qu'à la grande époque de la construction navale, des milliers de personnes venaient assister au lancement des navires qui, en fin de construction, glissaient sur une rampe pour rejoindre la Loire. Nous sommes tentés aujourd'hui de renouer avec cette tradition industrielle et c'est un vrai plaisir de partager la construction, la mise au point de nos machines, et même parfois de laisser affleurer quelques secrets de fabrication. Les visiteurs observent les manipulateurs-constructeurs à l'œuvre et découvrent souvent avec joie des machines qui prennent vie sous leurs yeux.

UN LABORATOIRE OUVERT

À côté de cet atelier se trouve la galerie des machines. C'est une exposition vivante, sorte de laboratoire où sont présentées les machines appelées à alimenter le projet. Les constructions

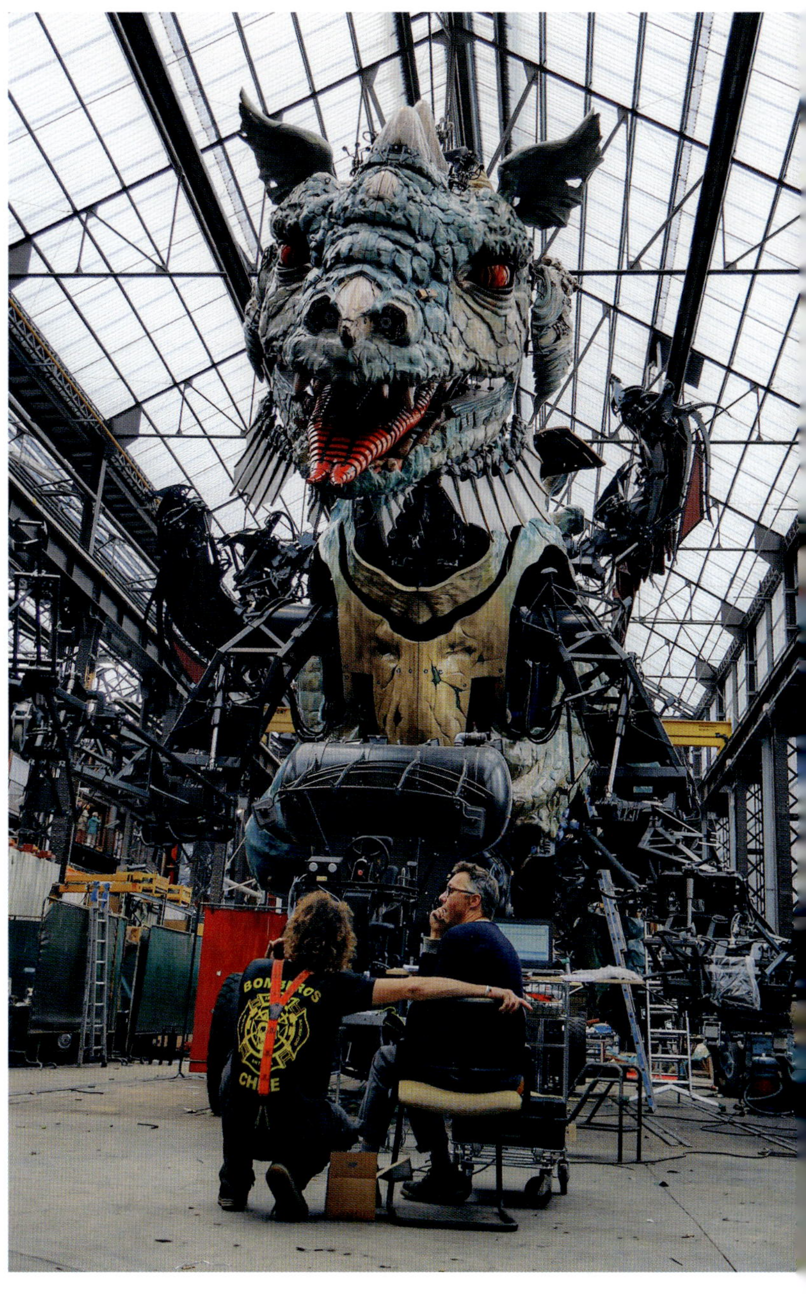

Le Dragon de Calais en construction dans l'atelier de la compagnie à Nantes.
The Dragon of Calais under construction in La Machine's workshops in Nantes.

movements in the public space in front of the naves. The workshop's monumental door, measuring twelve by seven metres opens, most of the time, without warning. So, passers-by and parents taking their children to school can encounter an elephant, a giant spider or a dragon horse trying to spit fire walking next to them. This determination is a way for us to breathe life into public space, just like what once happened when ships were built on the site. It should be remembered that in the great shipbuilding era, thousands of people would come to watch the launch of the ships which, at the end of construction, would glide down a ramp into to the Loire. Today, we are tempted to rediscover the sharing of these great construction adventures and it is a real pleasure to share the construction and development of our machines and sometimes even let a few manufacturing secrets come to the surface. Visitors observe the handlers and constructors at work and often discover with joy machines coming to life before their eyes.

AN OPEN LABORATORY

Next to this workshop is the machine gallery. It is a living exhibition, a kind of laboratory where the machines used to supply the project are presented. Thus, the constructions pass from the workshop to the gallery and then colonise the territory. All the machines that make up the carousel of the marine world

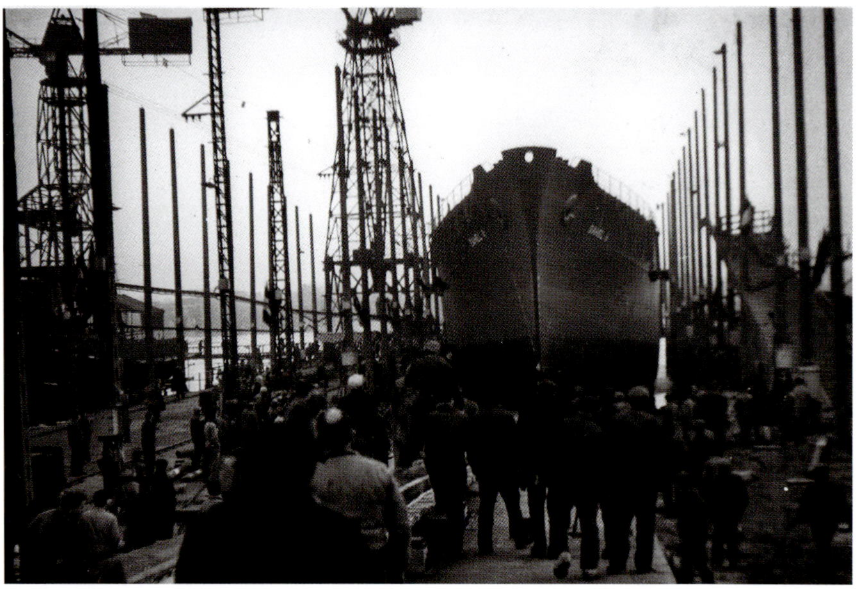

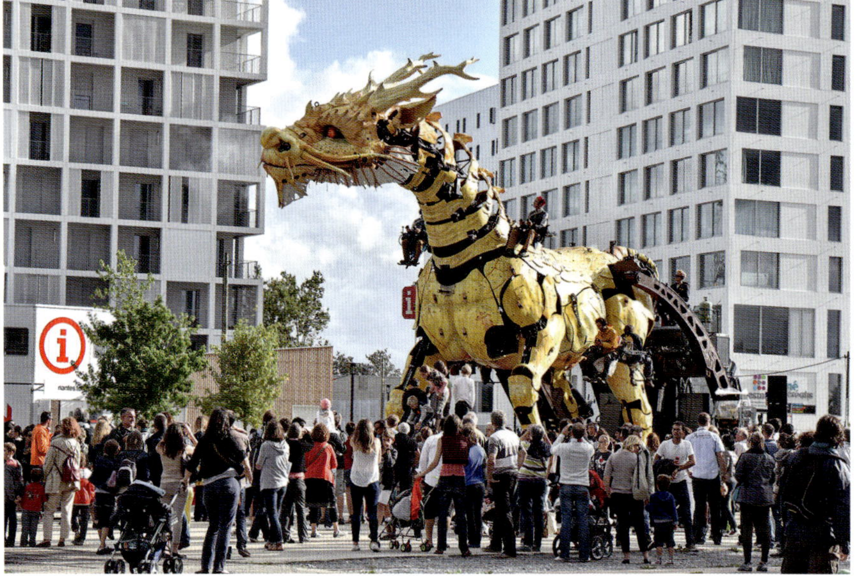

Mise à l'eau d'un cargo, chantier naval Dubigeon sur l'île de Nantes.
Launch of a cargo ship, Dubigeon shipyard on the Île de Nantes.

Mise au point du Cheval Dragon et répétitions publiques sur le site des chantiers de l'île de Nantes.
Perfecting the Dragon Horse and public rehearsals at the Île de Nantes worksite.

transitent ainsi de l'atelier à la galerie, pour ensuite coloniser le territoire. Toutes les machines qui composent le carrousel des mondes marins y sont passées. Actuellement, on peut y voir les animaux mécaniques qui peupleront l'Arbre aux hérons : le Colibri, la Fourmi ou le Paresseux sur sa liane… À l'extérieur, comme accrochée au fronton du bâtiment, on trouve également une branche prototype de l'arbre, sur laquelle nous conduisons des essais de végétalisation.

C'est un dispositif vernaculaire puisque la scénographie est renouvelée au fil de l'eau par les productions de l'atelier. On peut y voir des prototypes à l'essai, dessins et maquettes qui permettent de visualiser l'évolution des projets. Tout cela sous l'œil goguenard de l'Éléphant qui embarque plusieurs fois par jour une cinquantaine de passagers et arpente donc jusqu'à seize fois l'esplanade des chantiers. Cet éléphant de quarante-huit tonnes, fait d'acier et de bois (tulipier de Virginie), a incarné en 2007 le début de l'aventure des machines de l'île. Il continue à fasciner le public qui vient de plus en plus loin pour lui rendre visite. La première année, cent vingt mille personnes sont venues sous les nefs le saluer, visiter la galerie des machines ou observer les artistes et les artisans de la compagnie à l'œuvre dans leur atelier. En 2019, les Machines de l'île ont enregistré plus de six cent quatre-vingt mille visites.

have passed through it. Currently, you can see the mechanical animals that will populate the Heron Tree: the humming-bird, the ant and the sloth on its liana. Outside, as if hung on the gable of the building, there is also a prototype tree branch upon which we are conducting our greening trials.

It is a vernacular device, since the scenography is renewed over time by the stream of workshop productions. You can see test prototypes, drawings and models, allowing you to visualise the progress of projects. All this under the amused eye of the Elephant, which welcomes around fifty passengers several times a day and marches up to sixteen times each day on the construction site's esplanade. In 2007 this forty-eight-tonne elephant made of steel and wood (American tulip tree) embodied the beginning of the island's machine adventure. It continues to fascinate the public, who come from farther and farther afield to visit him. In the first year, one hundred and twenty thousand people came under the naves to greet him, to visit the machine gallery and to observe the company's artists and craftsmen at work in their workshop. In 2019 the Machines de l'Île recorded more than six hundred and eighty thousand visits.

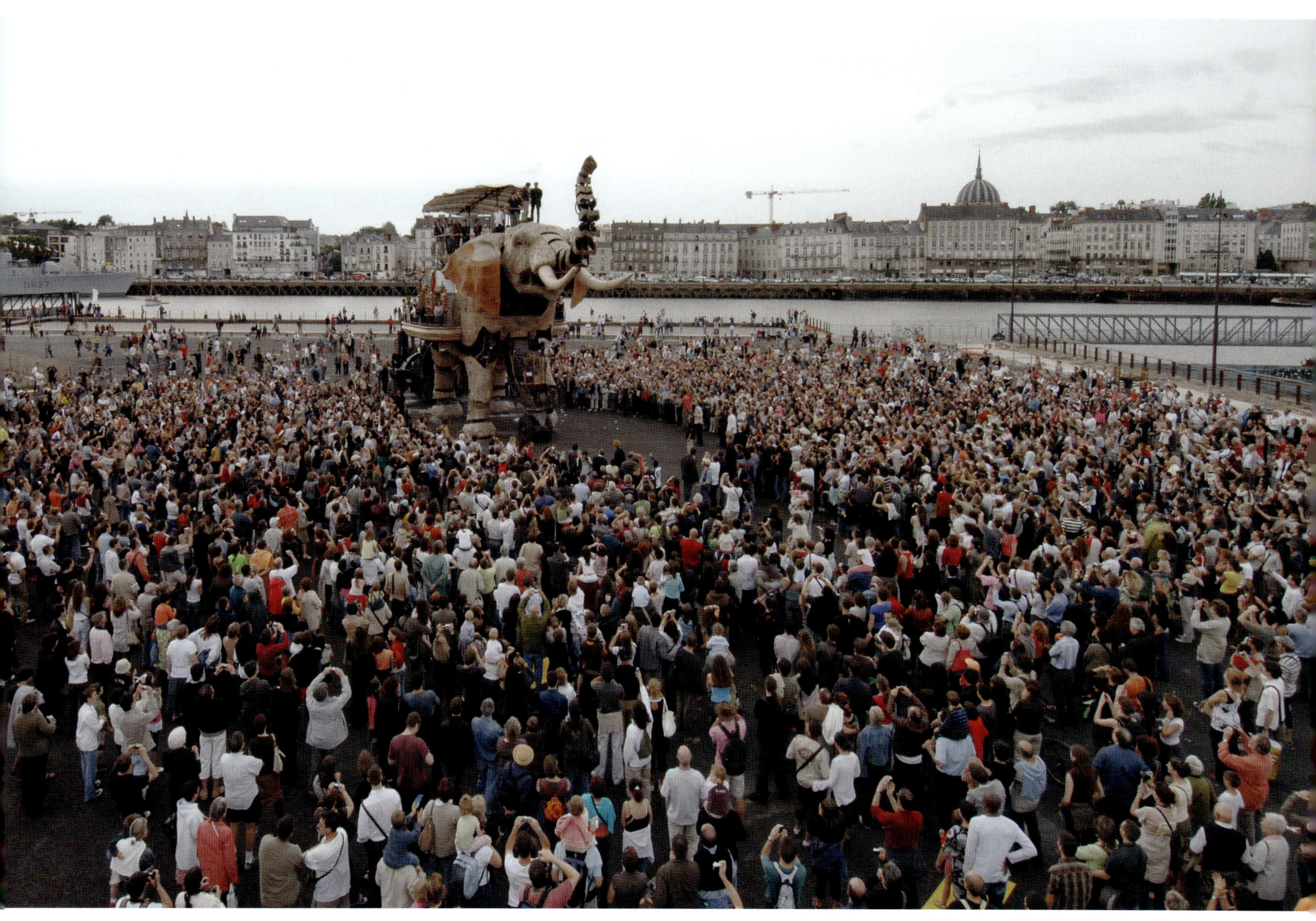

Première sortie du Grand Éléphant devant 50 000 spectateurs, 30 juin 2007.
First appearance of the Great Elephant, in front of 50,000 spectators, 30 June 2007.

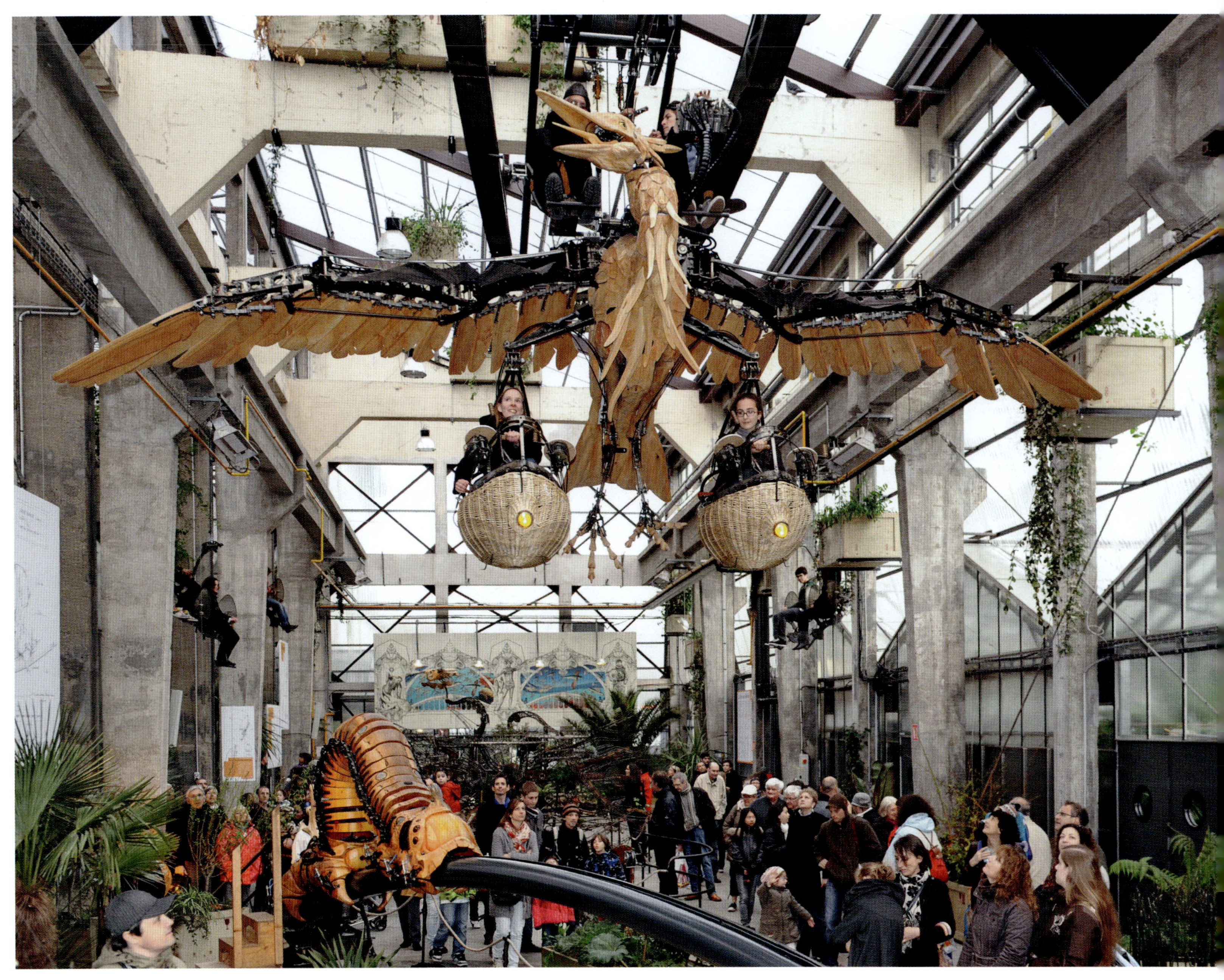

Vol d'un prototype du Héron dans la galerie des machines dédiée au projet de l'Arbre aux hérons.
Flight of a Heron prototype in the machine gallery, dedicated to the Heron Tree project.

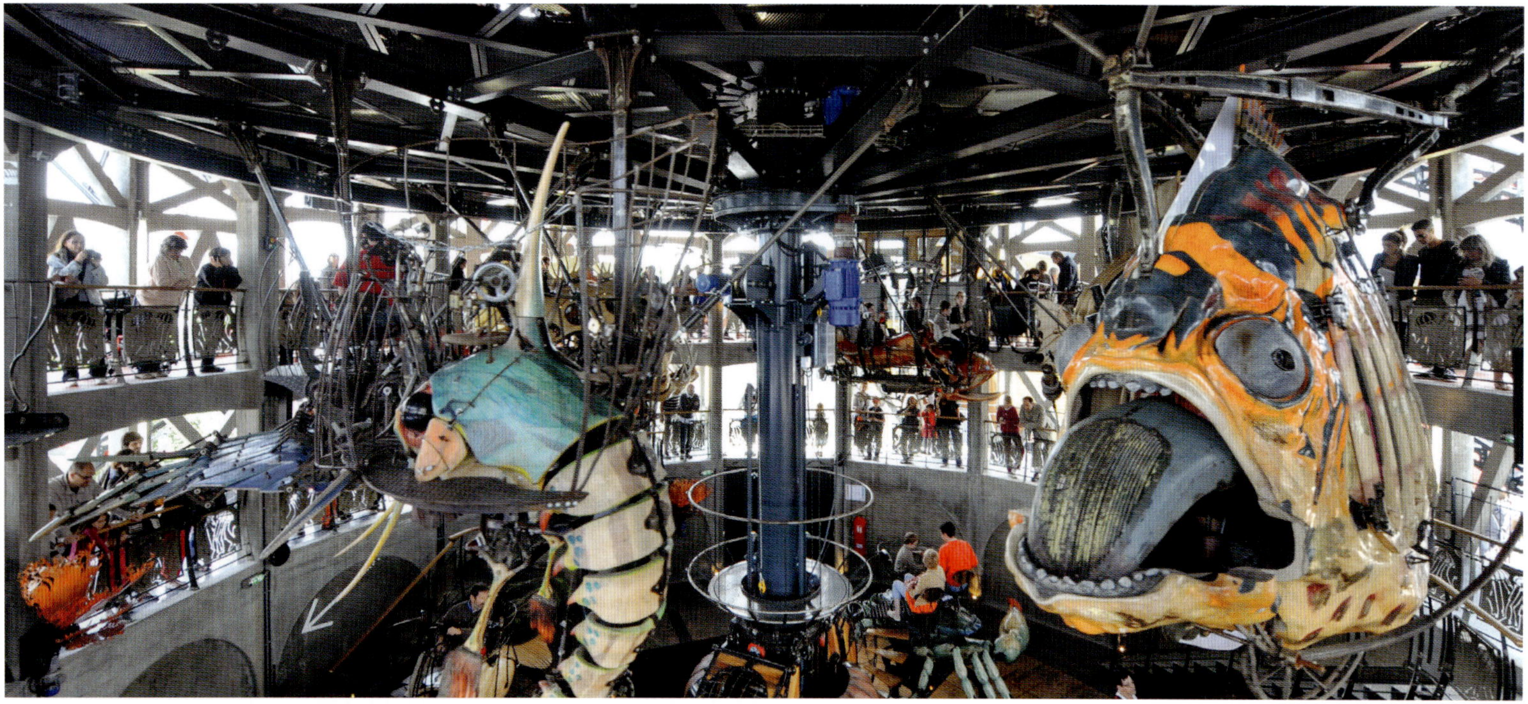

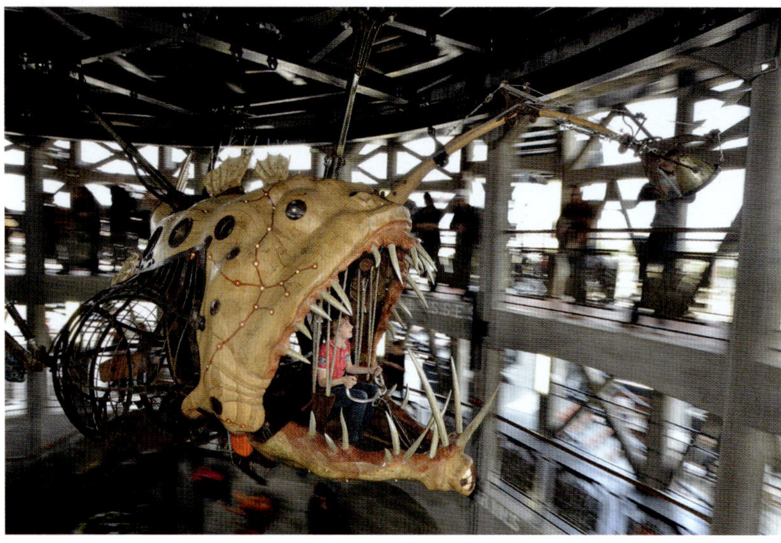

Le Carrousel des mondes marins. Le monde des abysses vu
de la coursive intermédiaire.
The Marine Worlds Carousel. The underworld seen from
the midway passage.

Le luminaire des grands fonds peut embarquer quatre
passagers pour un voyage à 360°.
The deep-sea lamp can carry four passengers on a
panoramic voyage.

La charpente béton du manège est inspirée des treillis qui
structurent les quais du port et de l'île de Nantes.
The carousel's concrete frame is inspired by the latticework
structure the port's quays and the Île de Nantes.

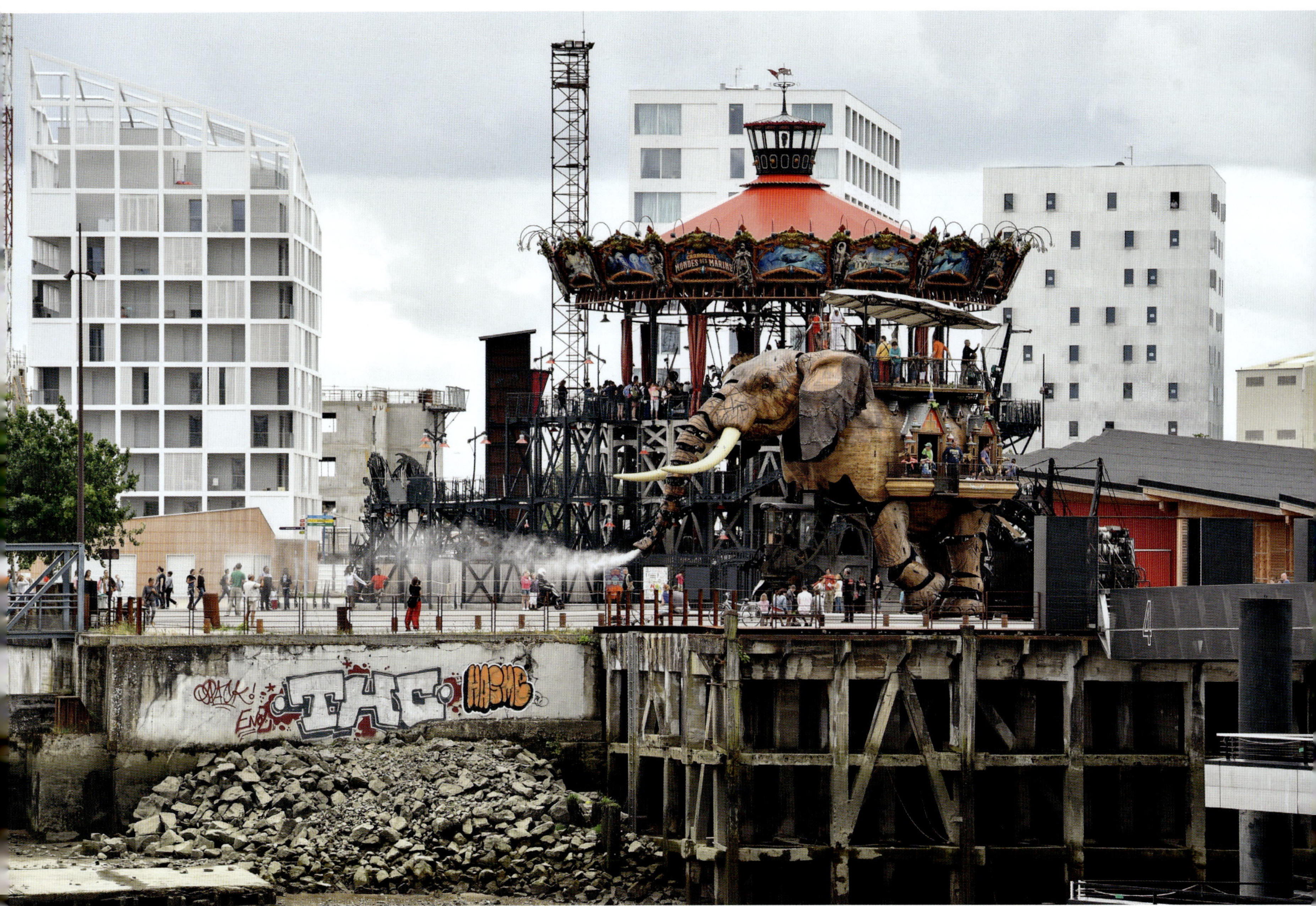

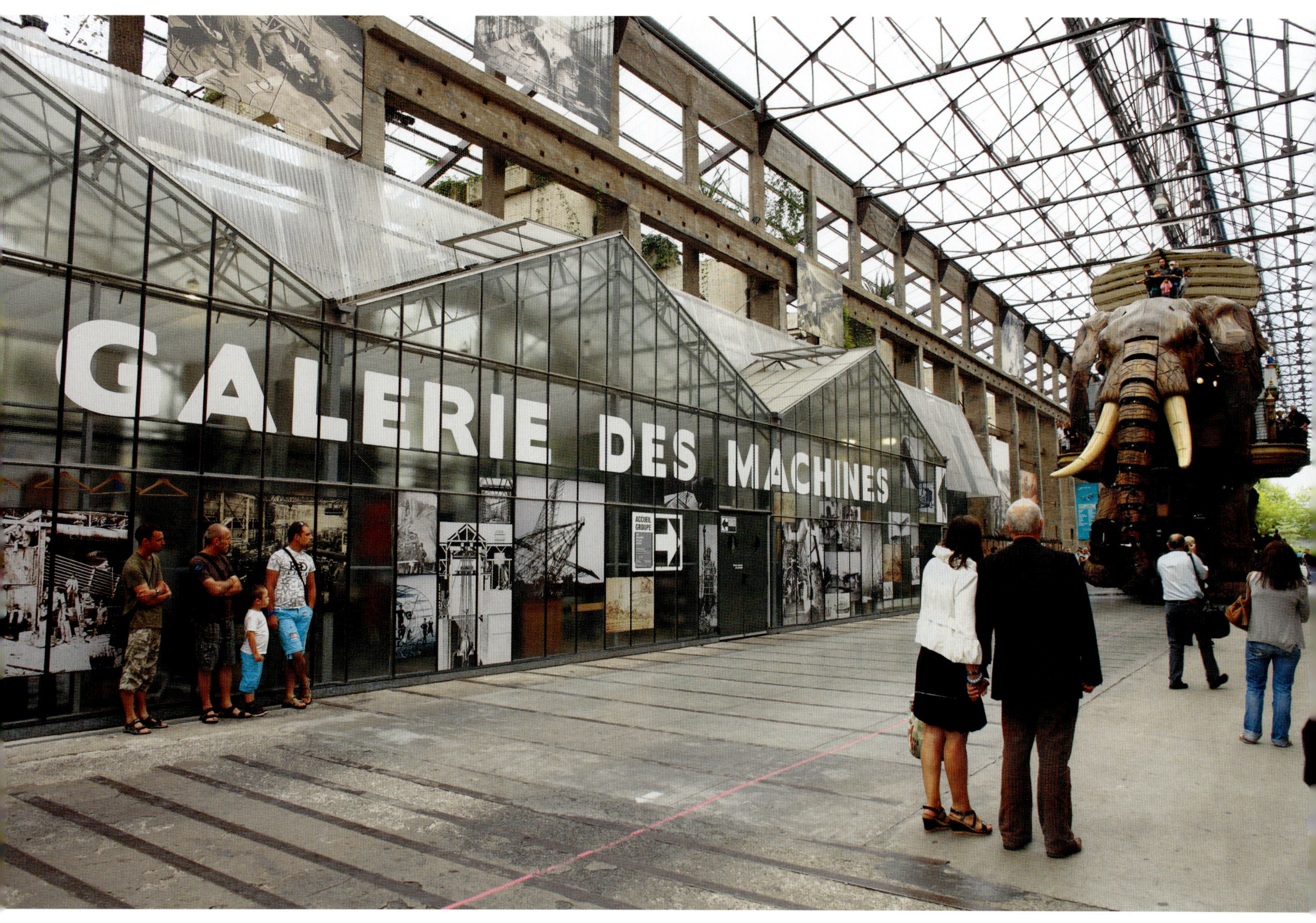

Le Grand Éléphant, sous les nefs, chargé de cinquante passagers, rejoint sa porte d'embarquement.
The Great Elephant under the naves, loaded with fifty passengers, reaches its departure point.

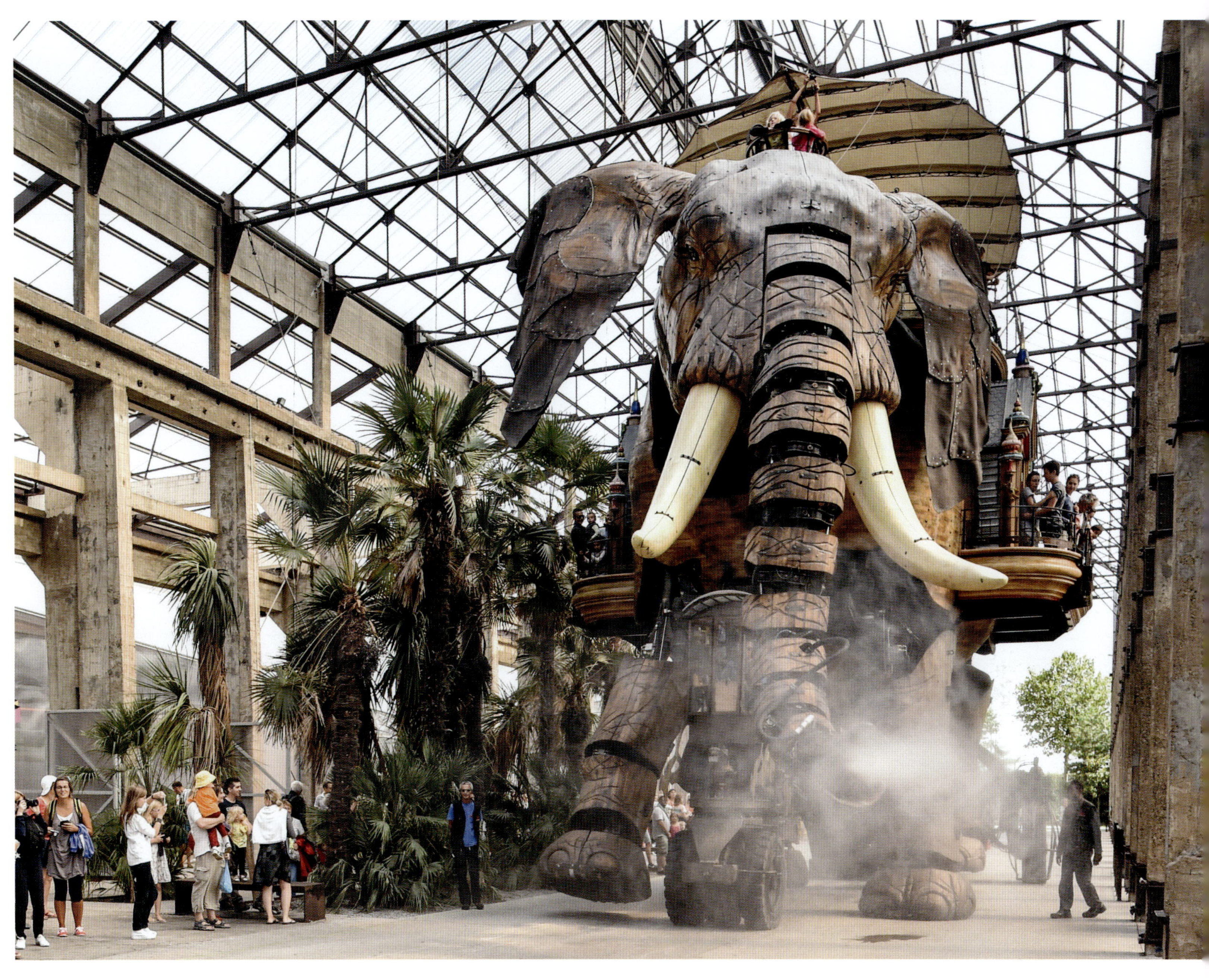

Dédié autrefois à la construction navale, le bâtiment centenaire abrite une rue où circule et dort le Grand Éléphant. L'espace est public et accessible jour et nuit.

Formerly dedicated to shipbuilding, the century-old building houses a street where the Great Elephant circulates and sleeps. The space is public and accessible day and night.

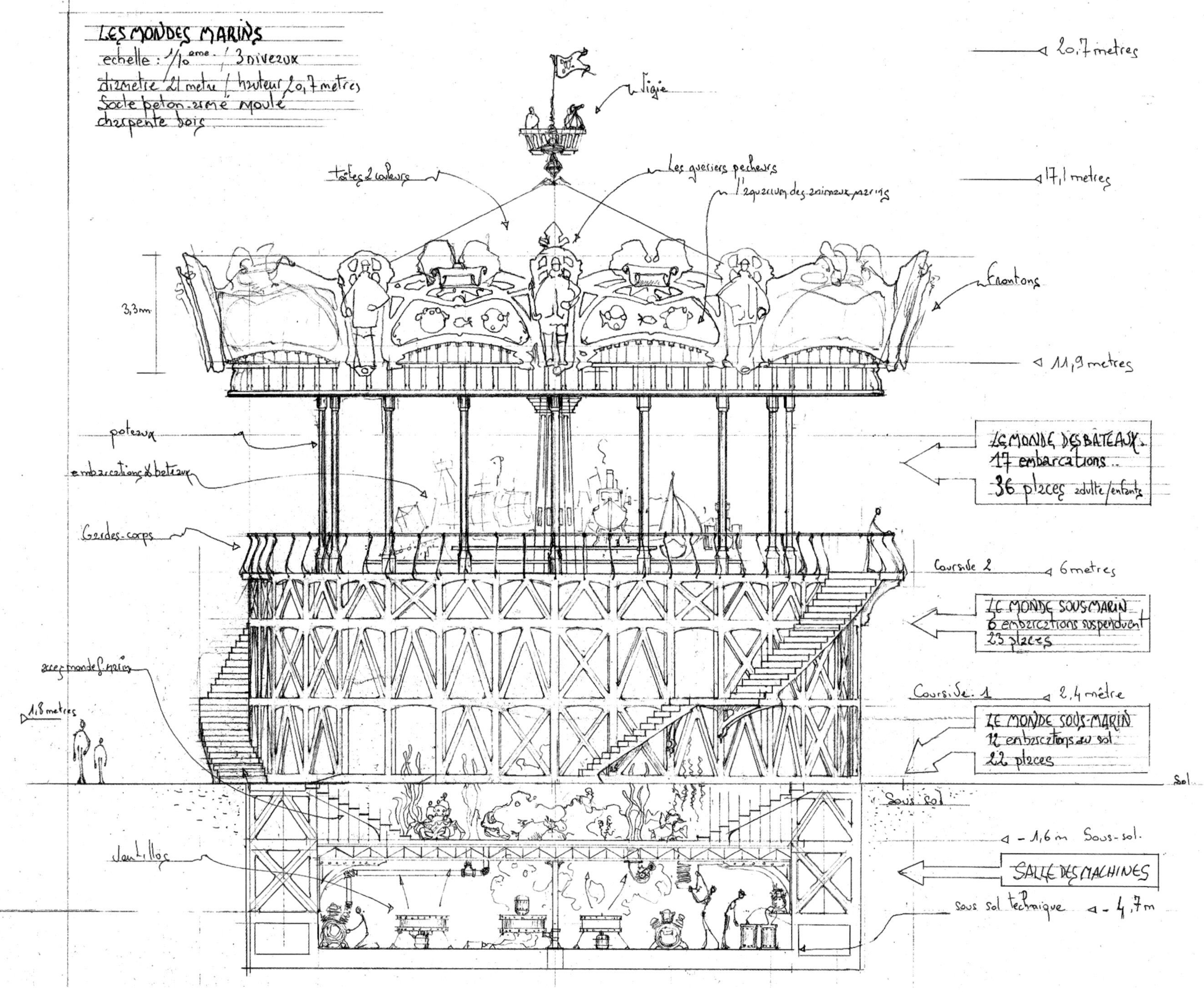

LES MONDES MARINS
echelle : 1/10ème / 3 niveaux
diametre 21 metre / hauteur 20,7 metres
Socle beton armé moulé
charpente bois
Vigie
têtes 2 couleurs
Les gueriers pecheurs
l'aquarium des animaux marins
Frontons
20,7 metres
17,1 metres
11,9 metres
3,3 m
poteaux
embarcations & bateaux
Gardes-corps
accés monde s. marin
1,8 metres
LE MONDE DES BATEAUX.
17 embarcations .
36 places adulte/enfants
Coursive 2
6 metres
LE MONDE SOUS-MARIN
6 embarcations suspendvent
23 places
Coursive 1
2,4 mètre
LE MONDE SOUS-MARIN
12 embarcations au sol
22 places
Sol
Sous sol
- 1,6 m Sous-sol.
SALLE DES MACHINES
sous sol technique   - 4,7 m
Nautilles

LE CARROUSEL DES MONDES MARINS

—

MARINE WORLDS CAROUSEL

Le Carrousel des mondes marins est un manège de trois étages, ou plutôt la superposition de trois manèges, évoquant l'univers maritime, depuis les grands fonds jusqu'à la surface. Il est peuplé de créatures étranges et mystérieuses : un crabe géant, un calamar à rétropulsion, une raie manta, un poisson pirate, des poissons volants, des méduses… Cet aquarium mécanique de vingt-deux mètres de diamètre est installé au point de rencontre de la Loire maritime et de la Loire fluviale, face au quai de la Fosse, le port historique de Nantes. Sa structure en béton dentelé renvoie à la structure en croisillon typique des quais du port de Nantes et sa mécanique réveille l'art forain.

Comme sorti des soubassements de l'île, il a trouvé sa place au pied d'une immense grue, témoin de l'histoire des chantiers navals, face au musée Jules-Verne. L'année suivant son inauguration, en 2013, il a reçu à Los Angeles, décerné par le Themed Entertainment Association, le prix de l'Attraction la plus originale du monde. L'ouvrage forain est un embarcadère et un débarcadère pour l'Éléphant, qui crée un jalon dans le circuit de l'animal sur l'esplanade des chantiers à la pointe ouest de l'île de Nantes. Mais contrairement à l'Éléphant, à qui on peut rendre visite à deux heures du matin sous sa nef,

Marine Worlds Carousel is a three-storey merry-go-round, or rather the superposition of three merry-go-rounds, evoking the maritime world from the surface to the deep sea. It is populated by strange and mysterious creatures: a giant crab, a retropulsion squid, a manta ray, pirate fish, flying fish, jellyfish and more. This mechanical aquarium, twenty-two metres in diameter, is installed at the meeting point of the Loire maritime and the Loire River opposite the Quai de la Fosse, the historic port of Nantes. Its serrated concrete structure refers to the typical cross structure of the quays at the port of Nantes and its mechanics is a return to fairground art.

As if it had emerged from the island's foundations, it found its place at the foot of a huge crane, a witness to the history of shipyards, opposite the Musée Jules Verne. In 2014, the year following its inauguration, the merry-go-round received the award for the most Unique Art Installation from the Themed Entertainment Association in Los Angeles. The fairground work is a pier and a landing stage for the Elephant, which creates a landmark for the animal circuit on the esplanade of the building sites at the western tip of the Île de Nantes. But unlike the Elephant, which can be visited at two in the morning

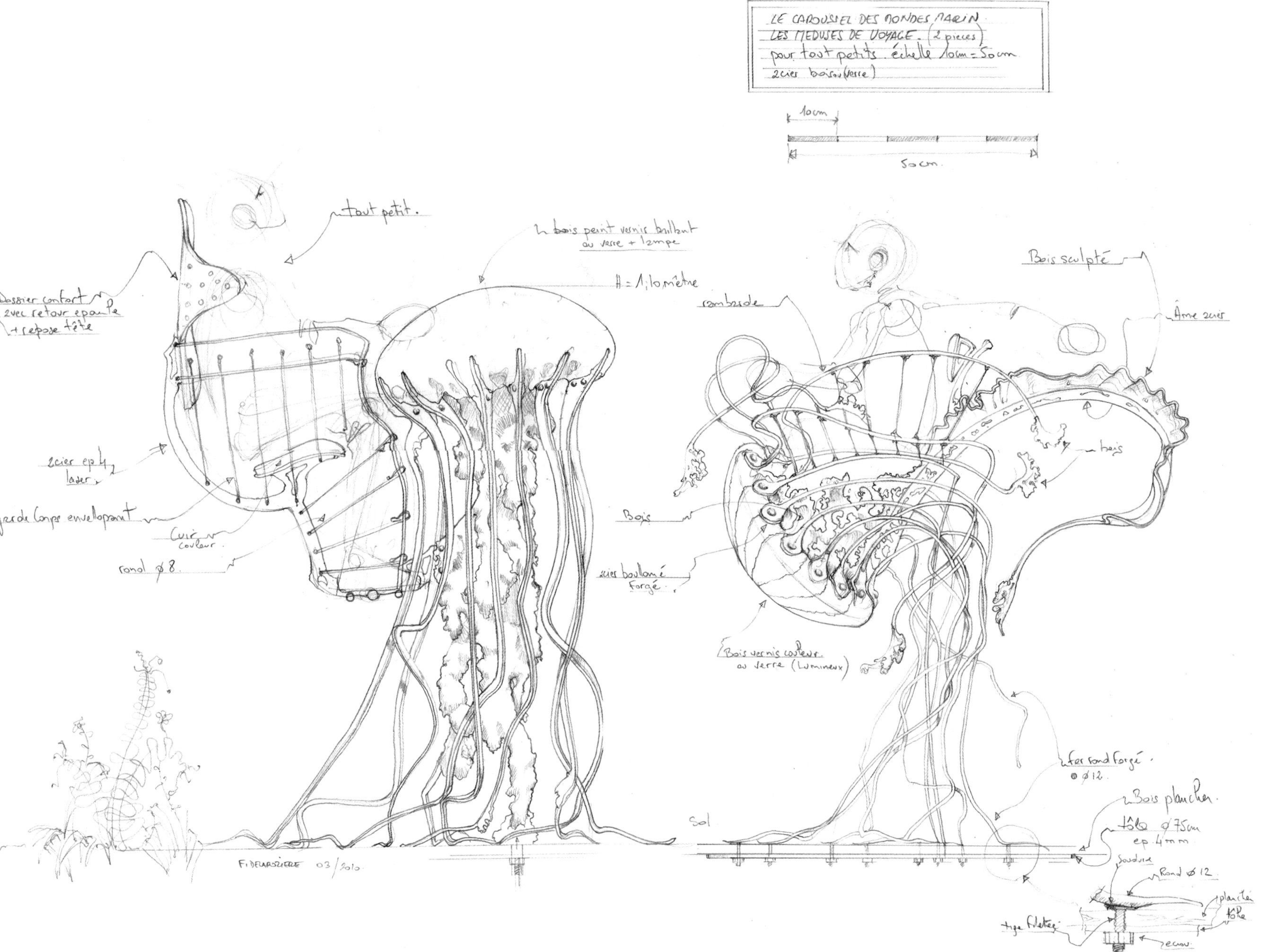

Les Méduses de voyage, crayon sur papier, 58 × 42 cm.
The Travelling jellyfish, pencil on paper, 58 × 42 cm.

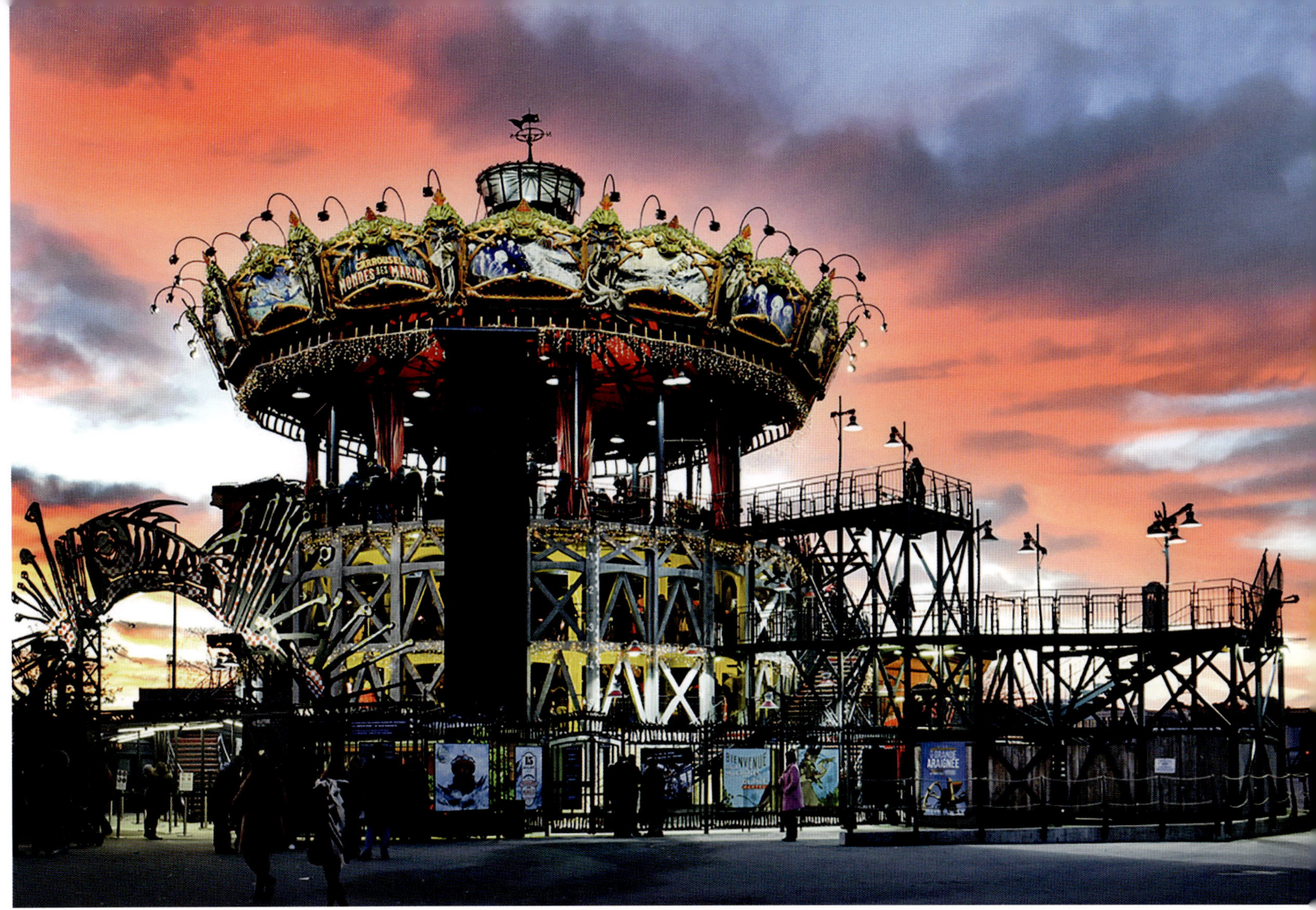

il est occulté par des grilles ouvragées et n'est accessible qu'avec un ticket. Je le regrette un peu car je l'avais imaginé davantage comme un manège forain, plus vivant et fréquenté, accessible gratuitement au plus grand nombre.

under its nave, it is obscured by ornate grids and is only accessible with a ticket. I regret it a little as I had imagined it more like a fairground carousel where as many people as possible could access it free of charge.

Construit sur l'île de Nantes, le Carrousel des mondes marins est implanté sur la ligne de partage des eaux.
Built on the Île de Nantes, the Marine Worlds Carousel is located on the watershed.

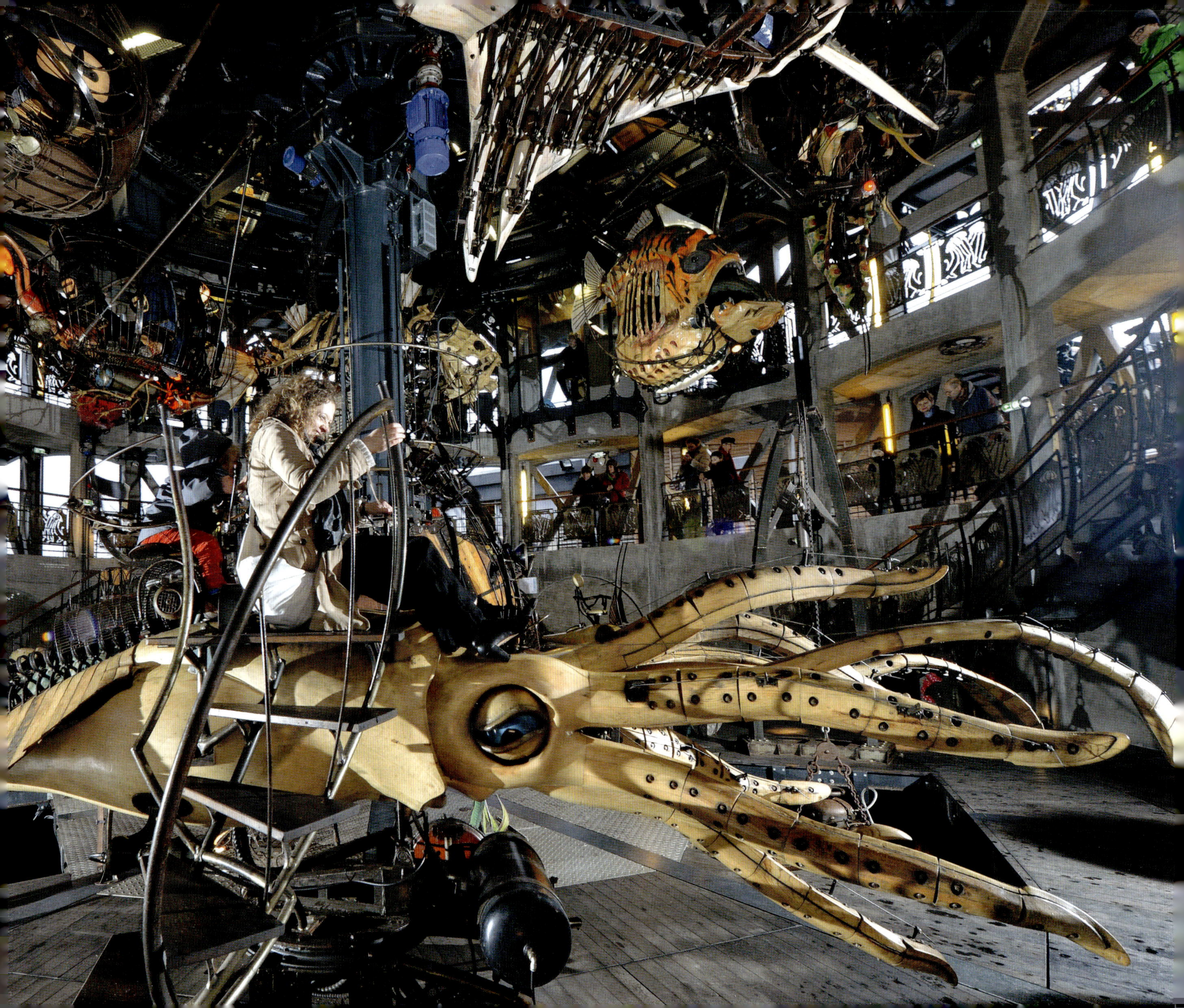

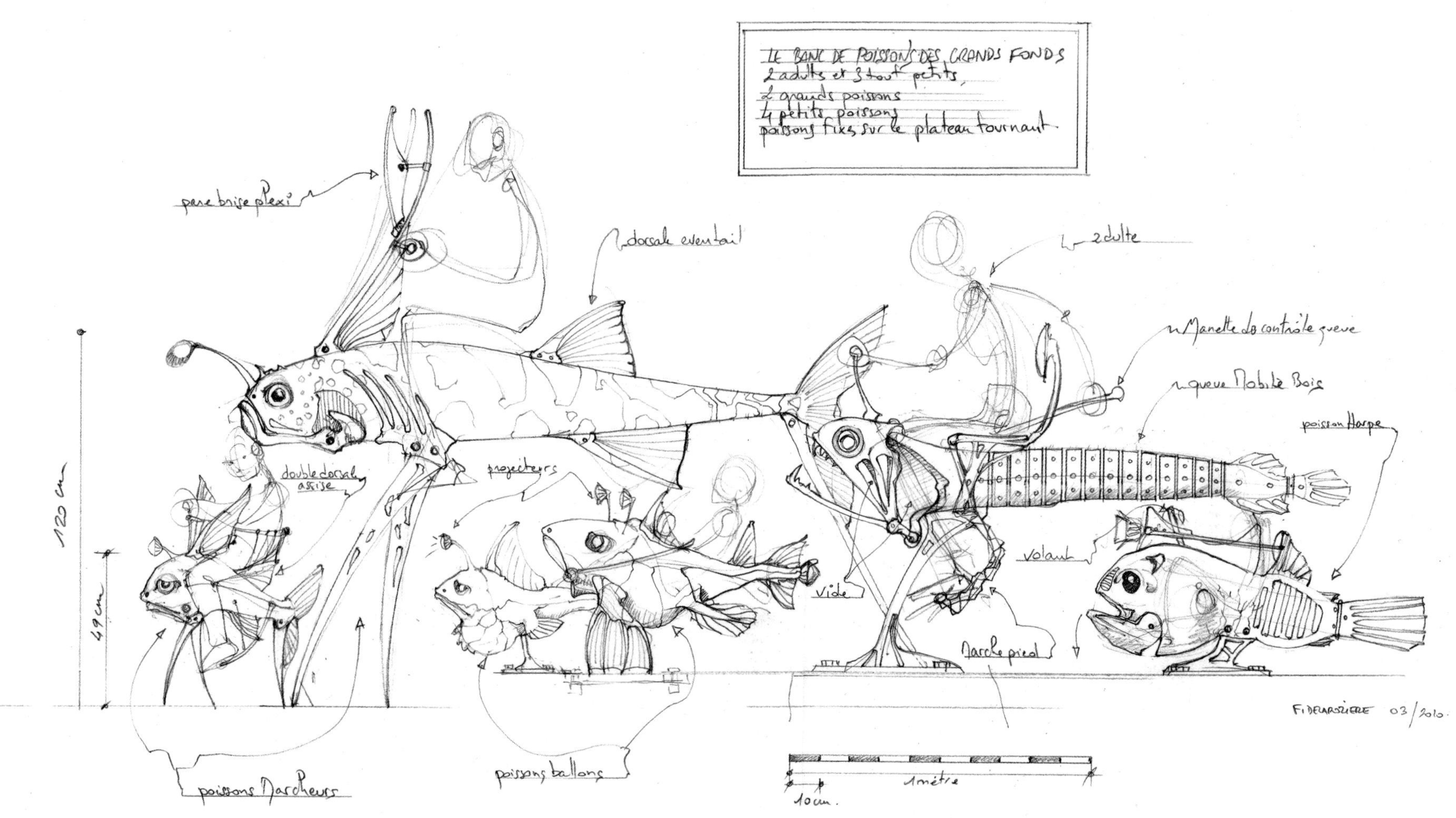

Le Carrousel des mondes marins : le Calamar à rétropropulsion.
Marine Worlds Carousel: retropulsion squid.

Le Banc de poissons, crayon sur papier, 58 × 42 cm.
The school of fish, pencil on paper, 58 × 42 cm.

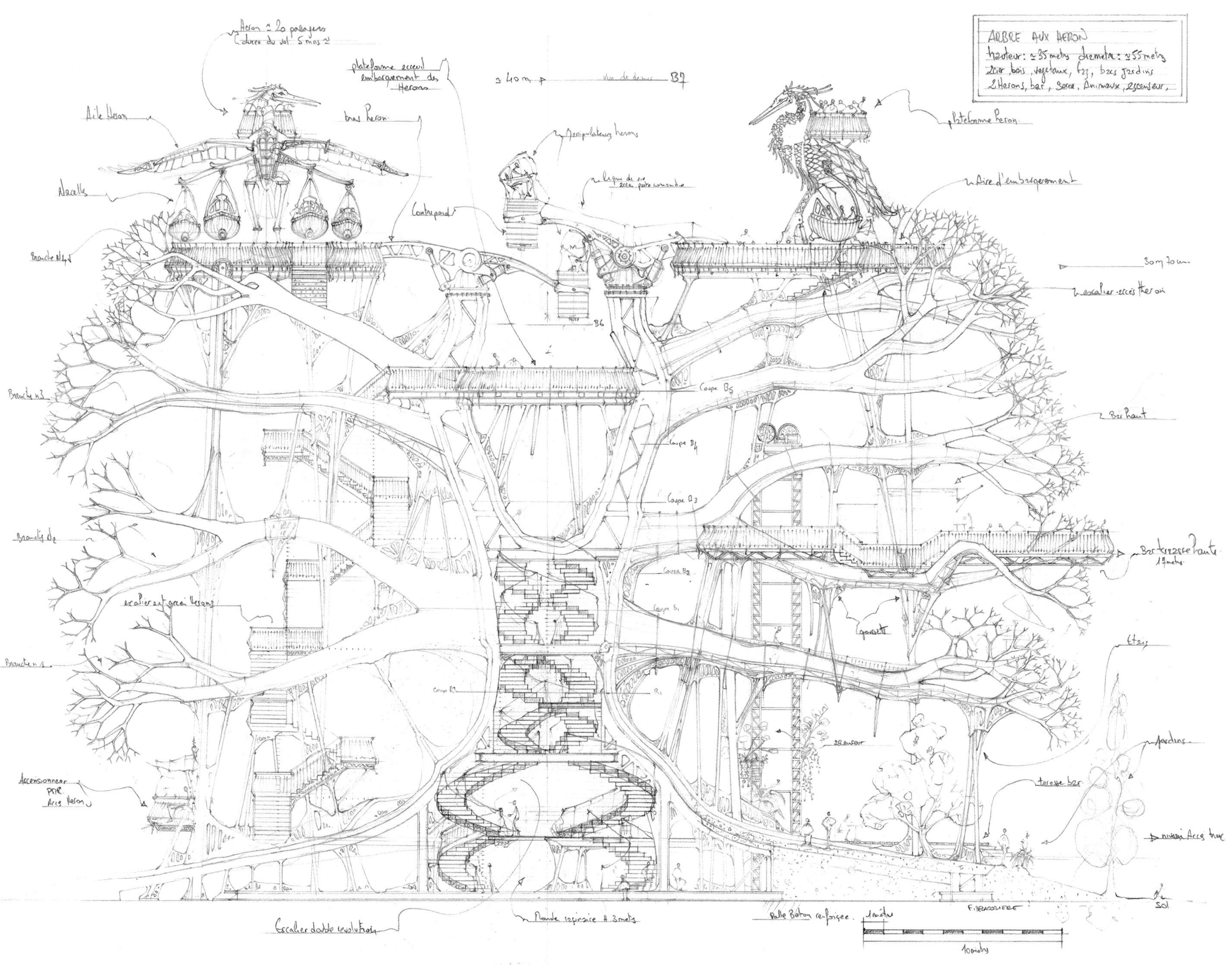

ARBRE AUX HERON
hauteur: ≃35 mèts diametre: ≃55 mèts
2cur bois, végétaux, f33, bacs jardins
2 Herons, bar, soree, Animaux, ascenseur,
Heron ≃ 20 passagers
durée du vol 5 mins
plateforme accueil
embarquement des
Herons
bras Heron
≃ 40 m
Vue de dessus B7
Aile Heron
Nacelle
Manipulateur herons
plateforme Heron
ligne de vie
accs patte coraudre
Aire d'embarquement
Branche N4
Contrepoid
30 m 20 m
B6
escalier accès heron
Branche n3
Bras haut
Coupe B5
Coupe B4
Coupe B3
Branche n2
Coupe B2
Bras terrasse haute
1 mehe
Coupe B1
escalier accès herans
Gosette
Etase
Branche n1
Coupe B1
Jardins
Ascensionneur
PMR
Accs Heron
terasse bar
Niveau Accs haut
sol
Escalier double révolution
Plande respiraire ≃ 3 mets
Dalle Béton renforcée
1 mehe
FIBROSLIERE
10 mehe

L'Arbre aux hérons est, en quelque sorte, la pierre angulaire des Machines de l'île. Ce devait être la première création, ce sera finalement la troisième grande machine du projet, dont l'aboutissement trouve ses racines dans la ville, de l'autre côté du fleuve, sur le continent. L'Arbre aux hérons est une sculpture monumentale de trente-cinq mètres de haut et de cinquante-cinq mètres de diamètre, qui tient à la fois du manège et du jardin suspendu. Sa structure en acier joue avec des formes organiques inspirées de la nature. Sa frondaison héberge une ménagerie mécanique dont les animaux circulent de branche en branche en embarquant quelques voyageurs. Au sommet, deux hérons monumentaux font voler des passagers à quarante-cinq mètres de hauteur. Nous avions imaginé, dans un premier temps, l'implanter sur la pointe orientale de l'île, dans un grand parc, puis le projet s'est déplacé vers le centre de l'île. Il a ensuite été question de l'implanter au sud dans un espace vert envisagé près du futur centre hospitalier universitaire, avant de lui trouver une place définitive dans une ancienne carrière, sur la rive nord de la Loire, où se déroule une grande opération d'urbanisme destinée à réconcilier la ville avec son fleuve. Il faut parfois savoir attendre, tâtonner, approfondir le dialogue avec les élus, pour qu'une nouvelle aventure trouve sa place. Ce dialogue avec la

L'ARBRE AUX HÉRONS

—

THE HERON TREE

The Heron Tree is, in a way, the cornerstone of the Machines de l'Île. It was to be the first creation. Ultimately it will be the project's third major machine, with its roots in the city, on the other side of the river, on the continent. The Heron Tree is a thirty-five-metre high monumental sculpture, fifty-five metres in diameter, which resembles both a riding school and hanging garden. Its steel structure plays with organic forms inspired by nature. Its foliage hosts a mechanical menagerie where its animals circulate from branch to branch whilst several travellers come aboard. At the summit, two monumental herons fly passengers forty-five metres high.

We had initially imagined setting it up on the island's eastern tip, in a large park, but then the project moved to centre of the island. Then, it was a question of setting it up in the south in a green space planned near the future University Hospital site before finding its definitive place in an old quarry on the north bank of the Loire where major urban development is under way. This work is designed to reunite the city with its river. Sometimes you have to know how to wait, to delve, to deepen the dialogue with elected officials so that a new adventure can emerge. This dialogue with the mayor, Johanna Rolland, proved fruitful. The setting is magnificent: a rocky amphitheatre

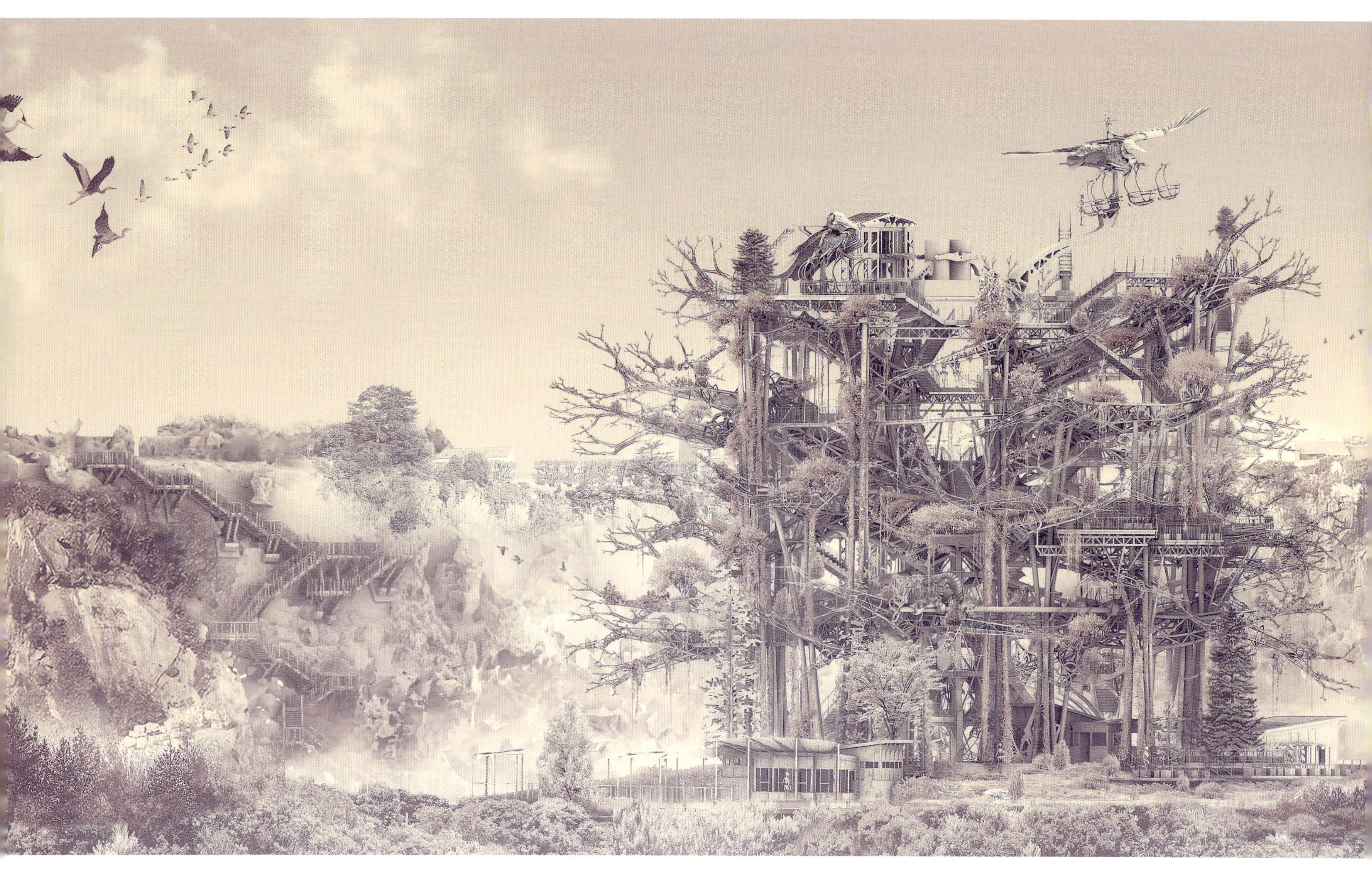

L'Arbre aux hérons et l'escalier la falaise, vue numérique.
The Heron Tree and the cliff stairs, digital image.

maire, Johanna Rolland, s'est avéré fructueux. Le cadre est magnifique, un amphithéâtre rocheux situé face au fleuve, et l'emplacement est idéal, au cœur du Bas-Chantenay, dont les friches industrielles se déploient sur trois kilomètres le long du fleuve. Cette œuvre monumentale pose un défi technique passionnant, qui valorise tant la recherche que les savoir-faire multiples d'un bassin d'entreprises et partenaires rompus à la construction de mécaniques géantes.

UN DÉFI TECHNOLOGIQUE ET INDUSTRIEL

L'argument qui nous est souvent opposé est le coût des machines. De fait, le budget de l'Arbre aux hérons, estimé pour l'heure entre trente-cinq et soixante millions d'euros, peut paraître disproportionné au regard de certains budgets culturels. Mais il est important de retenir qu'en aucun cas les financements qui nourrissent nos projets ne puisent dans l'enveloppe dédiée aux projets culturels. Les enveloppes budgétaires impliquées sont celles qu'on utilise pour construire les ronds-points, les ponts, la chaussée ou les lignes de tramway. Il faut avant tout évaluer les retombées économiques d'un tel projet. En termes de rayonnement, la démonstration n'est plus à faire. Nous sommes même soucieux de l'exploitation, parfois abusive, de l'image de l'Éléphant ; il serait réducteur qu'il devienne le

opposite the river. The location is ideal; in the heart of Bas-Chantenay the brownfield space is spread over three kilometres along the river. This monumental work poses an exciting technical challenge, valuing both research and the multiple skills of a pool of companies and partners experienced in the construction of giant mechanics.

A TECHNOLOGICAL AND INDUSTRIAL CHALLENGE

The argument often put to us is the cost of the machines. In fact, the budget for the Heron Tree – currently estimated at between thirty-five and sixty million euros – may seem disproportionate compared to certain cultural budgets. But it is important to note that the funding that feeds our projects never draws on the envelope dedicated to cultural projects. The budgets involved are those used to build roundabouts, bridges, pavements or tramlines. Above all, the economic benefits of such a project must be assessed. In terms of influence, proof is no longer necessary. We are even concerned with the exploitation, at times excessive, of the image of the Elephant; it would be reductive if it became the symbol of Nantes. In recent years the perception of the city of Nantes has changed a lot: its creativity, inventiveness and urban development

symbole de Nantes. Depuis quelques années, la perception de la ville de Nantes a beaucoup changé. Sa créativité, son inventivité, ses choix d'aménagements urbains sont unanimement salués, en particulier par les acteurs économiques qui se réjouissent de cette attractivité.

J'aime évoquer la dynamique engendrée pour toutes les entreprises locales, qui travaillent directement avec les artistes pour produire nos machines. Le fait de porter un rêve commun, un défi à l'échelle internationale, fédère les énergies, des entreprises aux institutions en passant par le service des espaces verts, les hôtels, les restaurants, les industriels. C'est finalement l'ensemble de la métropole qui tire profit de l'afflux de visiteurs.

choices are unanimously praised – and specifically so by the economic actors who rejoice in this attractiveness.

I like to evoke the dynamics generated for all the local companies, who work directly with the artists to produce our machines. The pursuit of a common dream, a challenge of international scale, galvanises energy generated between businesses and institutions, including the parks and garden services of the city, local hotels and restaurants, and also industry. Ultimately it is the whole of the metropolitan area that benefits from the influx of visitors.

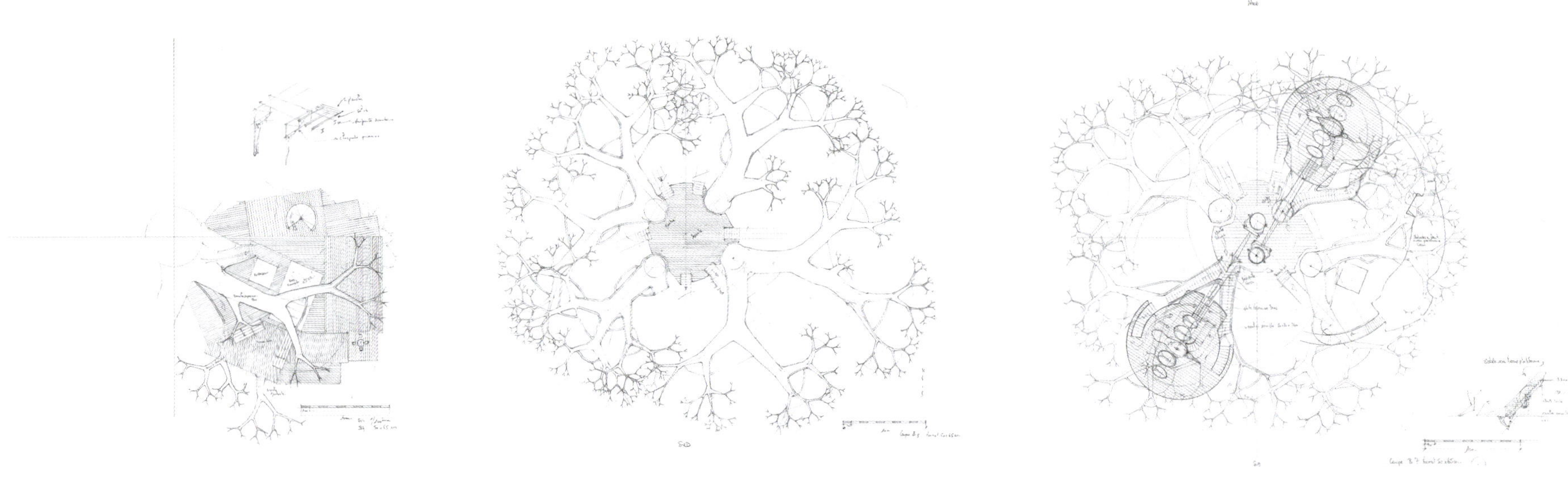

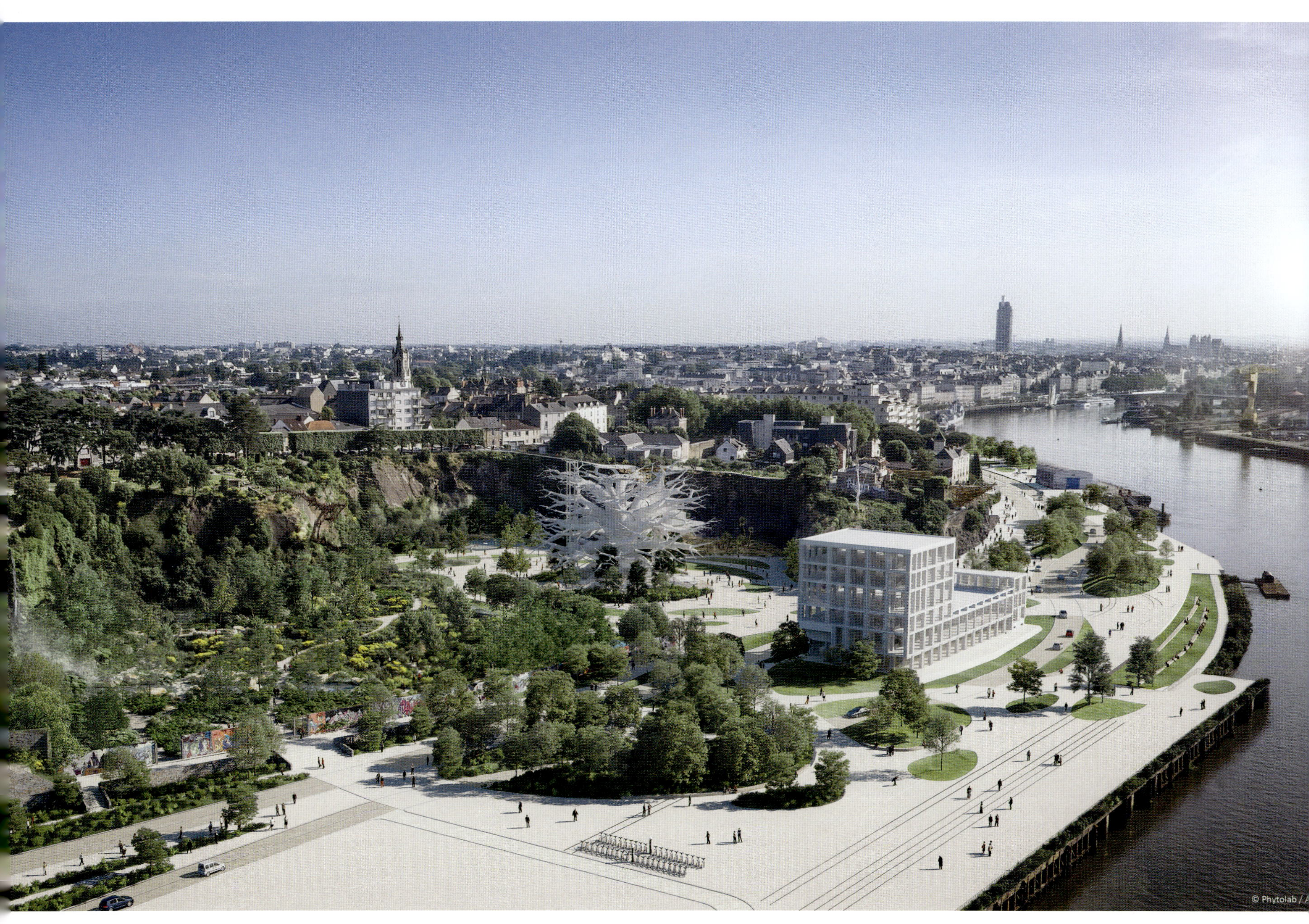

Implantation de l'Arbre aux hérons dans le jardin extraordinaire, vue numérique.
Installation of the Heron Tree in the extraordinary garden, digital image.

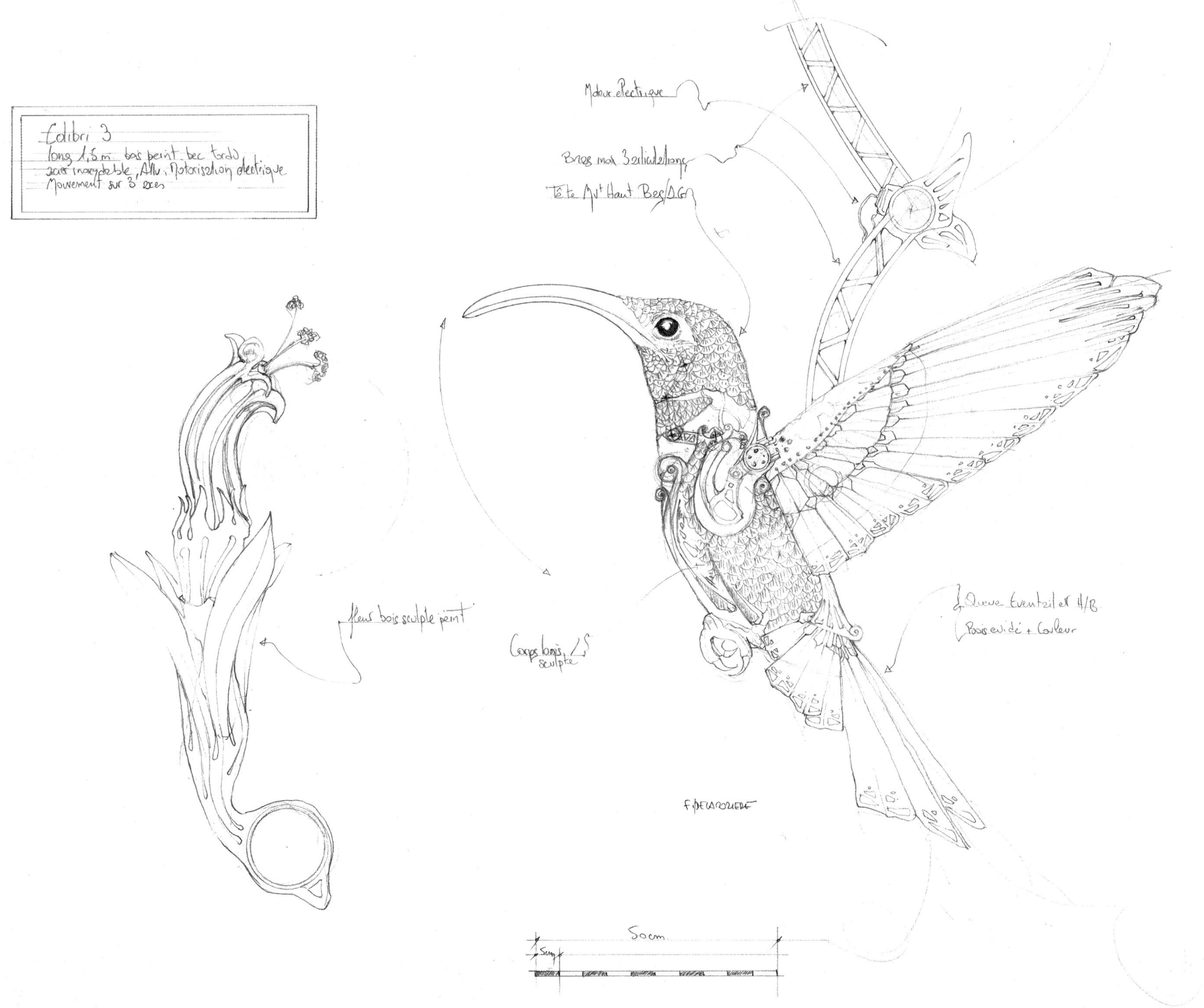

Colibri 3
long 1,5 m. bois peint, bec tordu,
acier inoxydable, Allu, Motorisation électrique
Mouvement sur 3 axes
Moteur électrique
Bras mot 3 articulations
Tête Mvt Haut Bec/D.G
fleur bois sculpté peint
Corps bois sculpté
Queue éventail et H/B
Bois évidé + Couleur
F. DELAROZIERE
50 cm.
5 cm

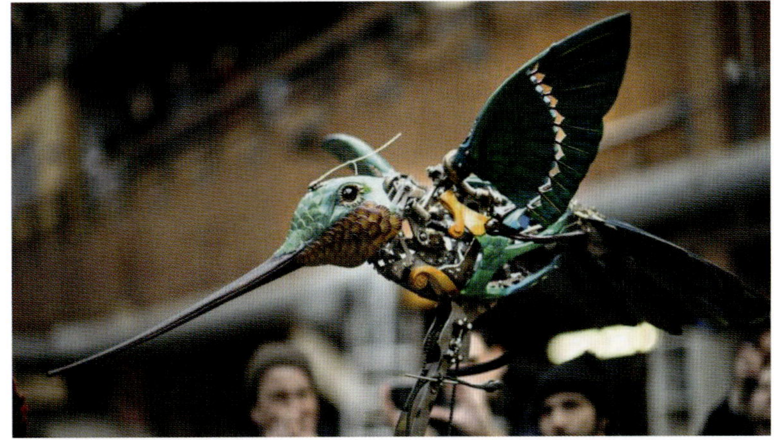

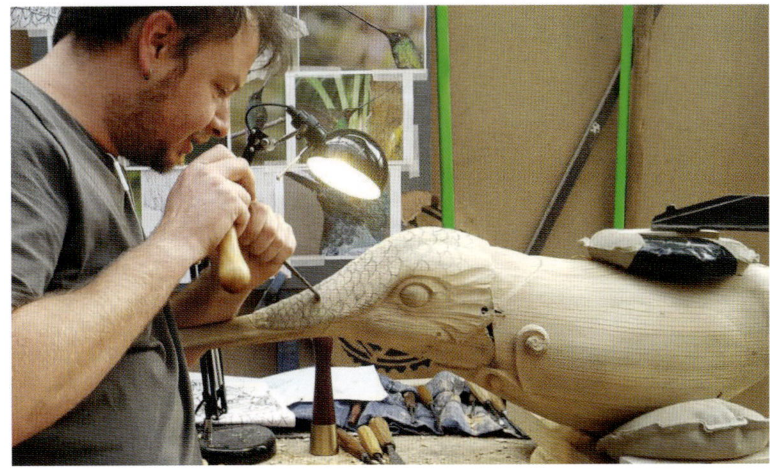

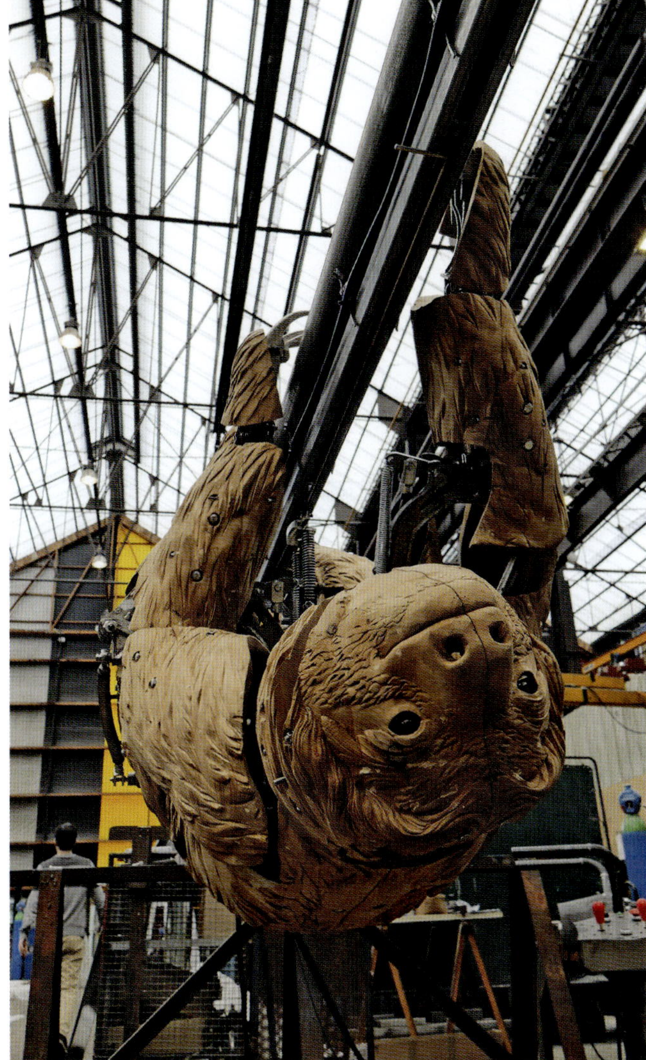

Les Colibris géants, crayon sur papier, 65 × 50 cm.
Giant hummingbirds, pencil on paper, 65 × 50 cm.

Test et mise au point d'un Colibri géant.
Testing and fine-tuning a giant hummingbird.

Sculpture d'un Colibri géant dans les ateliers de la compagnie.
Sculpture of a giant hummingbird in La Machine's workshops.

Le paresseux en construction dans les ateliers.
The sloth under construction in the workshops.

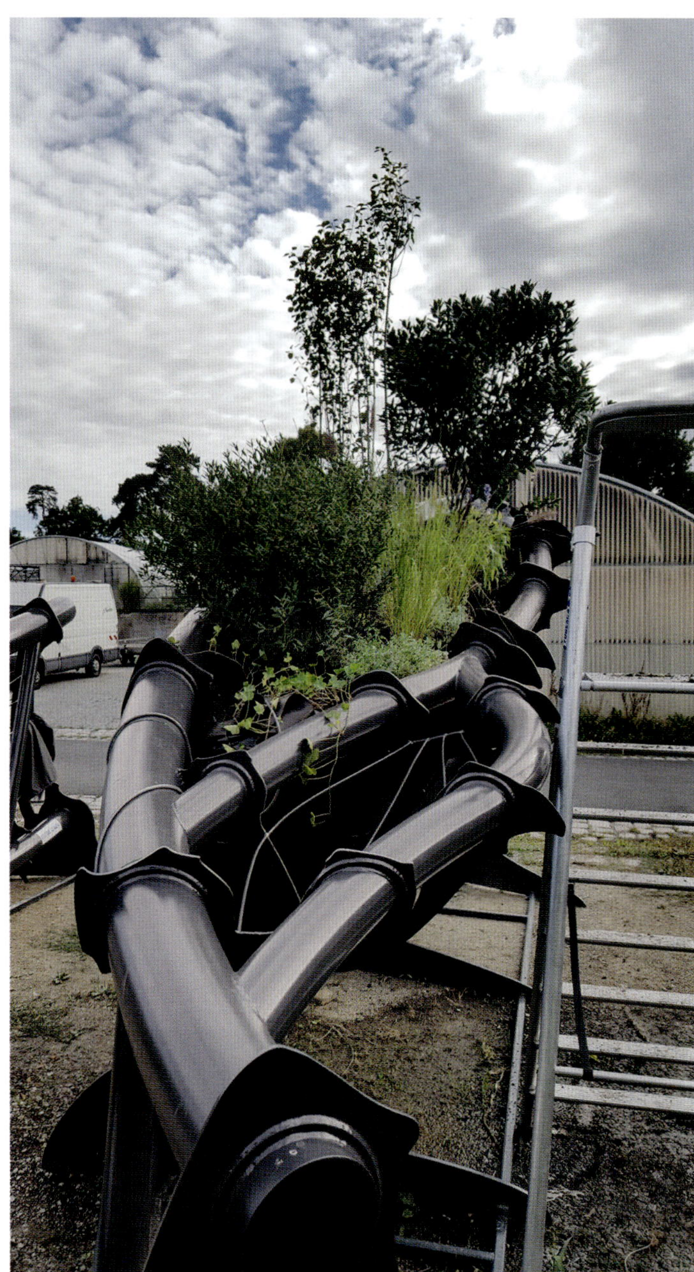

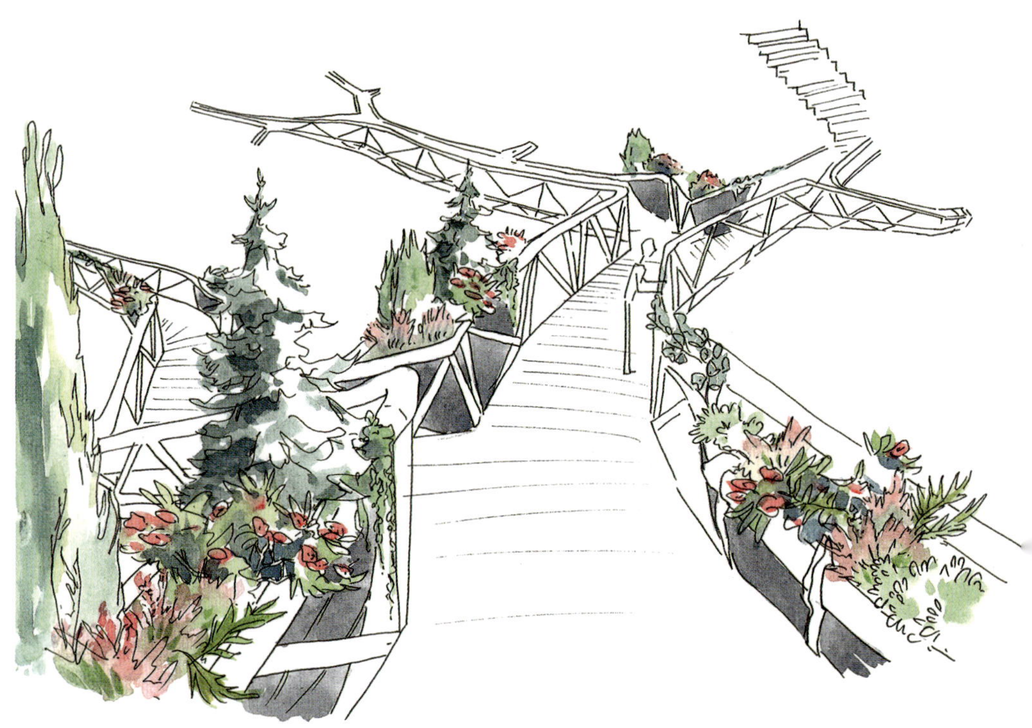

Prototype d'une branche de l'Arbre aux hérons.
Prototype of a branch of the Heron Tree.

Études graphiques pour la végétalisation de l'Arbre aux hérons.
Studies for the vegetation of the Heron Tree.

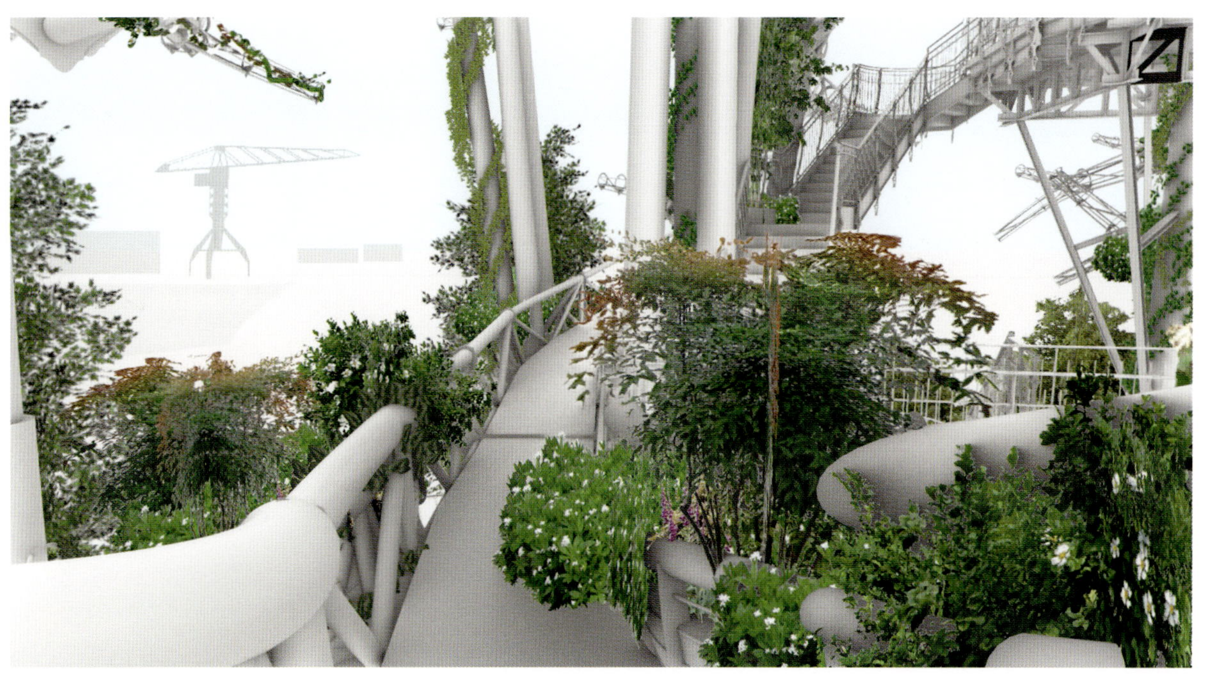

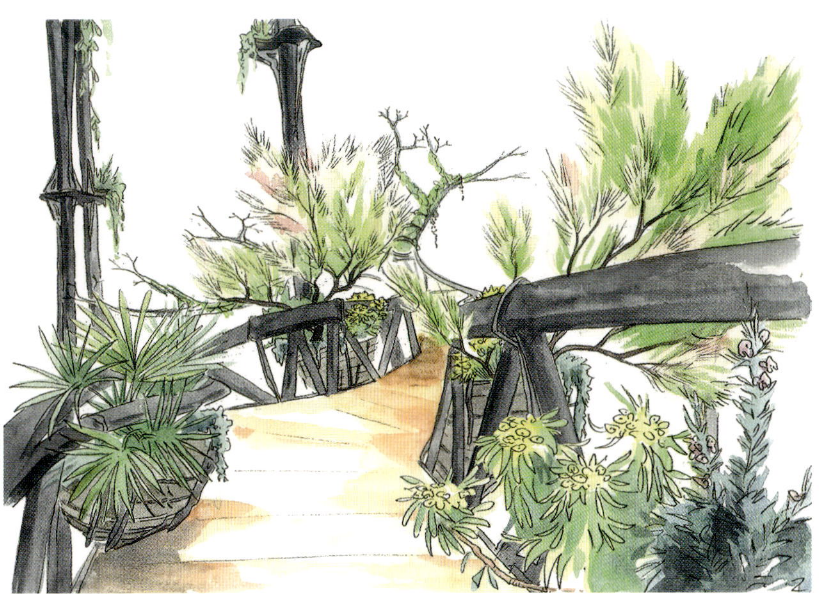

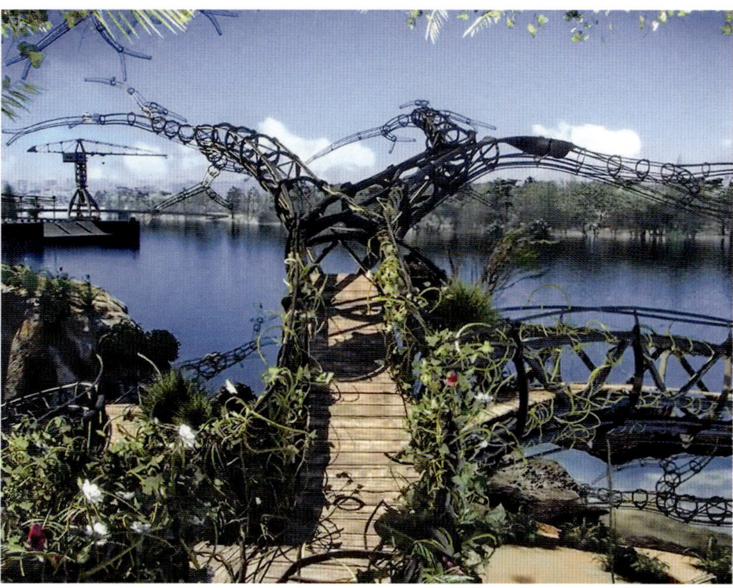

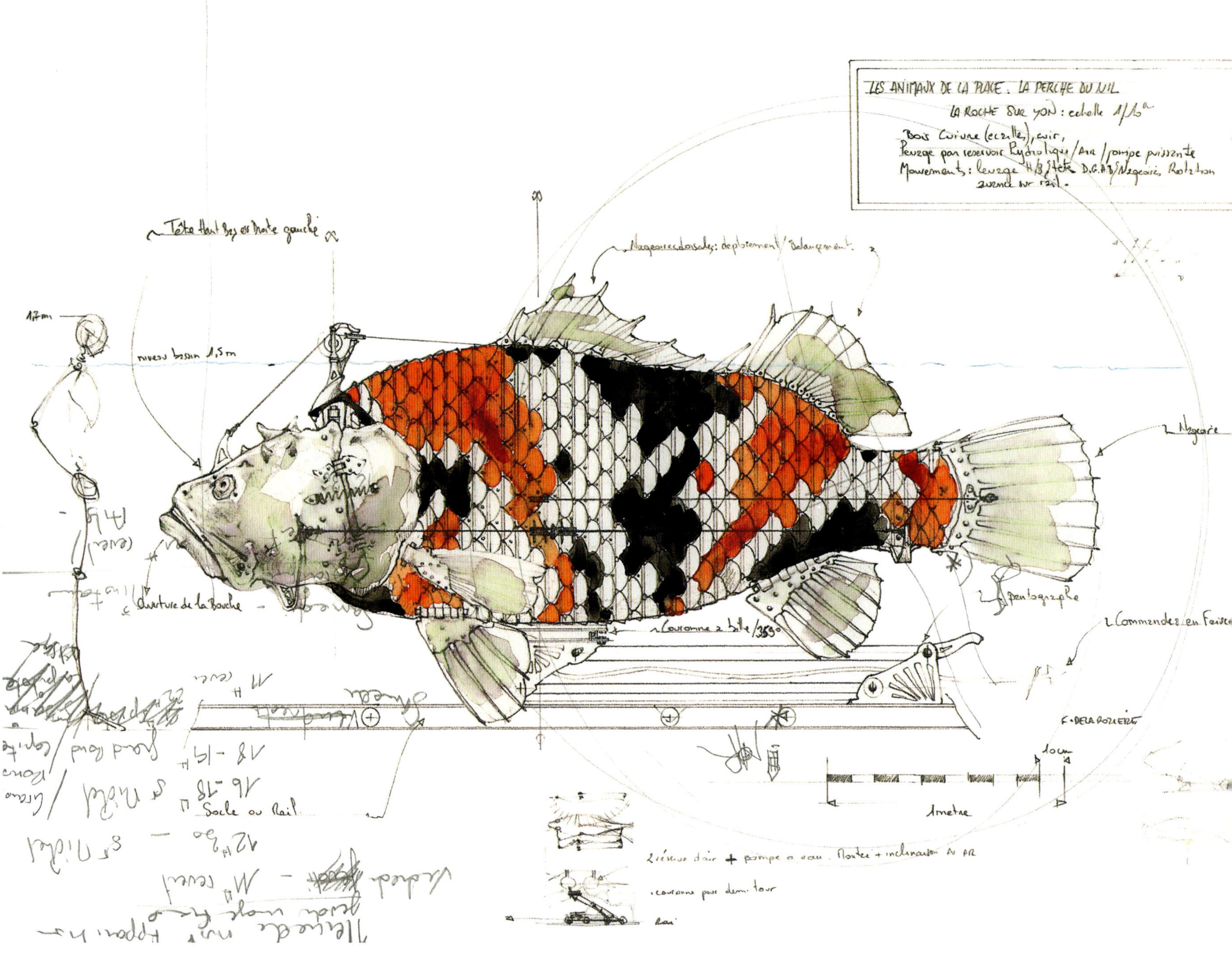

LES ANIMAUX DE LA PLAGE. LA PERCHE DU NIL
LA ROCHE SUR YON : echelle 1/10ª
Bois Cuivre (ecaille), cuir,
Levage par reservoir Hydrolique / Air / pompe puissante
Mouvements : levage H/B / tête D.G.A.B / Nageoires, Rotation
avance sur rail.
Nageoires dorsales : deploiement / Balancement.
Tête Haut Bas et hoche gauche
niveau bassin 1,5 m
1,7 m
Ouverture de la bouche
Couronne à bille / 350
Socle ou Rail
Nageoire
Pantographe
Commandes en Facade
F. DE LA ROZIERE
1 mètre
10 cm
réservoir d'air + pompe à eau. Montée + inclinaison AV AR
couronne pour demi-tour
Rail

LA ROCHE-
SUR-YON

LES ANIMAUX
DE LA PLACE

THE ANIMALS
OF THE SQUARE

UNE VILLE NOUVELLE

Il y a peu de villes nouvelles en France, au sens de cités dessinées sur papier avant de prendre forme sur le terrain. La Roche-sur-Yon, créée au début du XIXᵉ siècle pour devenir la préfecture de Vendée, en fait partie. Érigée à la demande de Napoléon, conçue depuis Paris par des ingénieurs des ponts et chaussées, la ville est imaginée suivant un plan en damier à l'intérieur d'un pentagone d'un kilomètre carré. Au centre, une vaste esplanade, près de trois hectares, est entourée des bâtiments publics qui matérialisent la puissance publique : hôtel de ville, gendarmerie, tribunal… La Roche-sur-Yon, dimensionnée pour quinze mille habitants, est destinée à devenir le centre administratif d'un département rebelle, resté fidèle à la monarchie. À l'époque, cette place d'armes a pour vocation d'être l'agora de la ville et le centre névralgique du département, d'où partent toutes les routes. Au centre de la place, depuis 1854, trône une statue équestre de Napoléon, qui donne logiquement son nom à l'esplanade.

Malheureusement, faute de temps et de moyens, les bâtiments imaginés par les concepteurs n'affichent pas la majesté des premiers croquis. Construits en pisé, de faible élévation, ils se retrouvent noyés dans le paysage urbain autour de cette immense esplanade. Faute d'édifice remarquable, c'est la place qui devient le monument de la cité, une sorte de monument en

A NEW CITY

There are few new cities in France, in the sense of those sketched out on paper before taking form on the ground. La Roche-sur-Yon, created at the beginning of the nineteenth century to become the prefecture of the Vendée region, is one of them. Constructed at the request of Napoleon and designed in Paris by bridge and road engineers, the city was imagined according to a chequerboard plan inside a one square kilometre pentagon. In the centre, a vast esplanade of almost three hectares is surrounded by public buildings that encapsulate public power, such as a town hall, a gendarmerie and court. La Roche-sur-Yon, designed for fifteen thousand inhabitants, was intended to become the central administrative seat of a rebel department that had remained faithful to the monarchy. At the time, this parade ground was intended to be the city's agora and the nerve centre of the region, the place from where all roads start. An equestrian statue of Napoleon has been positioned in the centre of the square since 1854, which – logically – gives it name to the esplanade.

Unfortunately, due to a lack of time and means, the buildings imagined by the designers do not display the majesty of the first sketches. Low rise and built of adobe, they find themselves drowned in the urban landscape around this immense esplanade. For the lack of a remarkable building, it is

creux, auxquels les Yonnais s'attachent avec le temps. Malgré un développement continu durant deux siècles, La Roche-sur-Yon ne réussit pas à résoudre ce problème d'échelle, ce vide en son centre. La place n'est finalement utilisée et pratiquée que lors de grands événements annuels. C'est dans le cadre d'un grand projet de requalification urbaine initié au lendemain du bicentenaire de la ville et baptisé "Pentagone 2020" que la compagnie La Machine est sollicitée pour participer à cette nouvelle aventure urbaine. Alexandre Chemetoff, qui participe au concours, m'appelle alors, et me propose d'imaginer, là où était implanté un manège forain, une ou plusieurs machines pour rendre le projet plus vivant et ludique. L'urbaniste imagine un grand salon de plein air creusé de bassins, un ensemble végétalisé destiné à devenir un lieu de promenade, de rencontre, où l'on aimerait emmener ses amis, au cœur de la ville. Un poumon vert dans lequel il voit des fontaines, des machines amphibies qui donneraient vie aux pièces d'eau. Il me demande de lui faire passer quelques croquis déjà réalisés autour du thème de la mer. Je ne fais pas partie de l'équipe de maîtrise d'œuvre ; mon éventuelle participation est présentée comme une option. Option qui joue un rôle dans la décision du jury puisque Alexandre Chemetoff sort lauréat du concours.

the square that becomes the city's monument. It was a sort of hollow monument to which the Yonnais became attached over time. Despite continuous development over the course of two centuries, La Roche-sur-Yon never succeeded in solving this problem of scale and this void at its very centre. The square is only used for major annual events. It was within the framework of a large metropolitan redevelopment project initiated following the city's bicentennial and called "Pentagone 2020" that La Machine was asked to participate in this urban adventure. Alexandre Chemetoff, who was taking part in this competition, called me and suggested that I imagine, where there was a fairground carousel, one or more machines to make the project livelier and fun. The town planner imagined a large open-air living room dug out of ponds, a green area intended to become a place for walking and meeting, somewhere to go with friends, in the heart of the city. A green lung with fountains, amphibious machines that would give life to water features. He asked me to provide him with some sketches already made around the theme of the sea. I am not part of the project management team: my possible involvement was presented as an option. An option that played a role in the jury's decision since Alexandre Chemetoff won the competition.

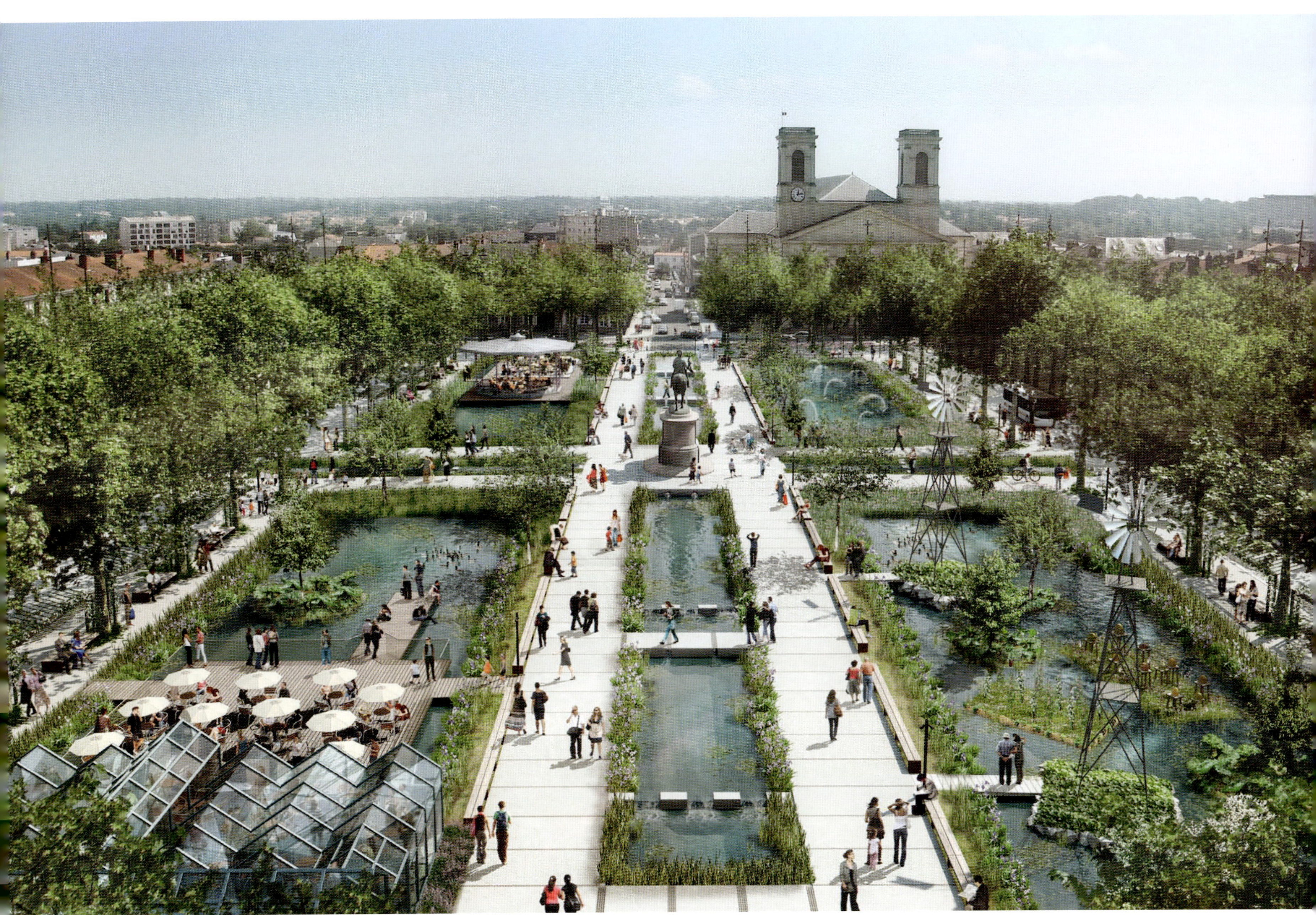

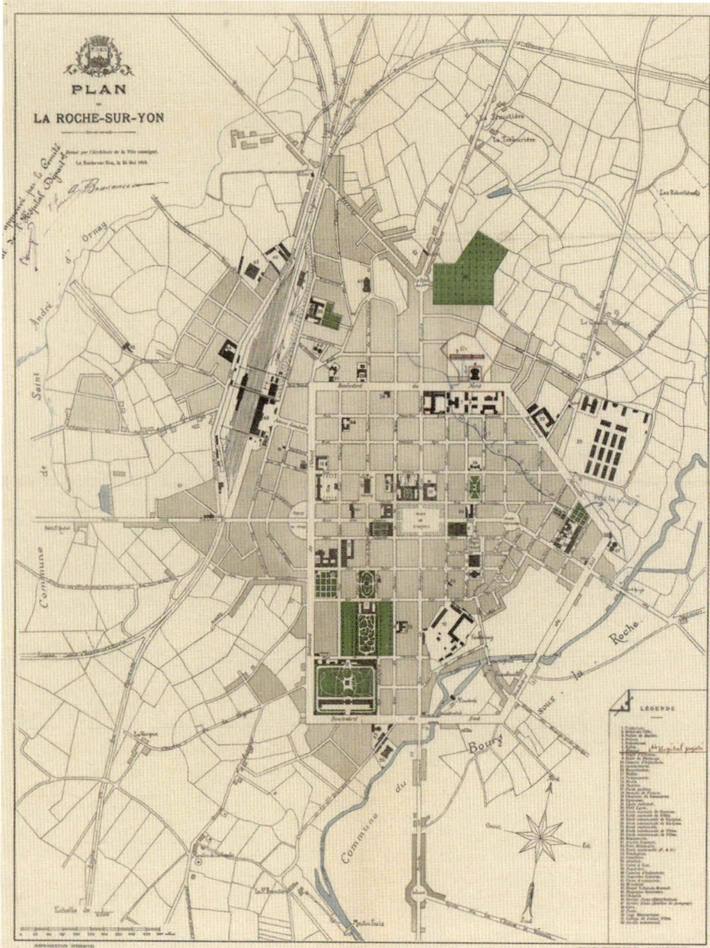

LA LÉGENDE FONDATRICE

Lors d'une première rencontre avec le maire, Pierre Regnault, l'idée d'animaux qui habitent les bassins s'impose. C'est en travaillant sur une étude plus approfondie, appuyée sur une observation attentive du fonctionnement de la cité, que naît le projet des Animaux de la place. Il fallait en effet comprendre l'histoire, la culture, la sensibilité de la ville pour imaginer un scénario dont les Yonnais pourraient s'emparer. Je décide donc de commencer l'aventure par un récit, une légende qui résonne avec l'histoire et le patrimoine singulier de La Roche-sur-Yon :

"À la création de la ville, des scientifiques de retour de la campagne d'Égypte ont choisi, sur ordre de Napoléon, de conserver à La Roche-sur-Yon un bestiaire mécanique créé à l'issue de la rédaction de la *Description de l'Égypte*. Ces collections secrètes enrichies d'objets d'étude issus de la faune locale ont disparu peu après l'édification de la cité. Elles vont réapparaître au creuse-ment des bassins et pendant le chantier…"

Ce scénario a le double avantage d'inscrire les animaux dans l'histoire de la ville, intégrant Napoléon par le volet scientifique et républicain, et de raconter une histoire lors de la conduite des travaux. Nous sommes alors convaincus, avec Alexandre Chemetoff, que le chantier doit être une aventure partagée, participant au projet urbain, qu'il ne doit pas être vécu comme un traumatisme mais comme un acte créateur.

THE FOUNDING LEGEND

During a first meeting with the then mayor, Pierre Regnault, the idea of animals inhabiting the ponds became obvious. It was by working on a more in-depth study, based on a careful observation of the city works, that the animals of the square project was born. Indeed, it was necessary to understand the city's history, culture and sensibilities to imagine a scenario that the Yonnais could embrace. So I decided to start the adventure with a story – a legend that resonates with the history and the unique heritage of La Roche-sur-Yon: "When the city was created, scientists returning from the Egyptian campaign chose, under Napoleon's orders, to keep a mechanical bestiary at La Roche-sur-Yon, created from what was written in the *Description of Egypt*. These secret collections enriched with studies taken from the local fauna that disappeared shortly after the city's construction. They will reappear during the digging of the basins and the construction work."

This scenario has the double advantage of placing animals into the history of La Roche, integrating Napoleon through the scientific and republican component, and telling a story through the work. Therefore, we were then convinced, with Alexandre Chemetoff, that the site should be a shared adventure, part of the urban project, not be experienced as traumatic, but rather as a creative act.

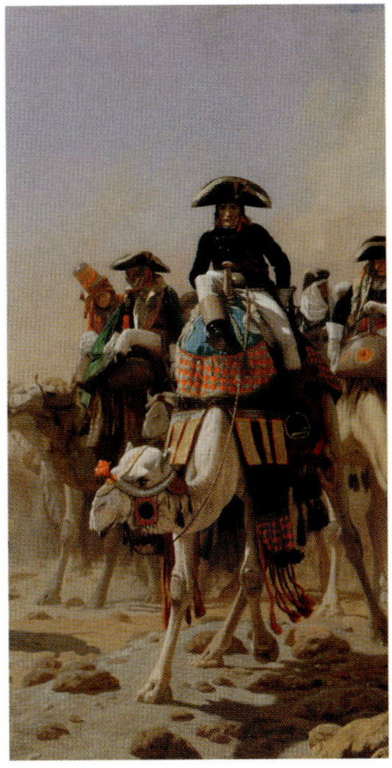

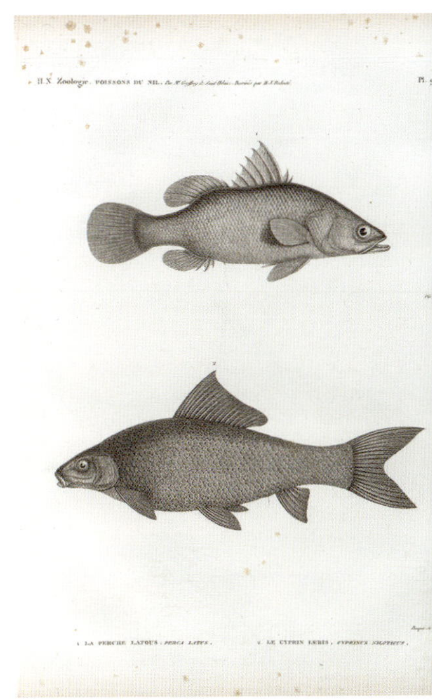

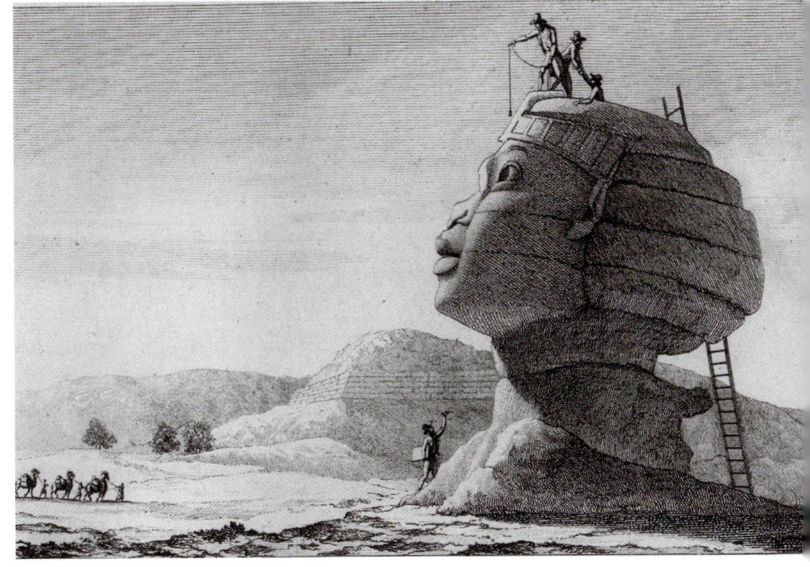

LES ANIMAUX DE LA PLACE NAPOLÉON

En 2010, le maire Pierre Regnault avait résumé la commande d'une formule. Il souhaitait que la place devienne un salon où les Yonnais soient fiers d'inviter leurs amis. Sur cette place d'armes conçue pour les parades au centre de cette ville créée en 1804 par Napoléon Bonaparte, je proposais que l'eau, parfois menaçante, souvent manquante, devienne bienfaisante. Des bassins d'eau douce, empruntant leur rigueur géométrique à celle des tracés urbains, allaient donner vie à cette vaste étendue bituminée et inviter la nature en ville. La place devenait le lieu de convergence des lignes d'autobus et du flux des promeneurs, un salon de nature.

Pourtant, j'avais le sentiment que l'aménagement seul, en dépit du soin apporté à la création d'un paysage, ne suffirait pas à faire de la place un lieu de destination. Le projet devenant alors une manière de formuler une commande artistique, je proposais d'inviter François Delaroziere, avec qui nous avions transformé l'essai de l'île de Nantes en faisant de l'atelier de La Machine, un lieu de recréation de l'imaginaire urbain, et de l'éléphant le premier observateur des transformations de l'île.

Pour célébrer, à La Roche-sur-Yon, la mémoire du fondateur de la ville, sans avoir à évoquer les faits d'armes de Napoléon, chef de guerre admiré par les uns, détesté par d'autres, nous avons pensé au voyage des savants en Égypte et organisé un dialogue entre les lointaines rives du Nil et les paysages vendéens proches, associant sur la place, le crocodile, le dromadaire, l'ibis, la chouette et les grenouilles. Il y a, à présent, grâce à l'esprit d'invention de François, un arrêt d'autobus Napoléon crocodile et un autre Napoléon dromadaire… La place hier reconnue est devenue célèbre et populaire.

Mais ce que nous avons également imaginé, c'est la naissance des animaux sur le chantier transformant les étapes des travaux en autant de spectacles accompagnant l'accomplissement de sa nouvelle destinée. Le jour où le chantier fut terminé, en 2014, chacun put reconnaître les animaux et déjà regarder la nouvelle place comme un souvenir, mêlant l'imaginaire et le réel dans un rêve devenu réalité.

ALEXANDRE CHEMETOFF
Architecte, urbaniste, paysagiste

THE ANIMALS OF THE PLACE NAPOLÉON

In 2010 Mayor Pierre Regnault outlined the commissioning of a programme. He wanted the square to become a "living room" where locals would be proud to invite their friends. For this parade ground in the centre of town, created in 1804 by Napoleon Bonaparte, I proposed that water, which on the site was something threatening or missing, would be revitalising. Freshwater basins – taking their geometric rigour from the urban layouts – breathe life into this vast bituminous expanse, inviting nature into the city. The square has become the place where bus lines converged along with a flow of walkers, a veritable natural living space.

However, I had the feeling that the layout alone, despite the care taken in creating a landscape, would not be enough to make it a destination in itself. The project then became a way of formulating an artistic commission, and I proposed inviting François Delaroziere with whom we had transformed the Île de Nantes experiment with the La Machine workshop. This was a site to recreate the urban imagination, with the Elephant the first observer of the island's transformations.

Celebrating the memory of the city's founder in La Roche-sur Yon entailed not having to mention the military exploits of Napoleon, who is admired by some and hated by others. We thought of the scholarly trip to Egypt and organised a dialogue between the distant banks of the Nile and the nearby Vendée landscapes, bringing together on the square, crocodile, dromedary, ibis, owl and frogs. Thanks to François's inventive spirit there is now a Napoléon crocodile bus stop and another called Napoléon dromadaire. The square that was previously well-known has become famous and popular.

But we have also imagined the birth of the animals on the site, transforming each stage of the project into as many shows leading the square towards its new destiny. In 2014, on the day construction was completed, everyone could recognise the animals and see the new square as a memory, mixing the imaginary and the real in a dream come true.

ALEXANDRE CHEMETOFF
Architect, town planner, landscape designer

Arrivée par les airs de l'Hippopotame, place Napoléon.
The Hippopotamus arriving at Place Napoléon by air.

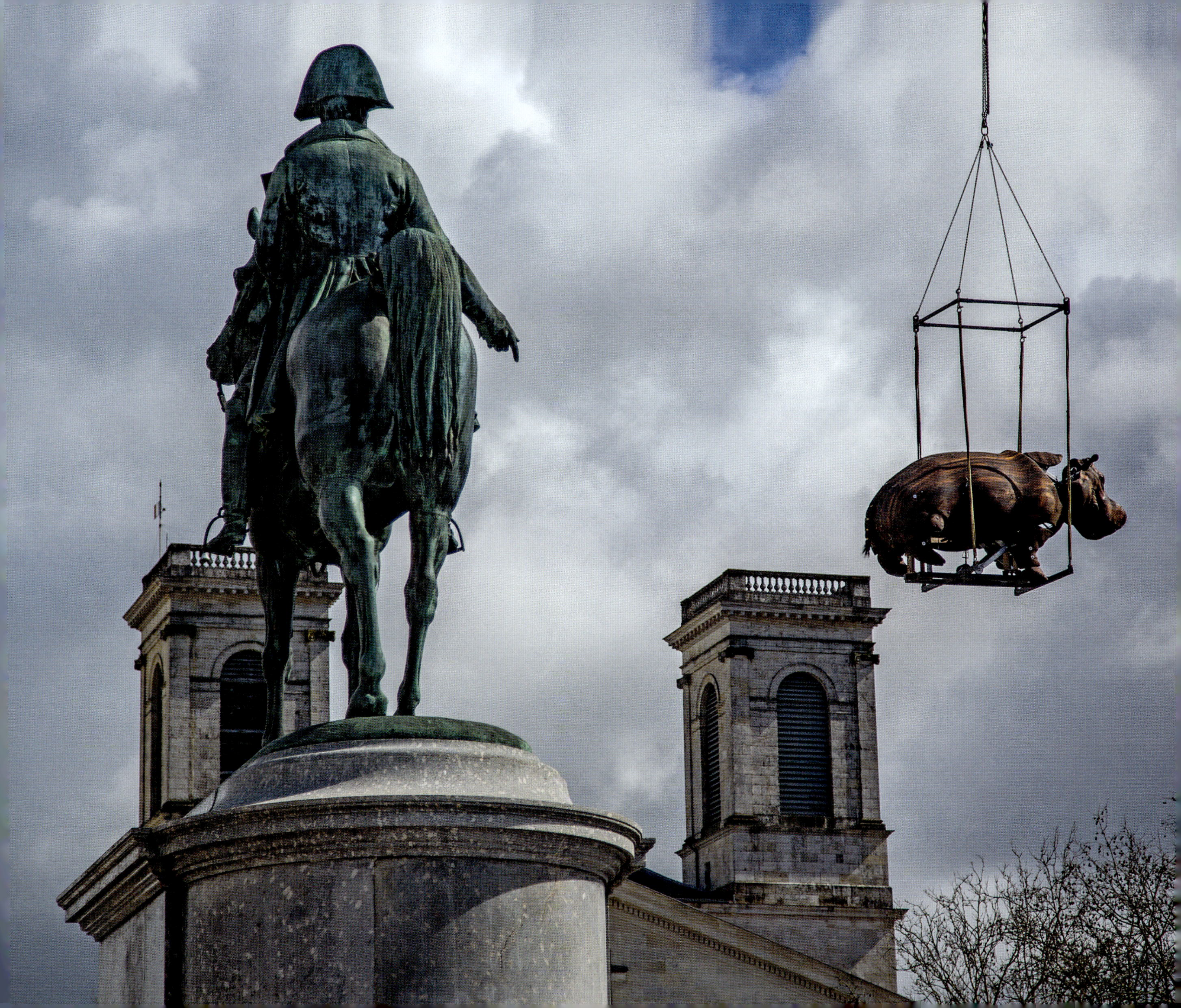

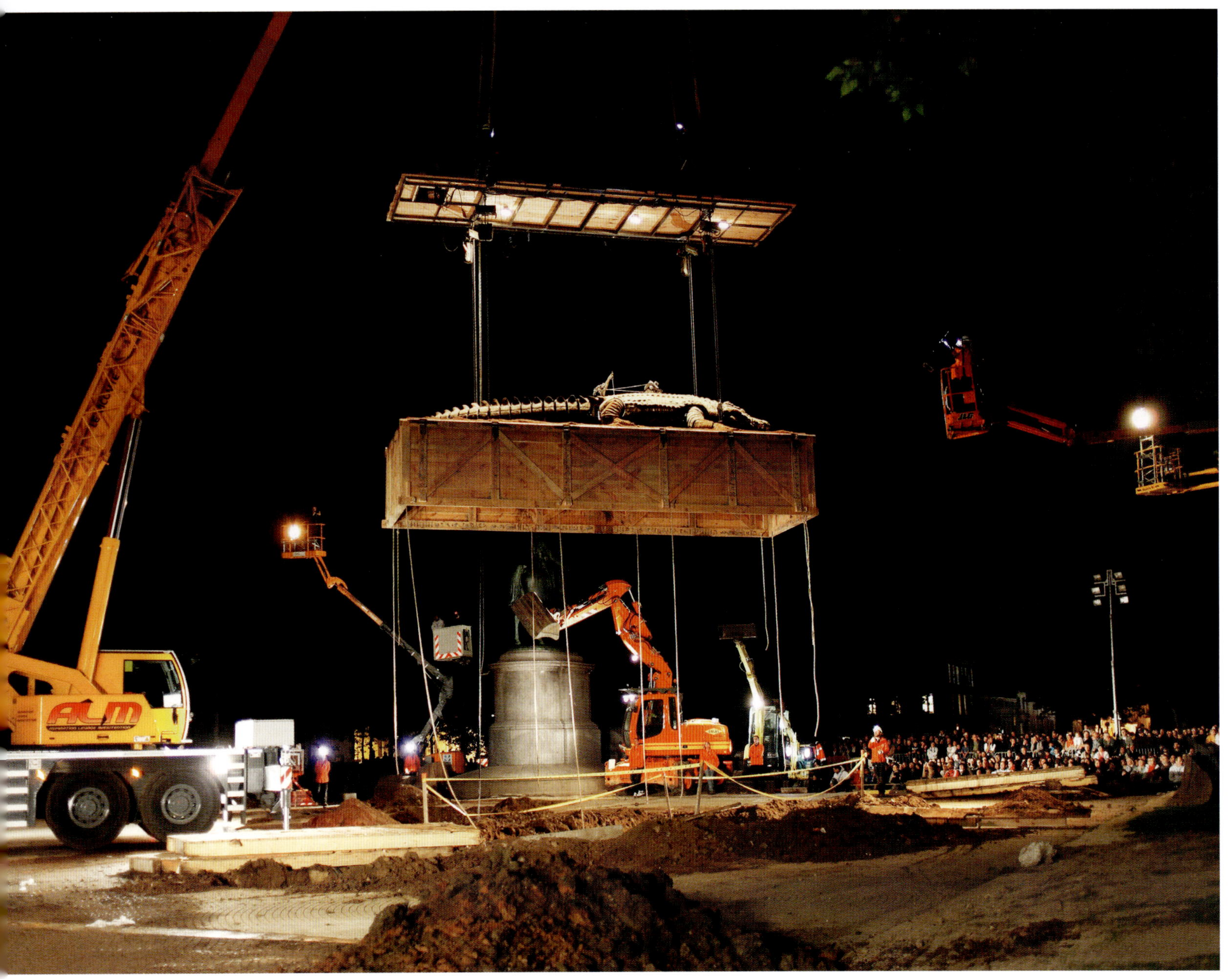

Révélation du Crocodile du Nil.
Unveiling of the Nile Crocodile.

Nous ne dévoilons pas immédiatement l'ensemble du scénario. Avec la complicité de la presse, sous la forme d'un canular, nous faisons courir le bruit qu'un vieux manuscrit datant de l'époque napoléonienne a été découvert sous une planche de papillons provenant de la collection du château de Beautour, demeure d'un éminent naturaliste vendéen, devenu depuis lors Centre régional de découverte de la biodiversité. Nous laissons entendre que ce manuscrit a été rédigé par les savants ayant participé à l'expédition d'Égypte qui, invités par Napoléon, ont installé sur la place un bestiaire mécanique qui servait à l'observation de la nature. Le bestiaire aurait disparu à la construction de la ville. Ce contexte, nimbé de mystère, nous autorise à imaginer la mise en scène du premier coup de pelleteuse, en invitant les Yonnais à venir assister à un spectacle nocturne autour de la place. Toute la compagnie est mobilisée pour réussir ce premier acte.

CHANTIER AUTORISÉ AU PUBLIC

Ce premier coup de pelleteuse est en même temps un succès public : dix mille personnes, presque un quart de la population, assistent à la découverte de deux énormes caisses de bois extraites du sol au terme d'un ballet inédit d'engins de chantier. Le spectacle, accompagné par la musique du compositeur

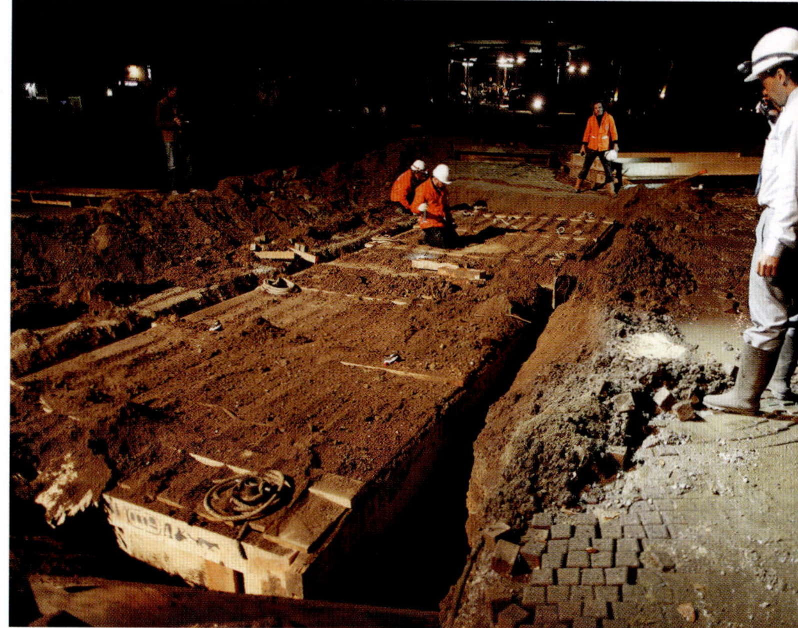

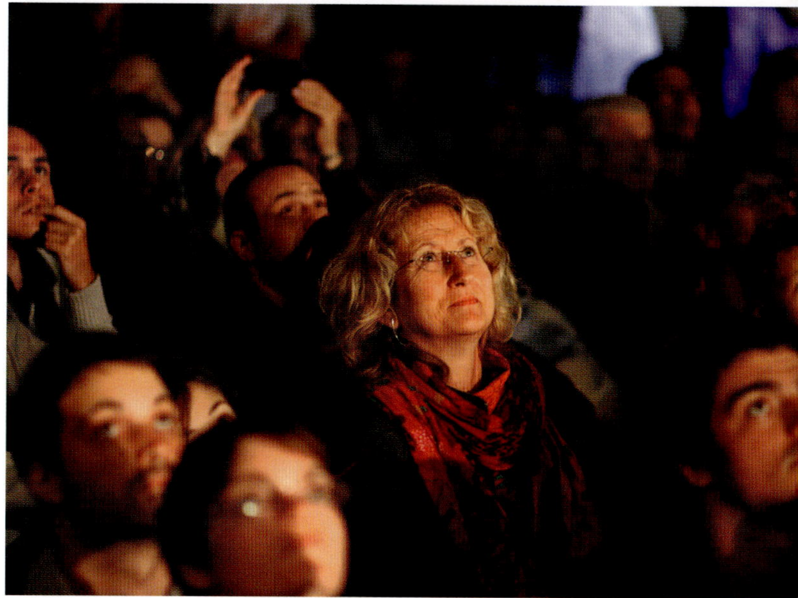

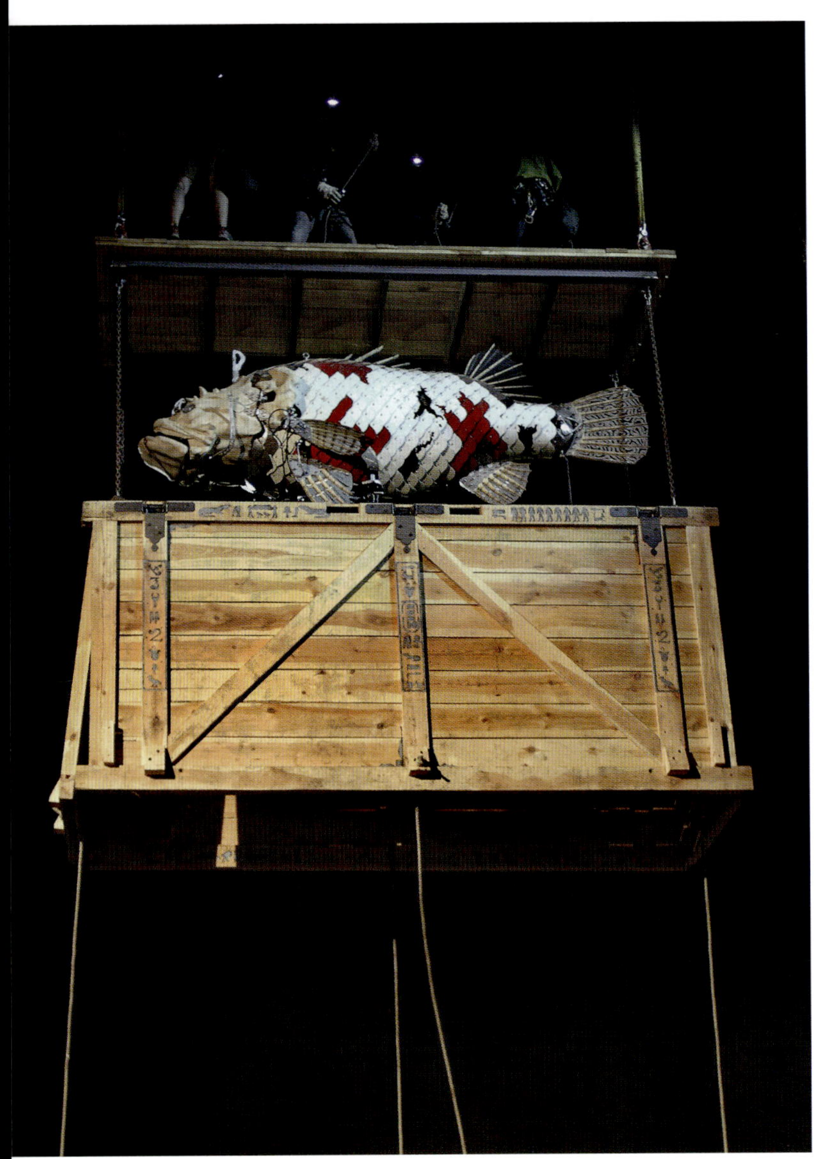

We didn't immediately disclose the entire scenario. With the complicity of the press, in the form of a stunt, we spread the rumour that an old Napoleonic-era manuscript had been discovered under a panel of butterflies from the Château de Beautour collection. The castle was once home to an eminent naturalist from the Vendée region, and has become a regional centre for the discovery of biodiversity. We suggested that this manuscript was written by scientists who took part in the Egyptian expedition, who invited by Napoleon, installed a mechanical bestiary on the square that was used for observing nature. The bestiary would have disappeared when the city was built. This context, shrouded in mystery, allowed us to imagine the staging of the first excavator, the residents inviting to come and watch a night show around the square. The whole company was mobilised to achieve this first act.

A CONSTRUCTION SITE OPEN TO THE PUBLIC

This first excavator strike was a public success. Ten thousand people – almost a quarter of the population – witnessed the discovery of two enormous wooden crates extracted from the ground after an unprecedented ballet of construction equipment. The spectacle, accompanied by the music of composer Mino Malan, was played from the kiosk in the square, launching an

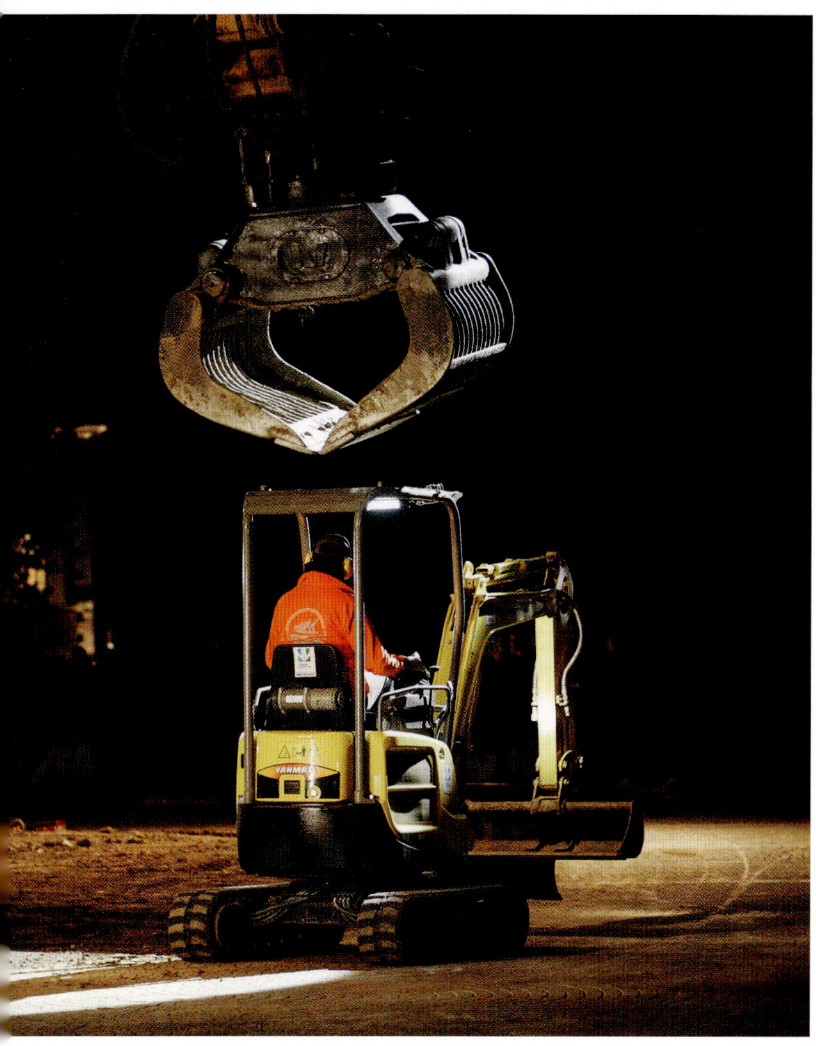

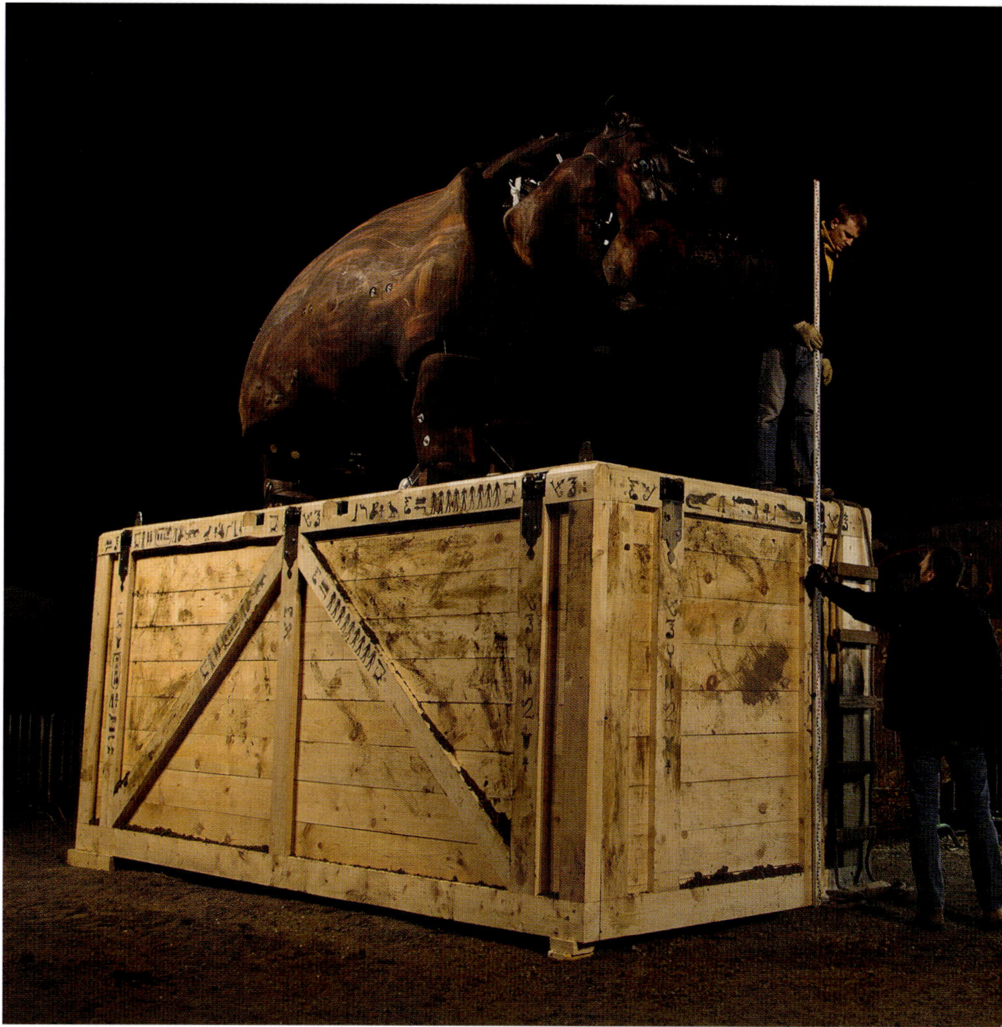

Lors du spectacle, la plus grosse des pelleteuses guide la plus petite dans ses déplacements.
During the show, the largest of the excavators guides the smallest in its movements.

Préparatifs nocturnes pour l'apparition de l'Hippopotame dans un quartier de La Roche-sur-Yon.
Nocturnal preparations for the appearance of the Hippopotamus in a district of La Roche-sur-Yon.

Mino Malan jouée depuis le kiosque de la place, donne le coup d'envoi d'une expérience originale, la mise en scène durant un an d'un chantier urbain, que le public va pouvoir suivre jour après jour, autorisé à observer le travail des ouvriers et des techniciens qui œuvrent à l'aménagement de l'esplanade. Au terme de ce premier coup de pelleteuse, les animaux découverts restent installés sur la place comme des reliques archéologiques.

Cette expérience, dont la vocation est aussi pensée pour lever les peurs et les réticences au projet d'une partie de la population, ouvre un champ jusqu'alors inexploré : "un chantier-spectacle". Les travaux dans la ville sont la plupart du temps vécus par les citadins comme des agressions, des obstacles sur les parcours quotidiens, générateurs de bruit et de nuisances. On a trop souvent l'habitude de masquer les chantiers derrière de hautes palissades. De ce fait, on appréhende mal la technicité, l'ingéniosité mises en œuvre pour réaliser les aménagements qui transforment la ville. Autoriser l'accès du public au chantier n'est toutefois pas simple au regard des usages et des réglementations qui prévalent dans les travaux publics, ne serait-ce que pour des questions de sécurité. C'est la raison pour laquelle nous travaillons en amont et prenons la précaution, avec Alexandre Chemetoff et le maître d'ouvrage, d'intégrer cette dimension dans les appels d'offres aux entreprises ; le chantier

exceptional experiment, a year of staging an urban construction that the public could follow day by day, authorised to observe the workers and technicians working on the esplanade. Following the first excavator, the discovered animals remained in the square like archaeological relics.

This experiment, designed to alleviate the fears and reluctance around the project by a part of the population, opened up a hitherto unexplored field: "a show site." Works in the city are mostly perceived by city dwellers as attacks; obstacles on daily routes generating noise and nuisance. All too often we are in the habit of hiding construction sites behind high fences. As a result, it is difficult to understand the techniques and ingenuity involved in developments that transform the city. Authorising public access to the site is not easy, however, in view of prevailing public works practices and regulations, if only for safety reasons. That is why we worked upstream and took precautions, with both Alexandre Chemetoff and the client, to integrate this dimension into the call for company tenders, since the site was destined to become, in a way, an outdoor establishment open to the public.

The day following the show, we closed off the square with beautiful wooden palisades, designed for the occasion, which adapted to the movements of the construction site. We also installed four lookout points offering a bird's eye view of the

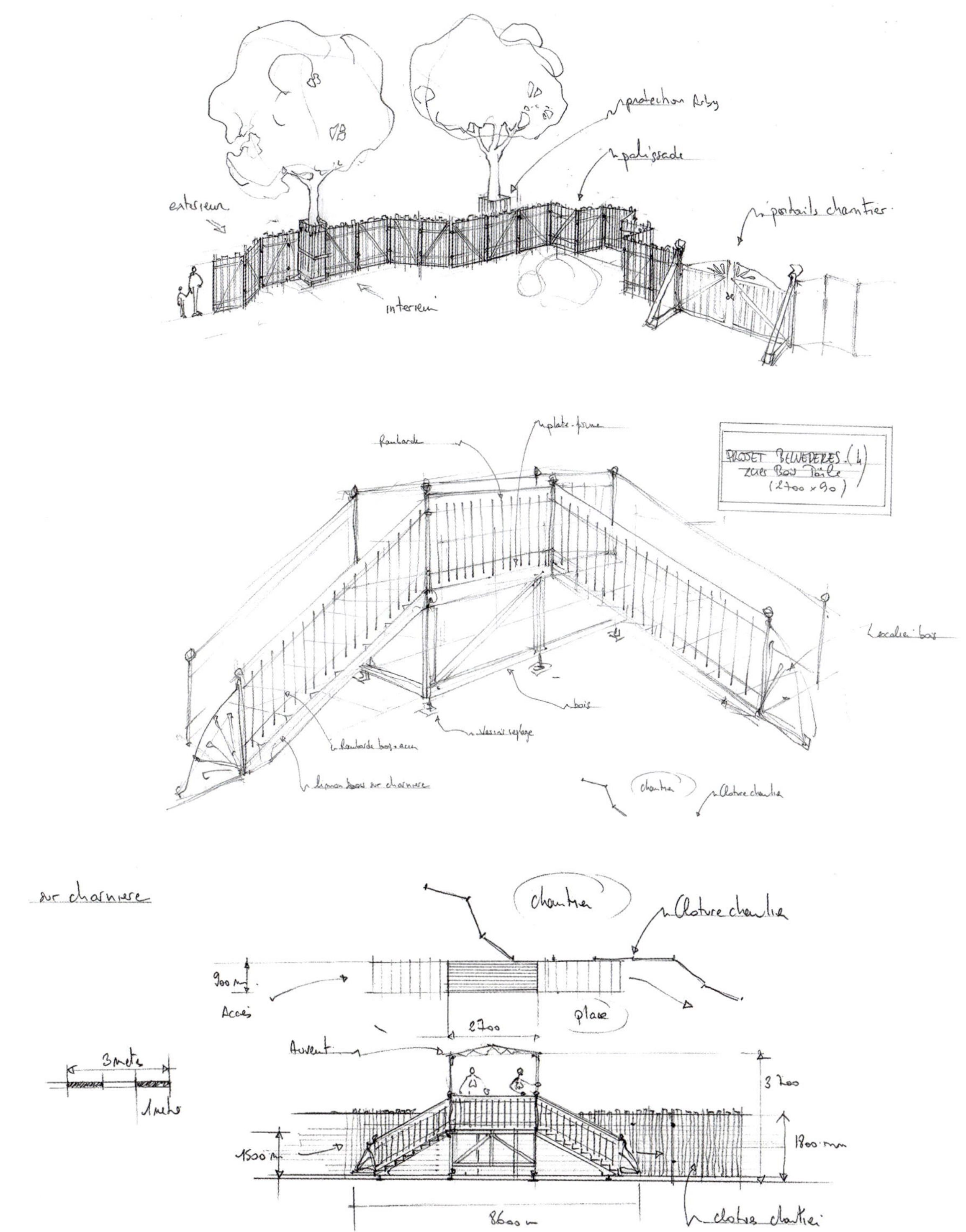

Croquis des palissades de chantier et des belvédères, crayon sur papier, divers formats.
Sketches of construction-site fences and lookouts, pencil on paper, various sizes.

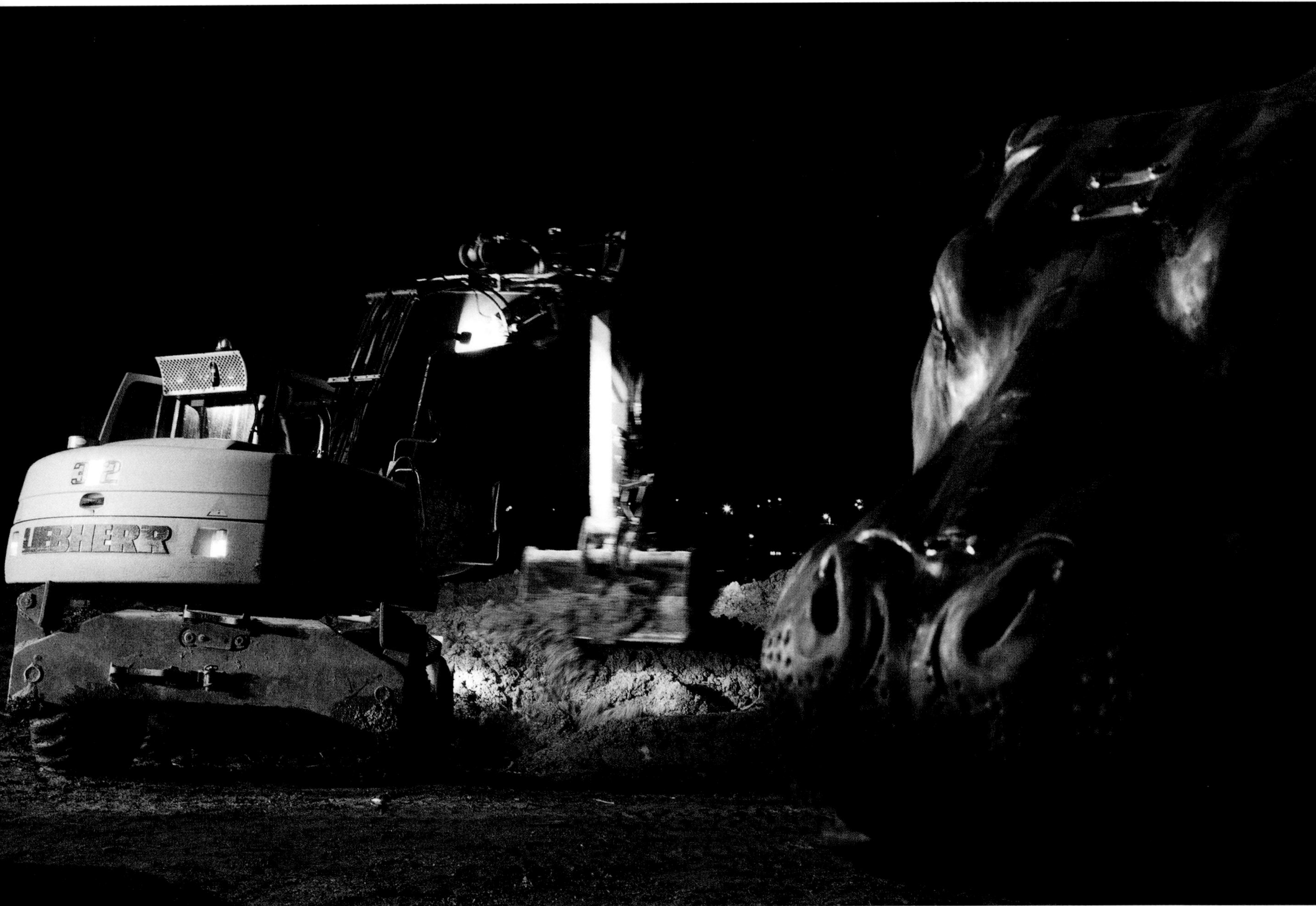

Dans la nuit, les pelleteuses travaillent pour mettre en scène l'apparition de l'Hippopotame sous la forme d'une fouille archéologique.
During the night, excavators work to stage the appearance of the Hippopotamus in the form of an archaeological dig.

Après être resté trois jours sur le site de sa découverte, le Dromadaire rejoint de façon spectaculaire les autres Animaux de la place Napoléon.
After staying three days at the site of its discovery, the Dromedary joins the other animals in Place Napoléon in spectacular fashion.

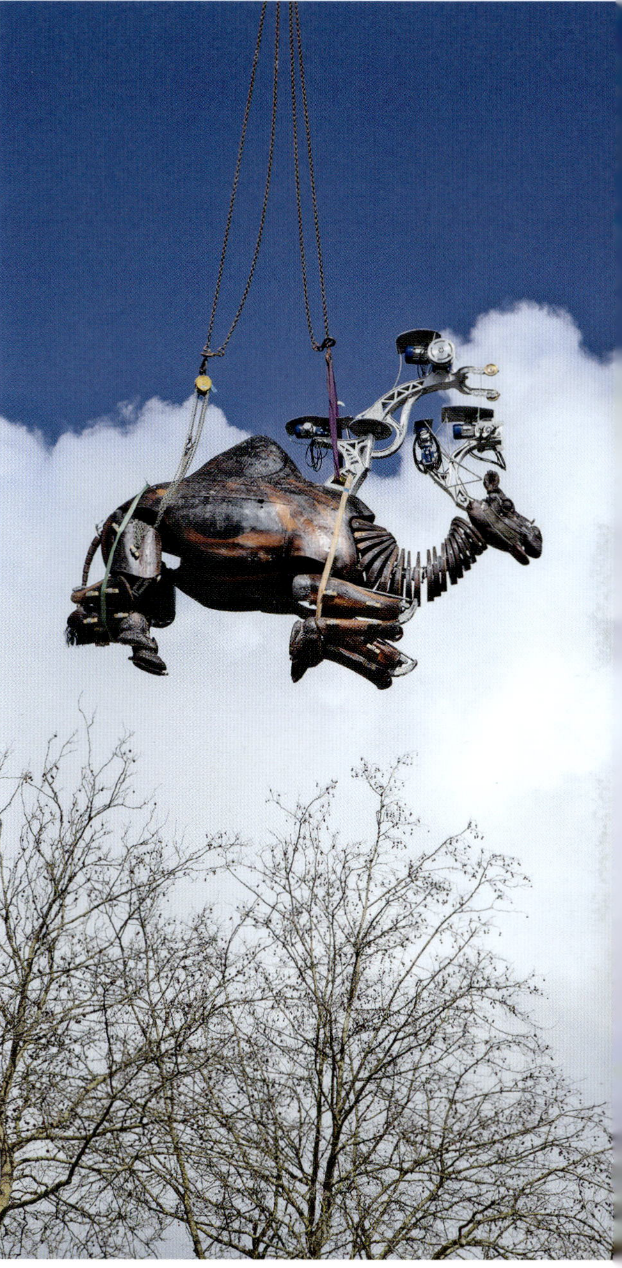

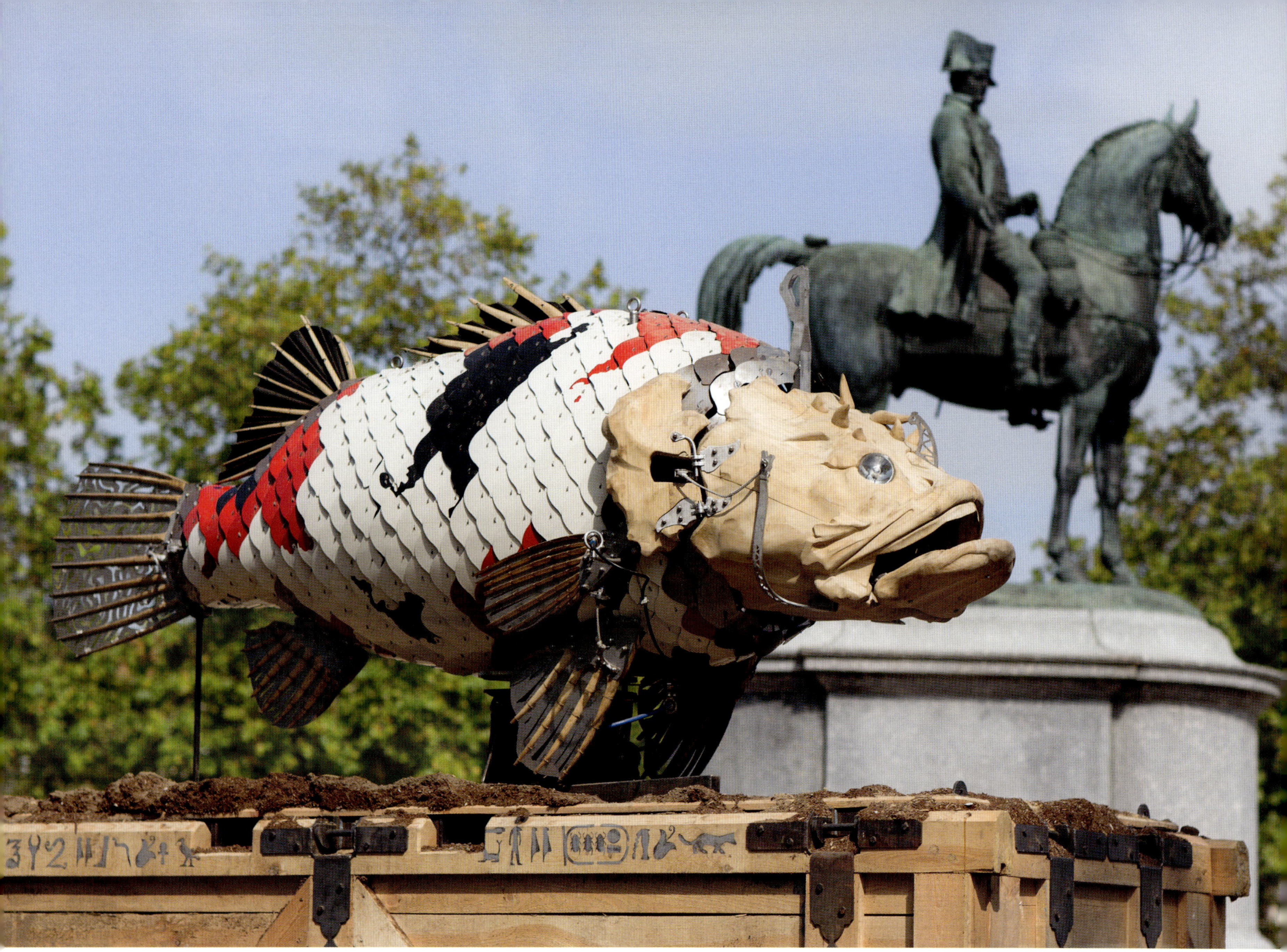

La Perche du Nil restera visible toute une année depuis les belvédères.
The Nile Perch remained visible from the lookouts for a whole year.

étant appelé à devenir, en quelque sorte, un établissement de plein air recevant du public.

Dès le lendemain du spectacle *Le Premier Coup de pelleteuse*, nous clôturons la place avec de belles palissades en bois, dessinées pour l'occasion, qui vont s'adapter aux mouvements du chantier, et nous installons quatre belvédères qui offrent une vue plongeante sur la place en train de se transformer. Je choisis également de dessiner une porte majestueuse, un peu comme un rideau de théâtre qui marque l'entrée du chantier et permet aux camions de passer. Les spectateurs ne se font pas prier et le public assiste, intrigué, ravi ou critique, au creusement des premiers bassins. Des discussions passionnées s'enclenchent sur les belvédères, les enfants des écoles ne sont pas en reste lorsqu'ils viennent en groupe découvrir les deux reliques archéologiques.

Cette expérience est une première pour les ouvriers qui œuvrent sur la place. Habitués à travailler à l'abri des regards, ils sont à la fois heureux de voir leur savoir-faire exposé au grand jour et un peu déstabilisés par le fait d'être en permanence observés. Cela demande quelques réglages, quelques réunions de mise au point, une exigence plus grande sur le rangement du matériel, mais cette découverte mutuelle est une révélation pour tous : un chantier urbain est un spectacle qui permet de mieux appréhender la façon dont on fabrique la ville. Il nous

area to be transformed. I also decided to design a majestic door, a bit like a theatre curtain, marking the site entrance and allowing trucks to pass. Curious spectators quickly amassed, intrigued, delighted or critical, to witness the digging of the first pools. Passionate discussions began on the look-out point. Schoolchildren were also included, visiting on excursions to discover the two archaeological relics.

This experiment was a first for the workers on site. Used to working out of sight, they were both happy to see their know-how exposed and somewhat destabilised by being constantly observed. It required a few adjustments, a few development meetings, a greater demand for equipment storage. But this mutual discovery was a revelation for all: an urban site is a spectacle that allows for a better comprehension of how the city is. It shows us the hidden springs: the technical constraints that govern construction of facilities. The result is something quite noble that enhances the act of building, achieving something useful and precious for the life of the city.

A SHARED ADVENTURE

A few weeks later, in a district of La Roche, where the underground networks were being rebuilt, a new box was found buried in the ground. The newspapers were happy to relay

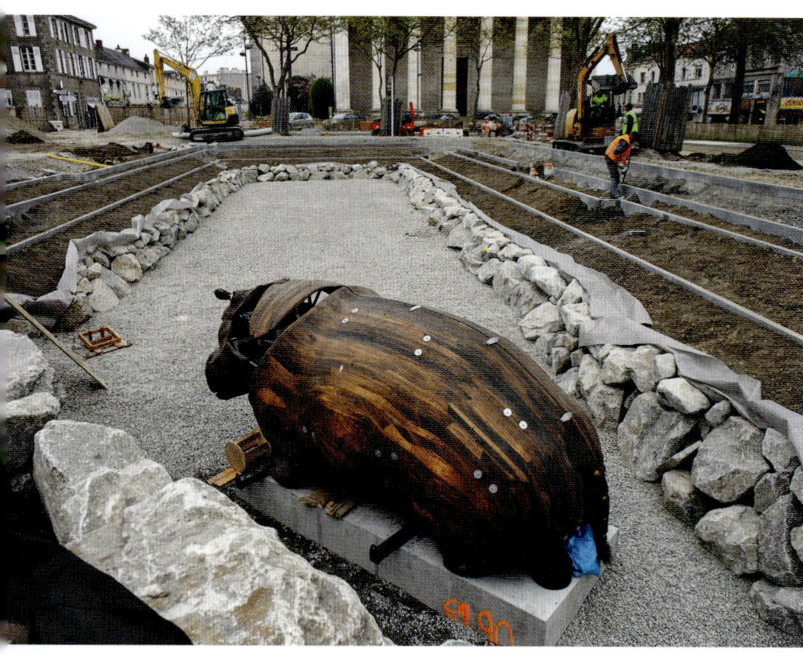

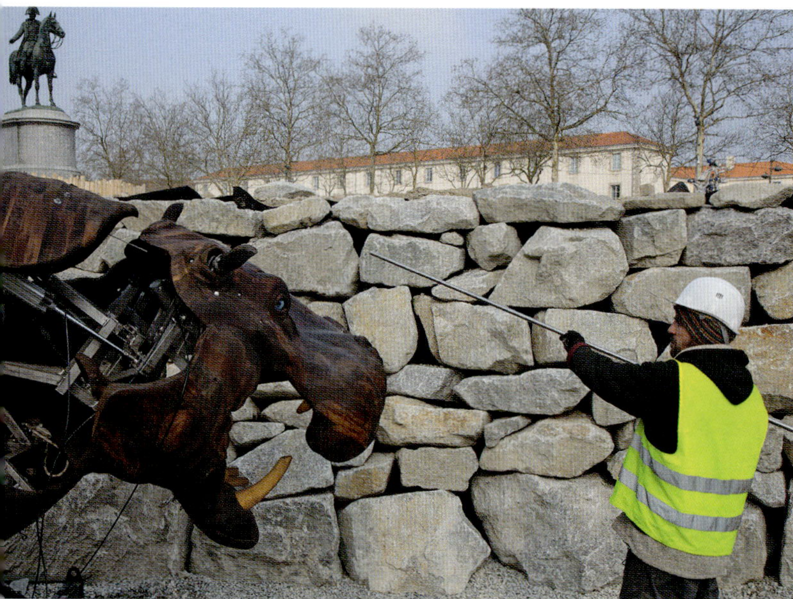

L'Hippopotame vu d'un des quatre belvédères sur
le chantier.
The Hippopotamus seen from one of the
construction site's four lookouts.

Installation de l'Hippopotame dans son bassin.
Installation of the Hippopotamus in its basin.

Croquis de l'Hippopotame ; crayon et aquarelles
sur papier, 42 × 30 cm.
Sketch of the Hippopotamus, pencil and
watercolours on paper, 42 × 30 cm.

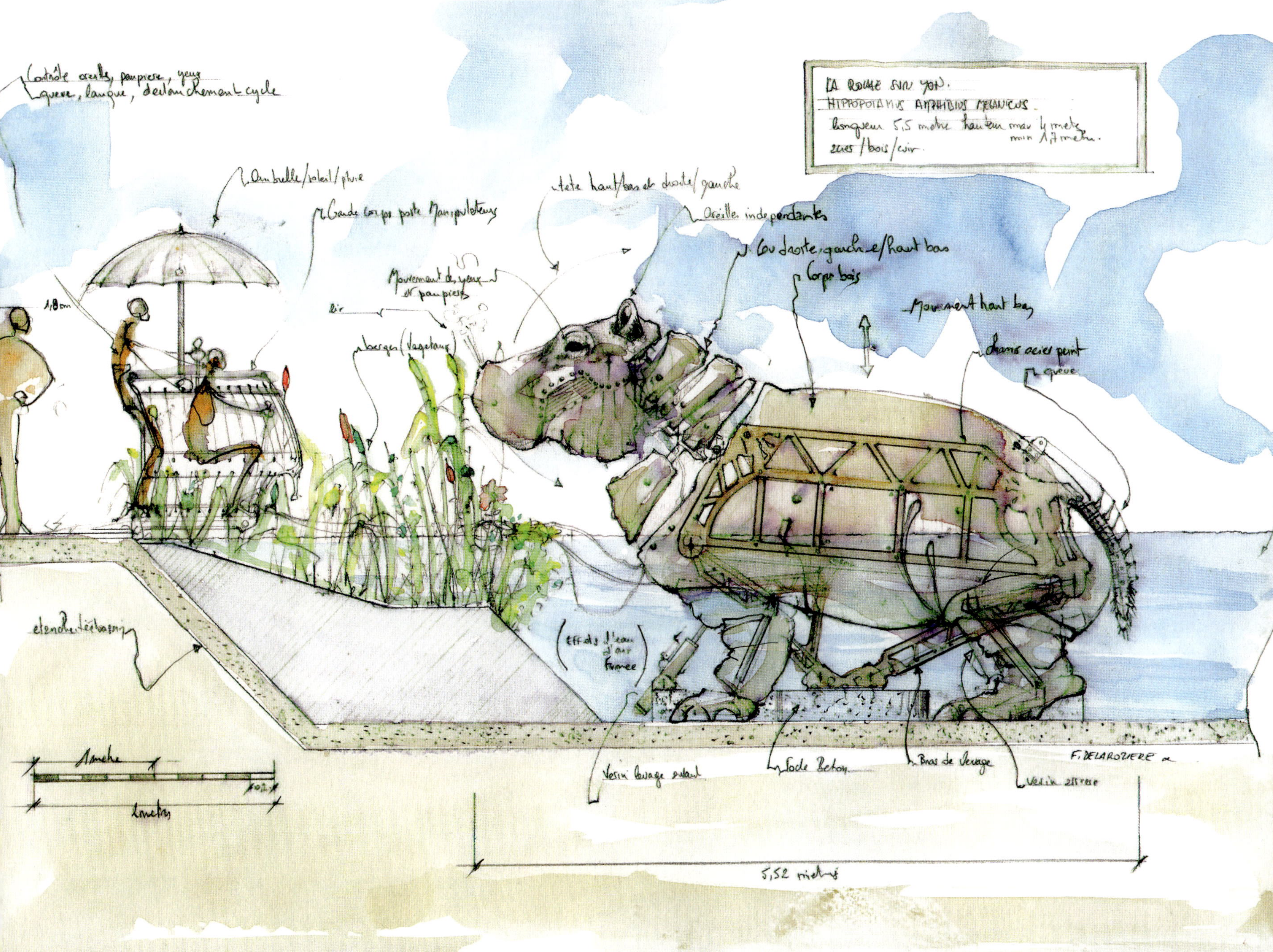

Contrôle oreilles, paupières, yeux
queue, langue, declanchement cycle
LA ROCHE SUR YON.
HIPPOPOTAMUS AMPHIBIUS MECANICUS
longueur 5,5 mètre hauteur max 4 mètre
min 1,7 mètre.
acier / bois / cuir.
Ombrelle / soleil / pluie
Garde corps poste Manipulateurs
tête haut / bas et droite / gauche
oreilles independantes
Cou droite gauche / haut bas
Corps bois
Mouvement des yeux
et paupières
air
osiers / végétaux
Mouvement haut bas
chassis acier peint
queue
1,80m
etendue / déchargeur
(effets d'eau
d'air
fumée)
Amche
6 metres
Verin levage avant
Socle Beton
Bras de levage
Verin arriere
F. DELAROZIERE
5,52 mètre

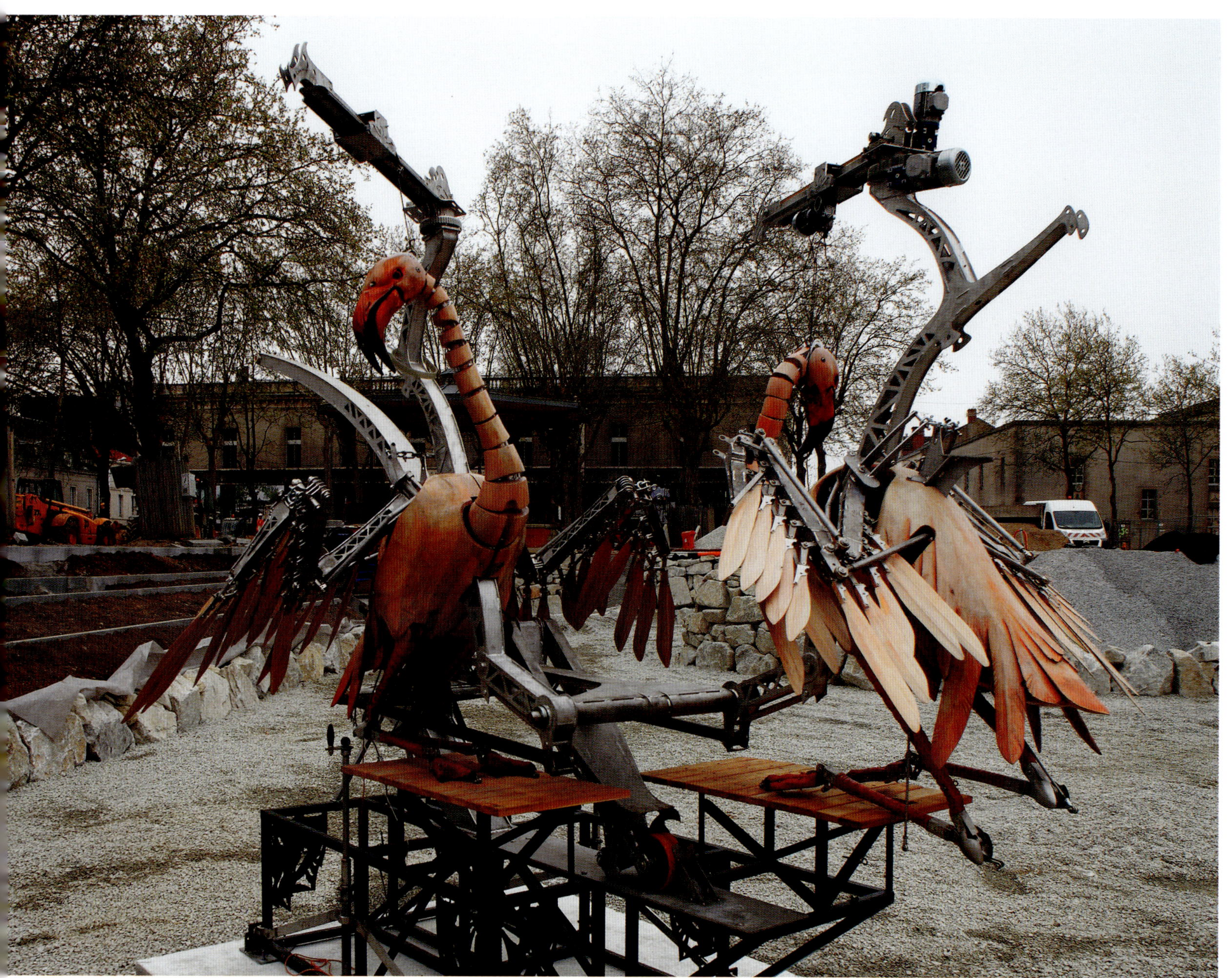

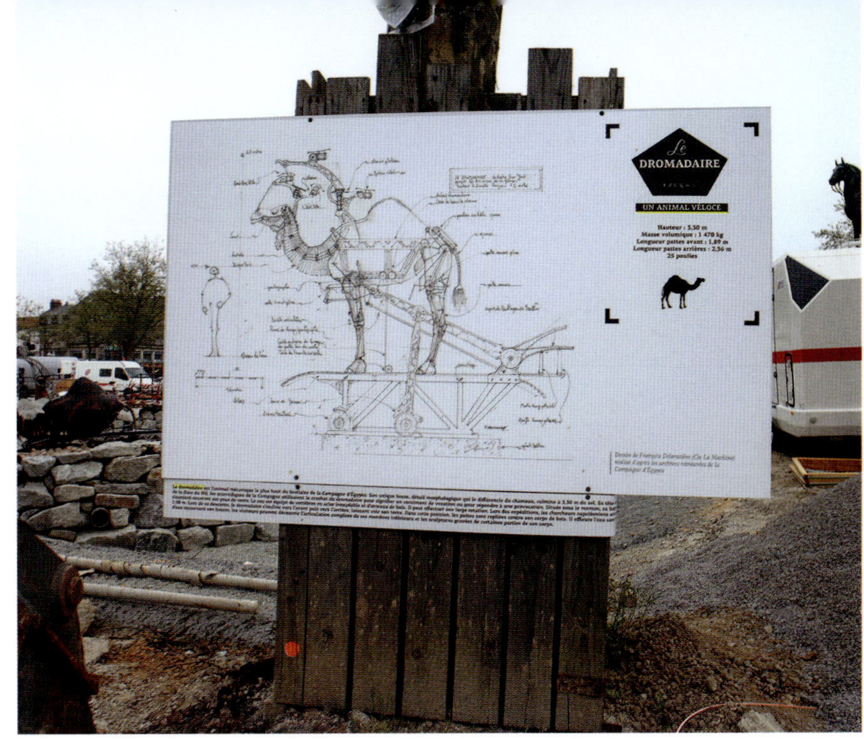

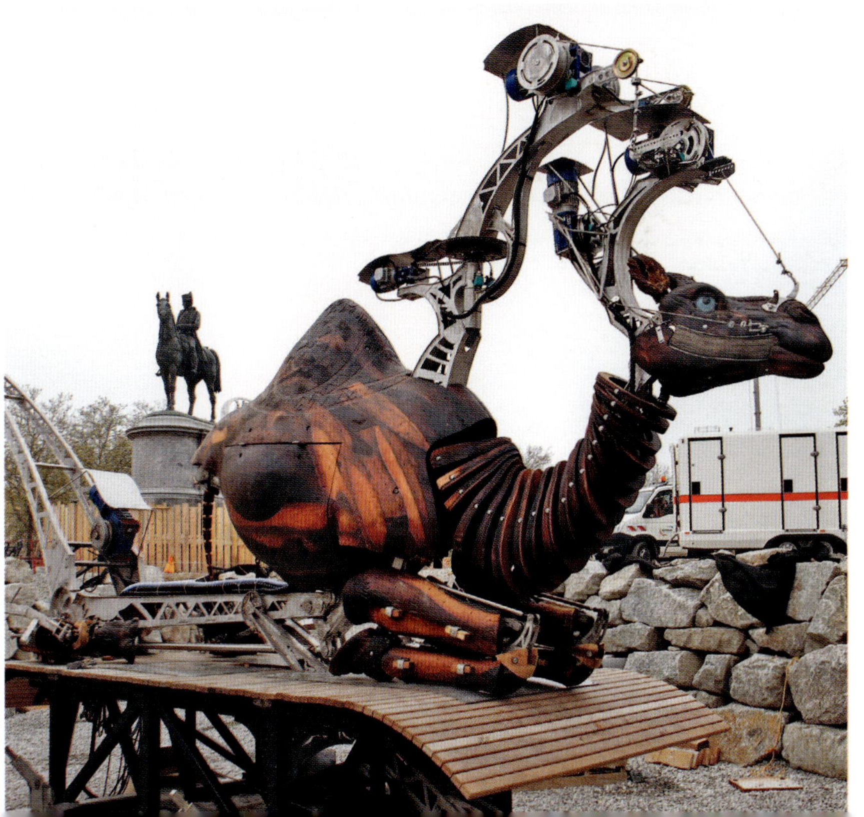

Mise en service du couple de flamants roses avant la mise en eau des bassins.
The pair of flamingos are put into service before the basins are filled with water.

Sur les palissades de bois, des panneaux fournissent des informations aux passants sur les Animaux de la place.
Signs on the wooden fences provide information to passers-by about the Animals of the Square.

Montage du Dromadaire et mise au point.
Assembly of the Dromedary and fine-tuning.

dévoile les ressorts cachés, les contraintes techniques qui président à la réalisation des aménagements. Il en ressort quelque chose d'assez noble qui valorise l'acte de construire, de réaliser quelque chose d'utile et de précieux pour la vie de la cité.

UNE AVENTURE PARTAGÉE

Quelques semaines plus tard, on découvre dans un quartier de La Roche, où l'on refait les réseaux souterrains, une nouvelle caisse enfouie dans le sol. Les journaux se font un plaisir de relayer la découverte et les Yonnais peuvent observer, amusés, un chantier archéologique mis en scène dans la rue qui révèle la présence d'un nouvel animal : un hippopotame. Notre idée et celle de l'équipe municipale est de valoriser les travaux de rénovation en ville tout en levant le voile sur les futurs pensionnaires de la place. Les découvertes d'animaux s'échelonnent ainsi, en différents lieux de l'agglomération, pendant toute l'année que dure le chantier, enrichissant progressivement le bestiaire jadis enfoui par les savants de la campagne d'Égypte. Un jour, c'est dans l'ancienne poste centrale appelée à être transformée en office de tourisme, un autre, c'est dans une grange située dans une des communes de l'agglomération. Une douzaine d'animaux mécaniques sont ainsi découverts pour être ensuite présentés au milieu des travaux en cours et apprivoiser leur futur lieu de vie.

the discovery and the locals could observe, amused, an archaeological site staged in the street to reveal the presence of a new animal: a hippopotamus. Our idea, and that of the municipal team, was to promote works in the city whilst revealing the square's future residents. The animal discoveries were spread out over different locations in the conurbation, throughout the year, gradually enriching the bestiary formerly buried by scholars of the Egyptian campaign. One day, it was the old central post office that was to be transformed into a tourist office. On another, it was a barn located in one of the conurbation's municipalities. In this way, a dozen mechanical animals were discovered and then presented in the middle of the work in progress to tame their future living space.

At the same time, to the rhythm of the major events that marked the evolution of the site, the company presented impromptu shows, taking into account the work's progress and the most significant deadlines. So, while the freshly cast concrete basins were still empty, we organised a concert mixing mechanical instruments and classical musicians. This produced an astonishing spectacle, bathed in the very particular acoustics of an empty swimming pool. When the time came to fill the tanks, it was the turn of the plant expedition to land on the square. As the water rose, the expedition's researchers were busy studying the aquatic plants that would populate the

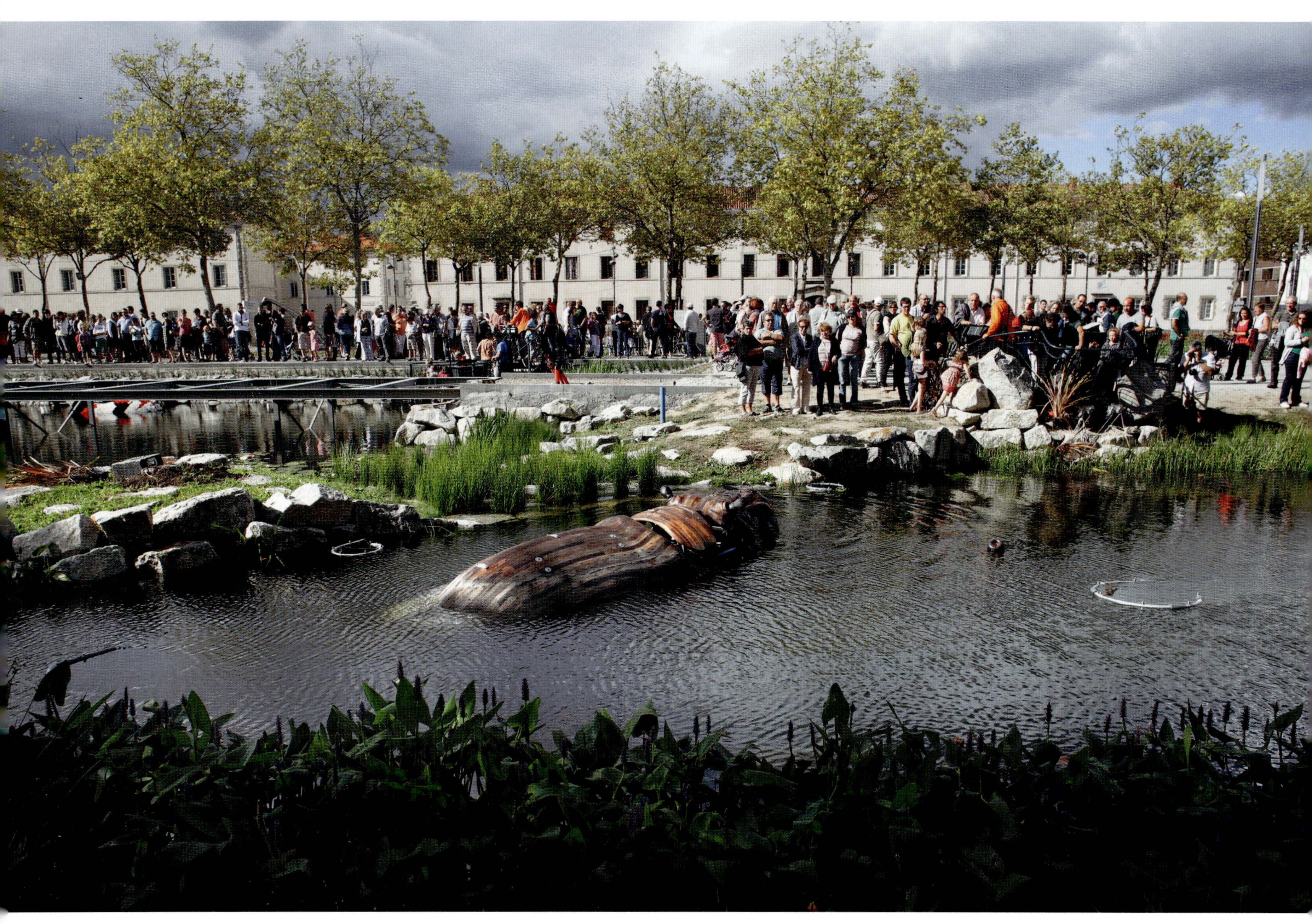

L'Hippopotame dans son environnement au lendemain du spectacle inaugural.
The Hippopotamus in its setting the day after the inaugural show.

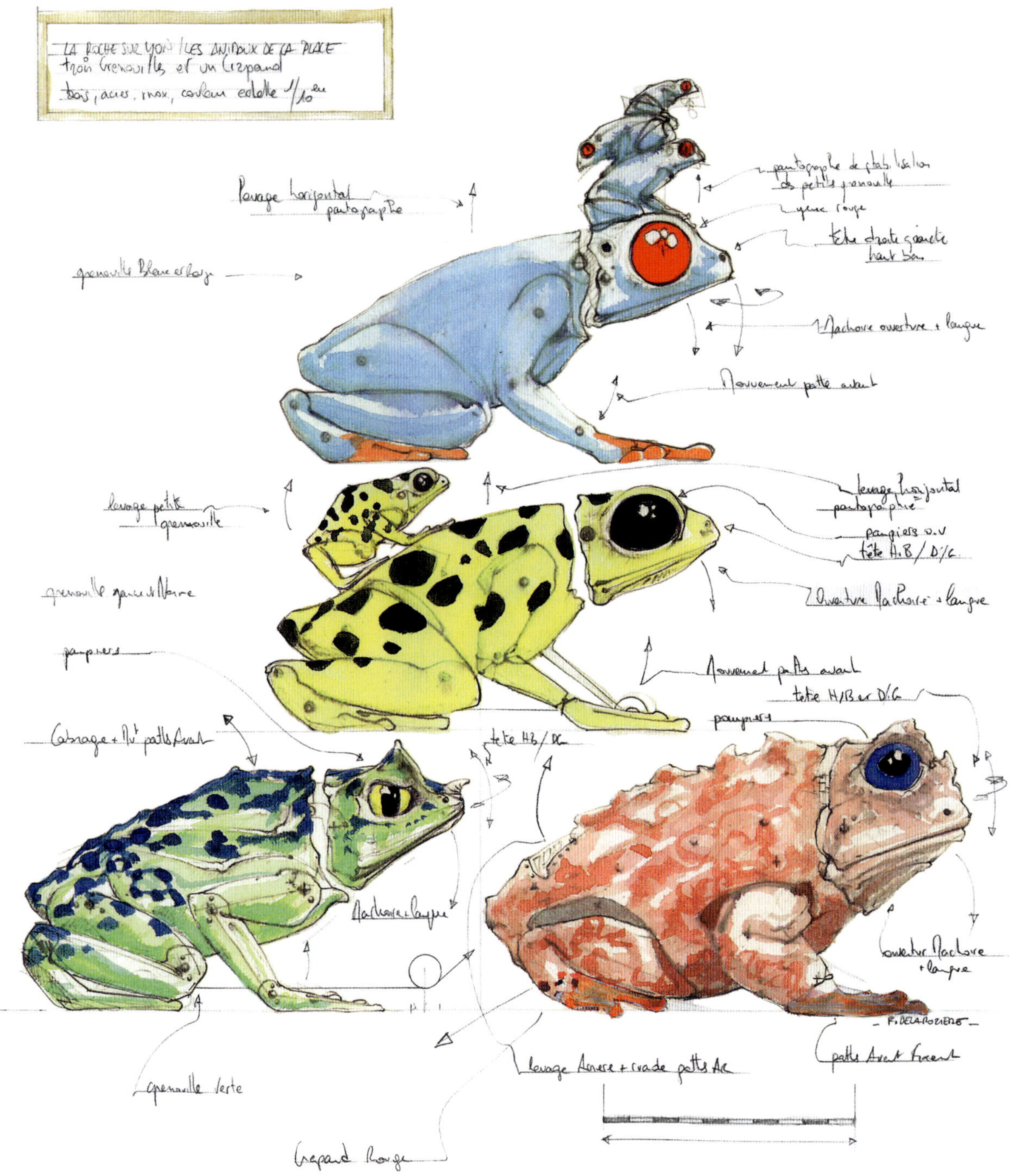

Les Grenouilles de la place, crayon et aquarelles sur papier, 42 × 30 cm.
The Frogs of the Square, pencil and watercolours on paper, 42 × 30 cm.

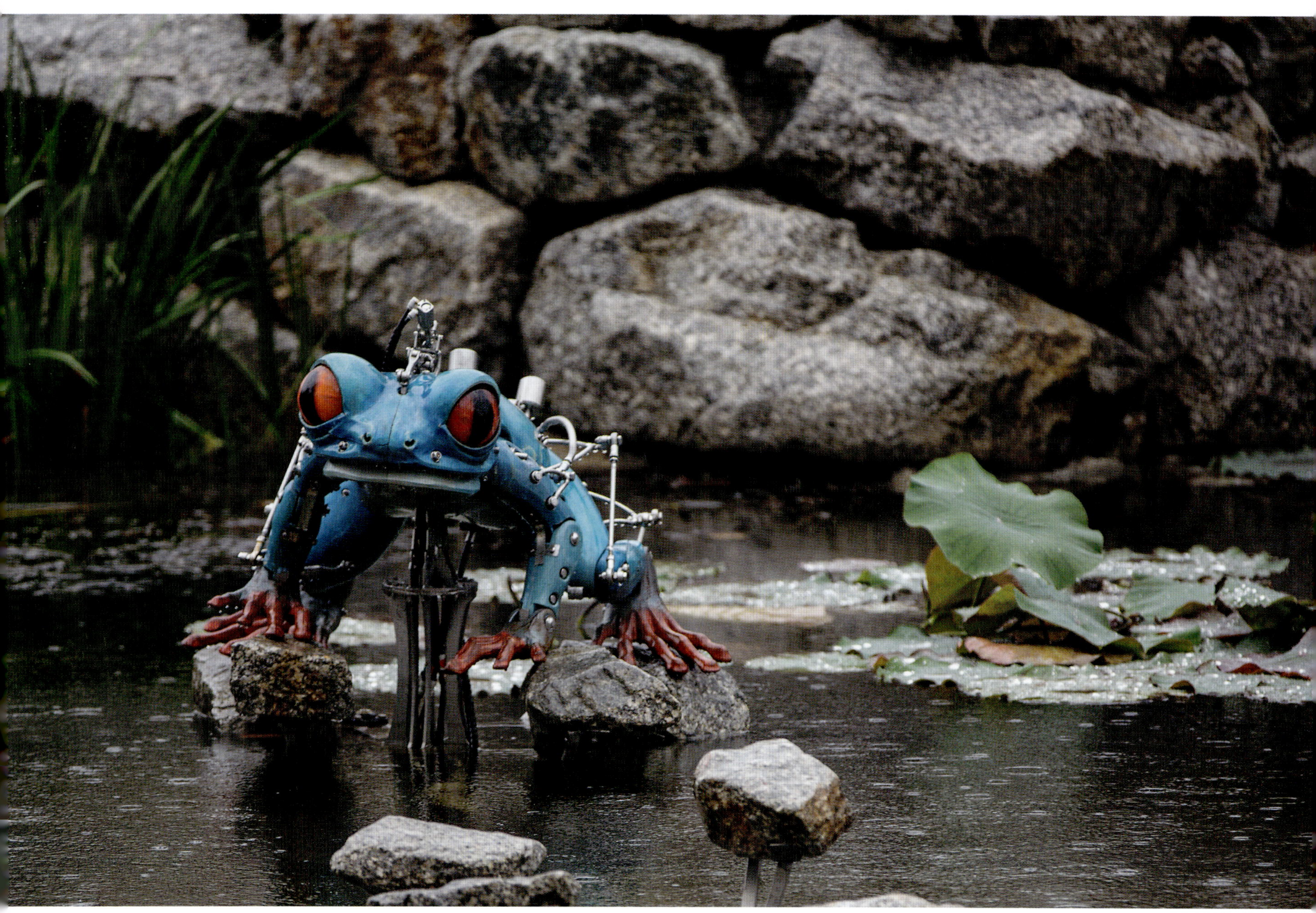

La Grenouille sauteuse s'élance d'un rocher à l'autre en se retournant sur elle-même.
The Jumping Frog leaps from one rock to another, turning over itself.

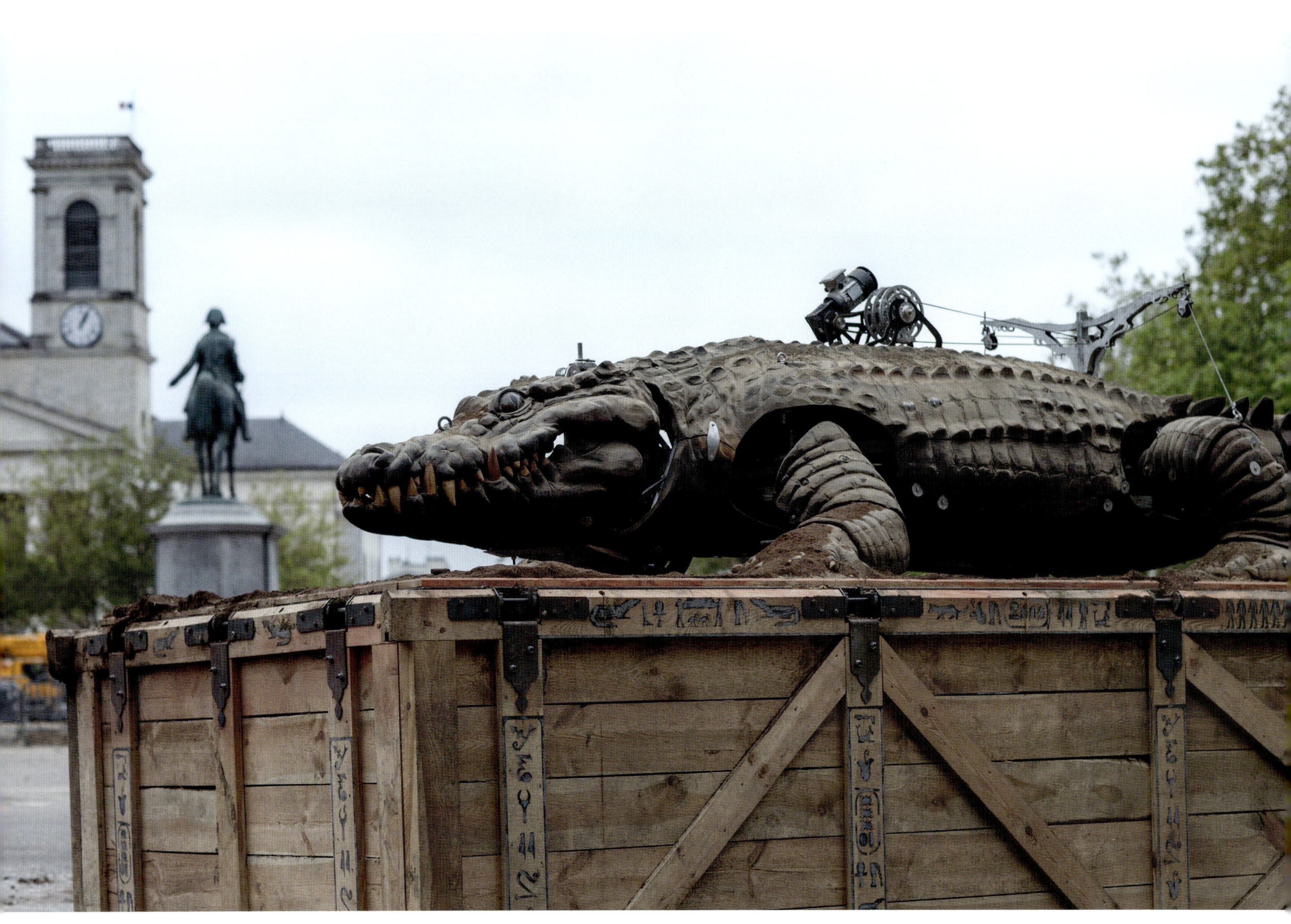

Le Crocodile du Nil est le premier animal découvert sous la place Napoléon.
The Nile Crocodile was the first animal discovered under Place Napoléon.

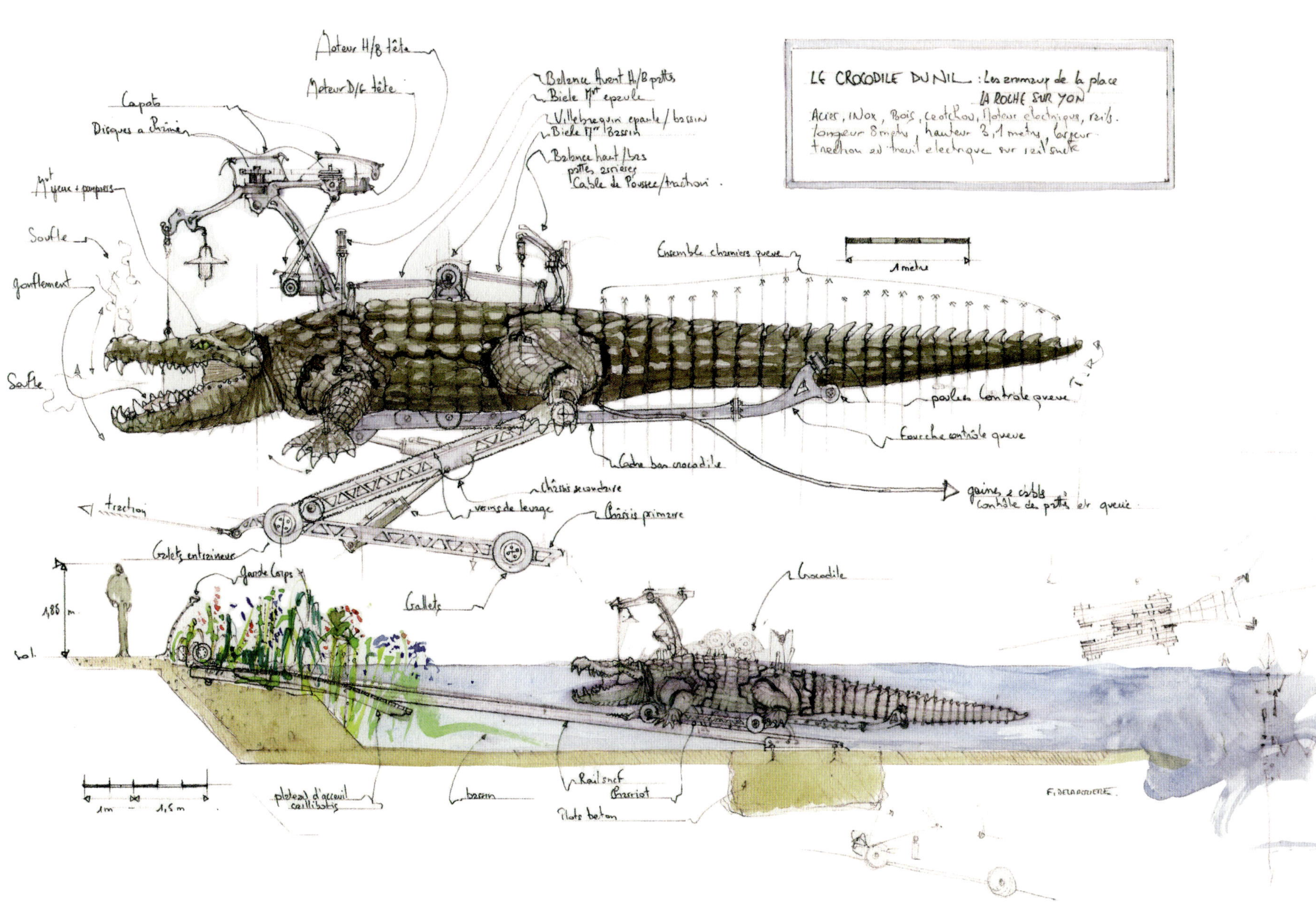

Le Crocodile du Nil, crayon et aquarelles sur papier, 42 × 30 cm.
Nile Crocodile, pencil and watercolours on paper, 42 × 30 cm.

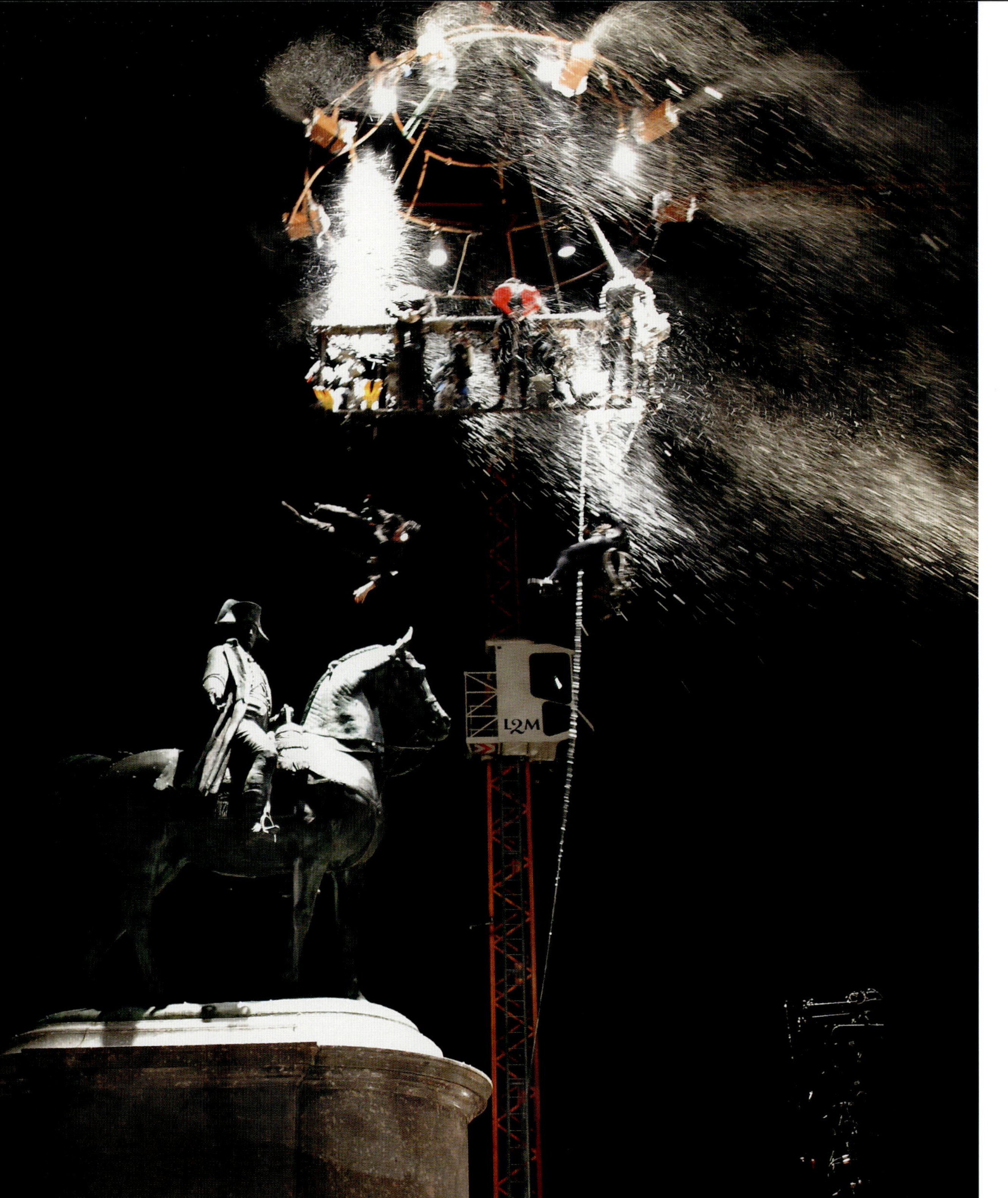

Enneigement de la place avec le lustre
à neige lors du spectacle de clôture
Le Réveil des animaux.
Ce spectacle marque l'inauguration au
public de l'équipement.
Making snow on the square with a
machine during the closure show
Le Réveil des animaux (The Awakening
of the Animals). The show marked the
public inauguation of the installation.

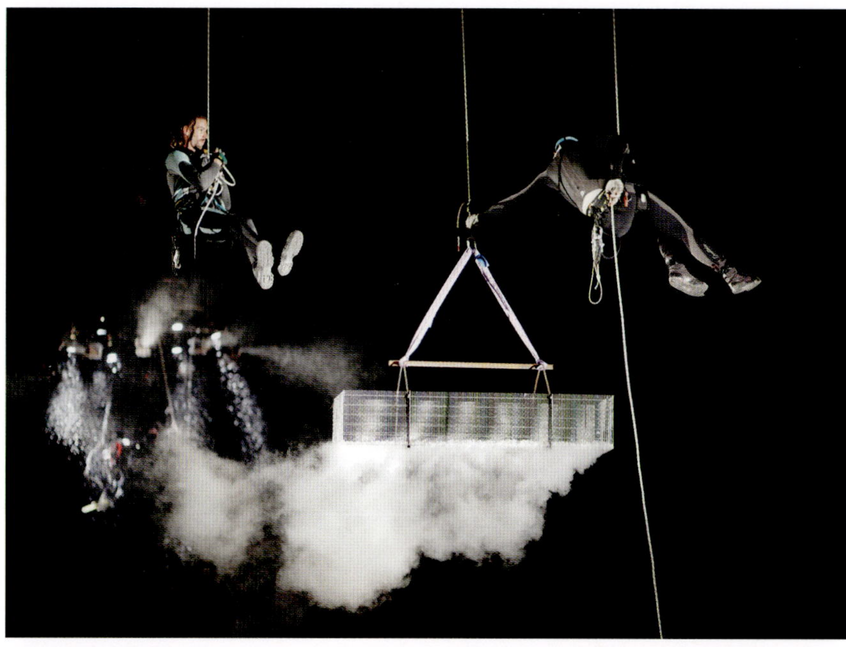

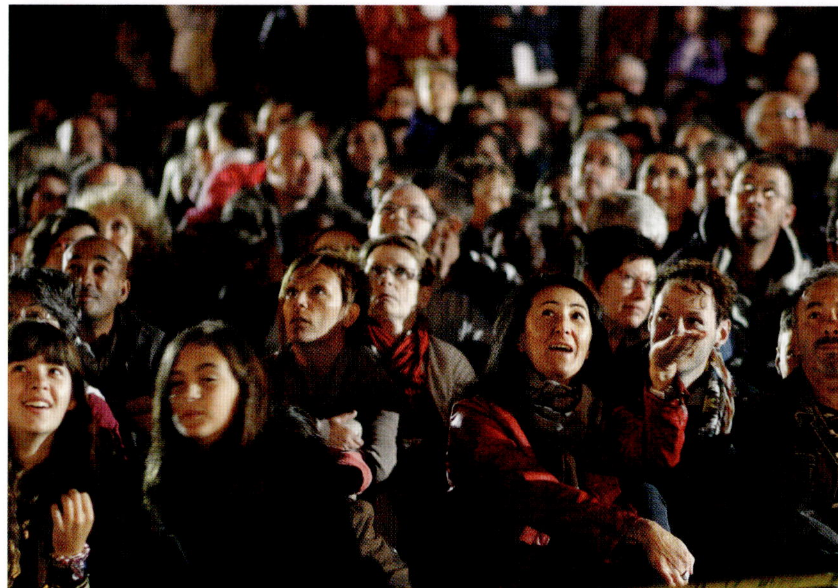

Descente des bacs de glace carbonique pour
Le Réveil des animaux.
Lowering the trays of dry ice for *Le Réveil des
animaux* (The Awakening of the Animals).

Le public, assis, profite du réveil des animaux.
The audience, seated, enjoys the waking up of the
animals.

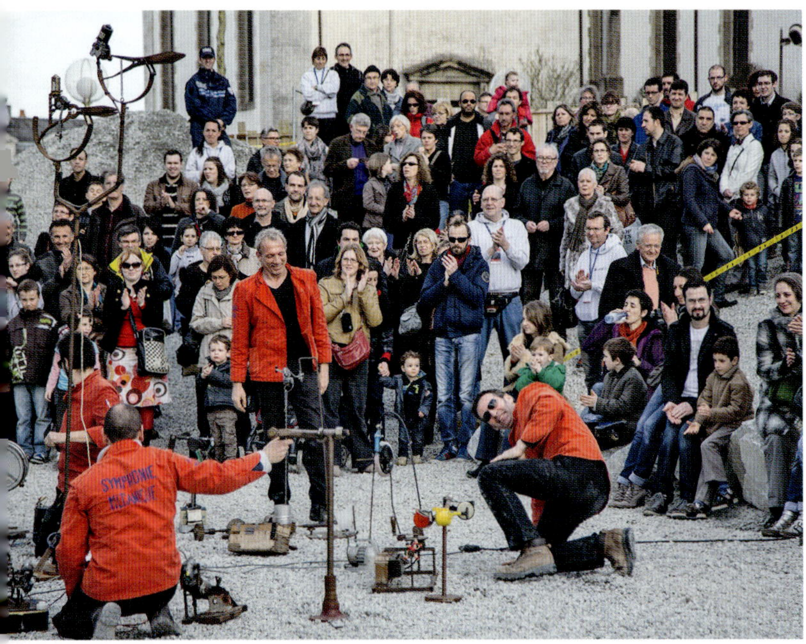

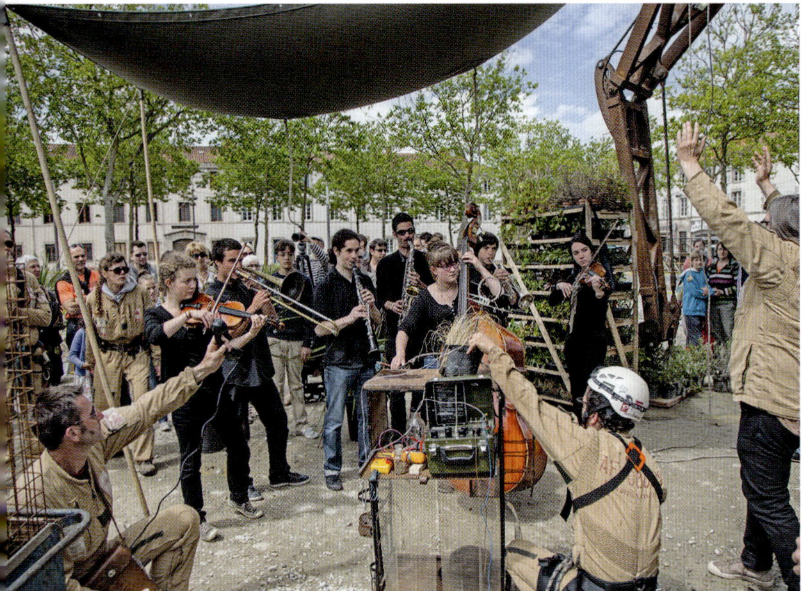

Parallèlement, au rythme des grands événements qui marquent l'évolution du chantier, la compagnie propose des spectacles impromptus, écrits en tenant compte de l'avancée des travaux, des échéances les plus marquantes. Ainsi, lorsque les bassins juste bétonnés sont vides, nous organisons un concert mêlant instruments mécaniques et musiciens classiques. Cela produit un spectacle étonnant, baigné dans l'acoustique très particulière d'une piscine vide. Au moment de remplir les bassins, c'est au tour de l'expédition végétale d'atterrir sur la place. Alors que l'eau monte, les chercheurs de l'expédition s'emploient à étudier les plantes aquatiques qui vont peupler les lieux. Pendant quatre jours, ils conseillent et aident les entreprises à répartir et planter la végétation dans les bassins. Pour l'inauguration des pelouses, plus précisément des "stabilisés fertiles", les Yonnais sont invités à participer à un pique-nique orchestré par *Le Dîner des petites mécaniques*, un spectacle de La Machine adapté pour l'occasion aux contraintes de l'événement. Afin de poursuivre cette aventure partagée, nous demandons aux habitants de nommer les poissons (des carpes koïs) qui vont peupler les bassins avant leur immersion. Et c'est un maître de cérémonie en grande tenue qui préside, sous forme d'un rituel orchestré, à leur mise à l'eau, en musique, au cours d'un après-midi ensoleillé. En ville, les radios s'emparent du récit qui se construit semaine après semaine et créent un

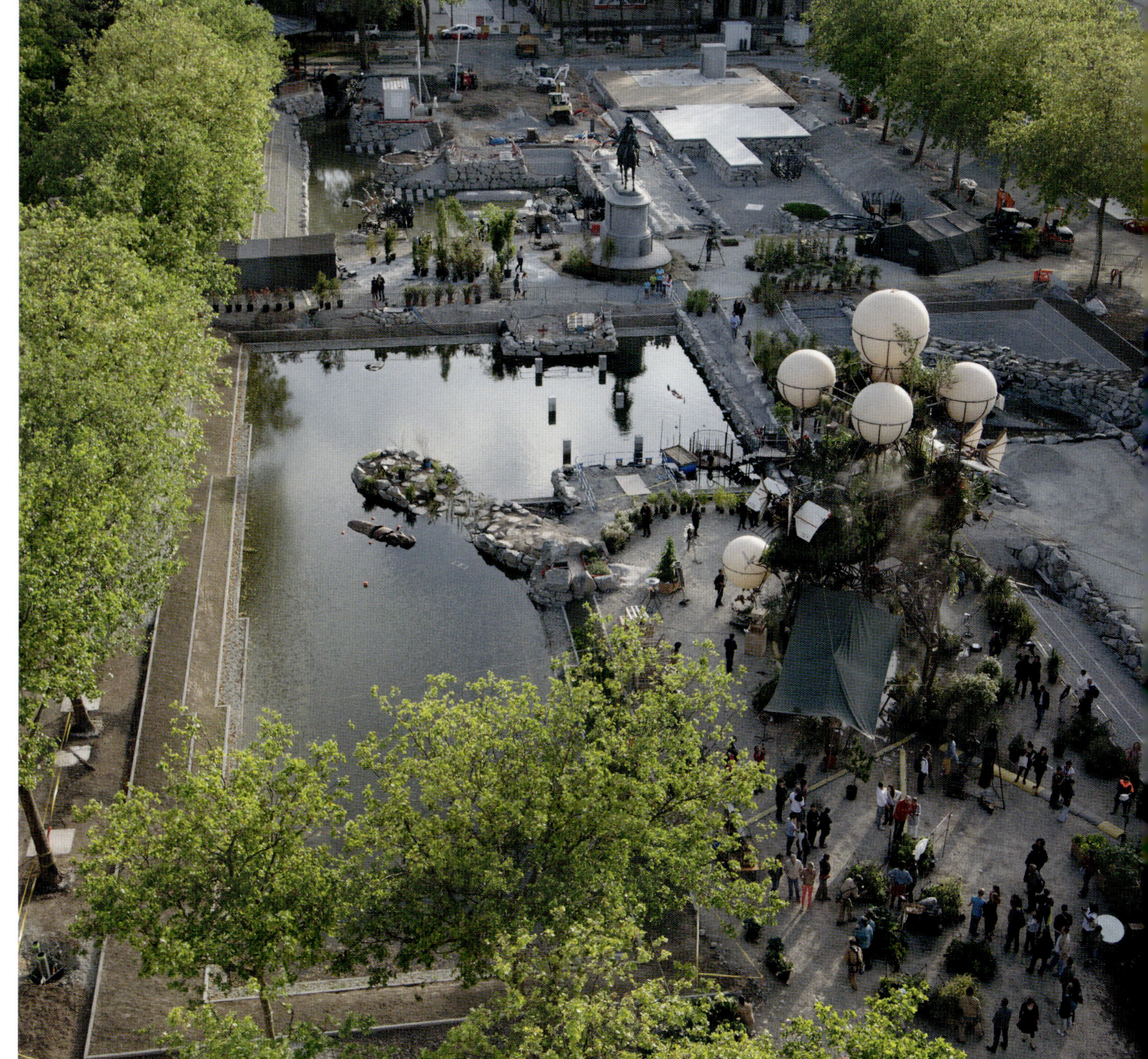

Concert mécanique dans les bassins
avant leur emplissage.
A mechanical concert in the basins
before they were filled.

Les chercheurs de l'expédition
végétale tentent de sauver une
plante grâce au choc phonique.
Researchers from the plant
expedition trying to save a plant
through phonic shock.

L'Aéroflorale atterrit sur la place en
chantier pour trois jours de folie
végétale.
The Aeroflorale lands on the
construction site for three days of
vegetal extravaganza.

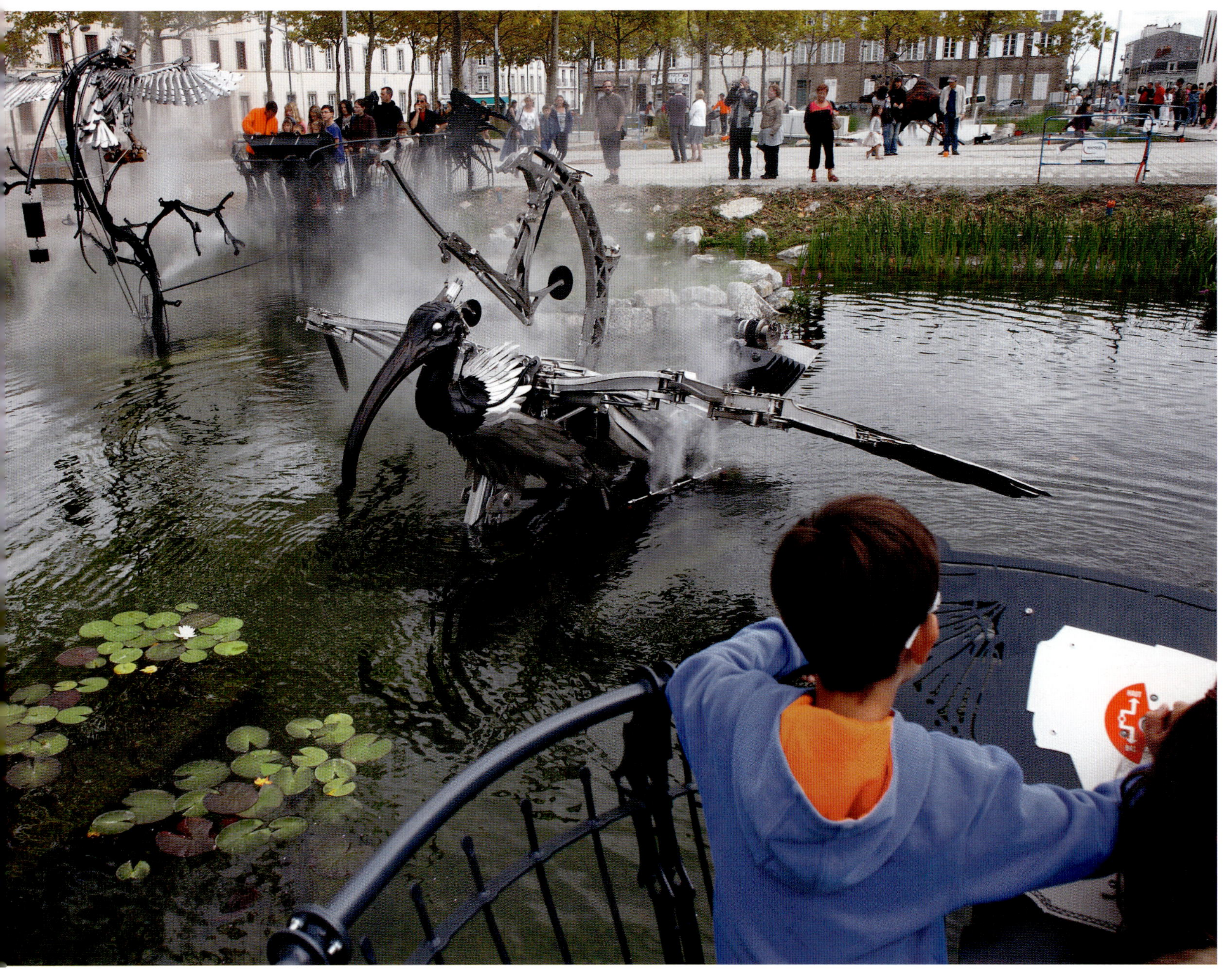

Manipulation de l'Ibis sacré et du Grand-Duc.
Manipulation of the Sacred Ibis and the Grand Duke.

site. For four days, they advised and helped distribute and plant the vegetation in the basins. For the inauguration of the lawns, more specifically the "pelouses", locals were invited to participate in a picnic orchestrated by *Le Dîner des petites mécaniques* (The small mechanics' dinner), a show by La Machine adapted for the occasion to the constraints of the event. In order to continue this shared adventure, we asked the inhabitants to name the fish (koi carp) that were to populate the pools – and a master of ceremonies, in full dress, presided in the form of an orchestrated ritual at their launch during a sunny afternoon. In town, the radio stations picked up on the story that had built up over the weeks and created an imaginary soap opera, with schools working on the bestiary, an association inventing a board game and children being invited to tell in their own way, during French classes, the history of local animals.

FROGMEN ON THE SQUARE

The layout of the Place Napoléon needed to also take into account its role as a hub in the city centre and the region. It is there, in fact, that the buses converge, providing nearly two thousand journeys per day. There a continuous stream of Yonnais embark and disembark, going to work, children to

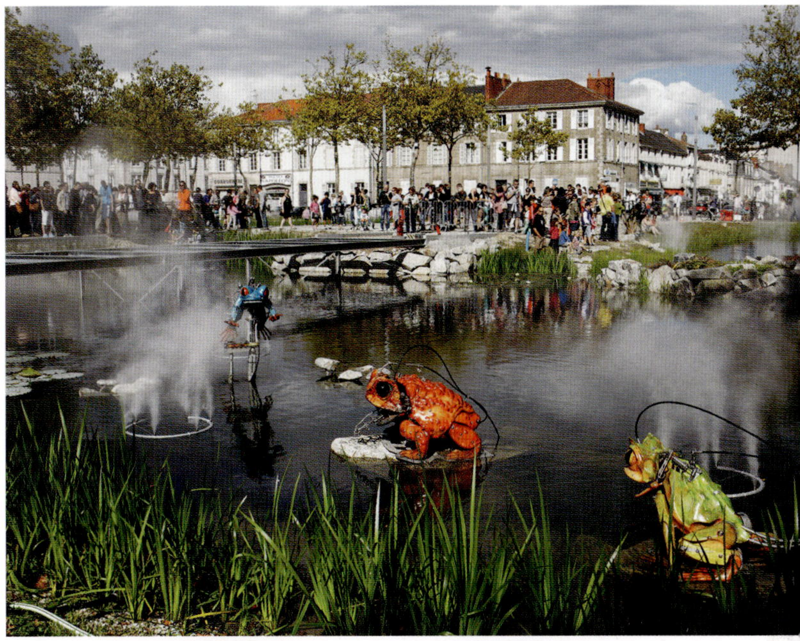

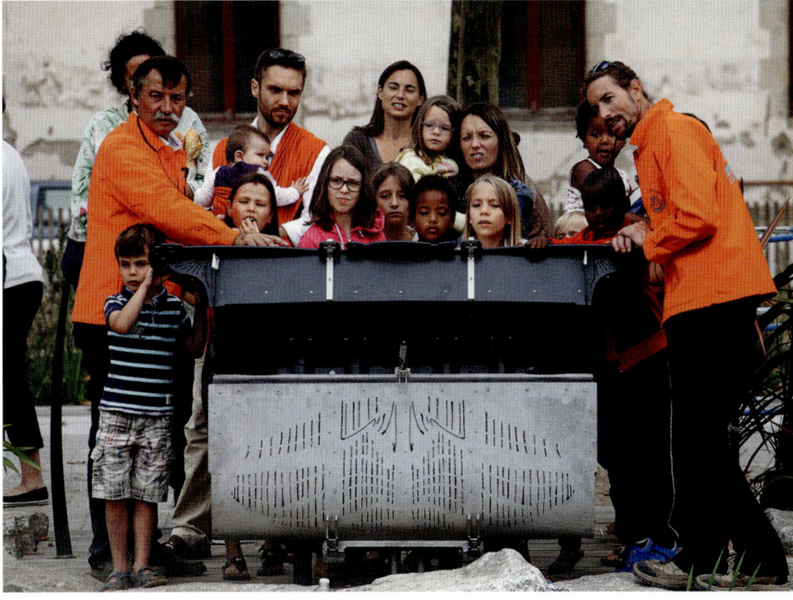

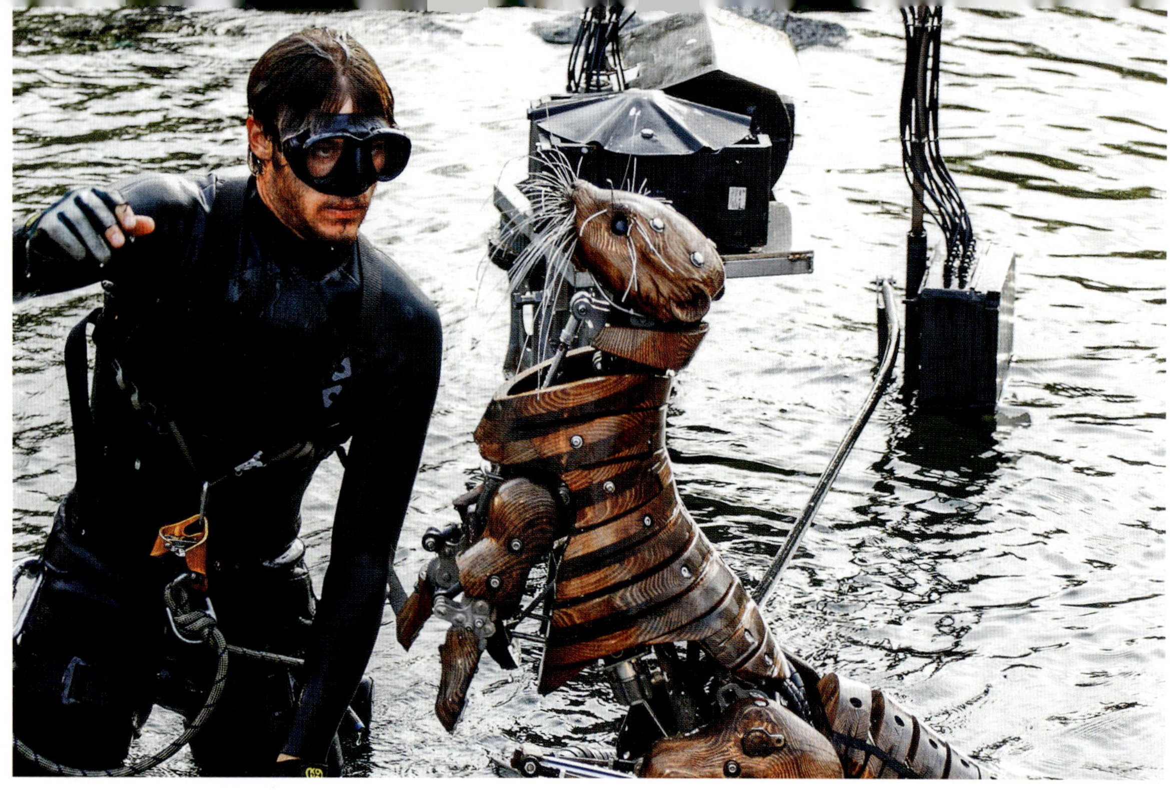

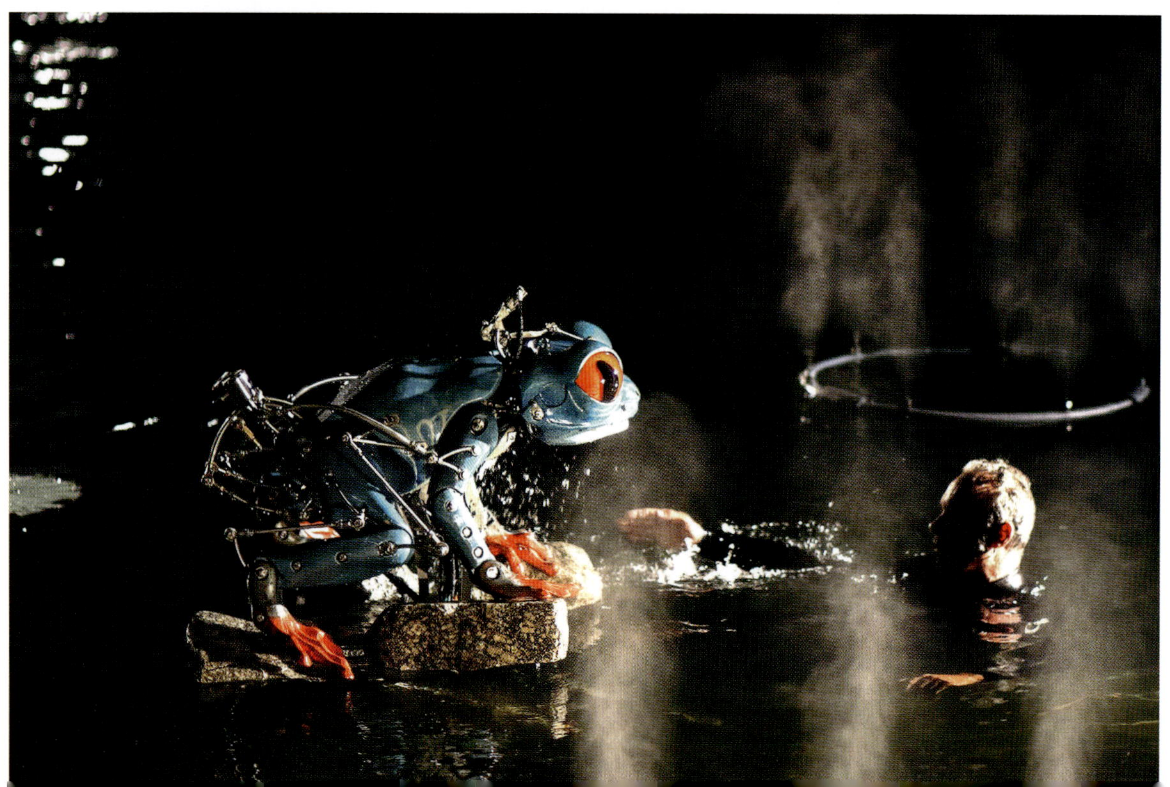

Répétitions pour le réveil de
la Loutre.
Rehearsals for waking the
Otter.

Réveil de la Grenouille
pendant le spectacle
Le Réveil des animaux.
The Frog waking up during
the *Le Réveil des animaux*
show.

feuilleton imaginaire, les écoles travaillent sur le bestiaire, une association invente un jeu de société et les enfants sont invités à raconter à leur manière, en cours de français, l'histoire des animaux de la place.

DES HOMMES-GRENOUILLES SUR LA PLACE

L'aménagement de la place Napoléon doit, par ailleurs, tenir compte de son rôle de plaque tournante au centre de la ville et du département. C'est là en effet que les bus convergent, assurant près de deux mille passages par jour, embarquant et débarquant un flot continu de Yonnais venus travailler, d'enfants des écoles ou d'habitants des communes environnantes ayant affaire à la préfecture. Ce ballet est intégré au projet d'Alexandre Chemetoff, qui crée des parcours doux sur l'esplanade où pourront cohabiter bus et piétons sur un mode apaisé. En revanche, une seule voie de circulation automobile est conservée autour de la place. Il s'agit de pacifier les rapports entre les usagers des lieux, qu'ils soient piétons, utilisateurs des transports publics ou automobilistes. Pour assurer une bonne intégration des bus dans le nouveau décor, les arrêts sont positionnés à proximité des bassins. Les enfants de la région qui fréquentent les collèges ou les lycées de la ville, les personnes qui viennent travailler à La Roche descendent désormais à

school, or residents of the surrounding towns visiting the prefecture. This ballet was integrated into Alexandre Chemetoff's project, creating gentle routes on the esplanade where buses and pedestrians can coexist in a peaceful fashion. On the other hand, only one car lane was kept around the square. It is a question of pacifying the relationships between the users of the square, whether they be pedestrians, users of public transport or motorists. To ensure proper integration of the buses into the layout new stops were positioned near the pools. The region's children attending middle or high schools in the city, and people who come to work in La Roche now alight at the "Hippopotamus" or "Crocodile" stop; each stop is named after the animal in the neighbourhood. This pacification of traffic, this transformation of the square into a place to live, encouraged the establishment of restaurants and terraces, with around ten now bordering the site.

The animals of the square, some of which come from the local fauna, such as the otters, are aquatic animals. Therefore, they live immersed in the water of the basins and can be handled without charge from overhanging control stations, surrounded by vegetation. To cope with this technical constraint, we had to carefully choose the materials: aluminium, enamelled sheet metal and water-resistant wood and be attentive to the harmlessness of coatings for the aquatic flora and fauna.

l'arrêt "Hippopotame" ou "Crocodile" ; chaque arrêt est baptisé en relation avec l'animal du voisinage. Cette pacification de la circulation, cette transformation de la place en lieu de vie, encourage l'installation de restaurants, de terrasses, dont une dizaine bordent désormais les lieux.

Les animaux de la place, dont certains sont issus de la faune locale, comme la loutre, sont des animaux aquatiques. Ils vivent donc en immersion dans l'eau des bassins et sont manipulables gratuitement depuis des postes de commande placés en surplomb, au milieu de la végétation. Pour faire face à cette contrainte technique, nous avons dû choisir avec soin les matériaux, l'aluminium, la tôle émaillée et des bois qui résistent à l'immersion, et nous montrer attentif à l'innocuité des revêtements pour la faune et la flore aquatiques. Ces machines doivent également être entretenues régulièrement. C'est la raison pour laquelle nous avons convié les futurs "vétérinaires" du bestiaire, des techniciens de la ville, à participer à la construction des animaux, de sorte qu'ils en connaissent parfaitement la mécanique intérieure lorsqu'ils sont appelés à intervenir. On peut alors voir débarquer place Napoléon un vétérinaire en combinaison d'homme-grenouille entrer dans l'eau et, avec sa caisse à outils, prendre soin d'un animal à moitié immergé dans l'eau. L'idée est de profiter de tout acte de manipulation ou d'entretien pour en faire un acte théâtral,

These machines also require regularly servicing. It was for this reason that we invited the future "veterinarians" of the bestiary, the city technicians, to participate in the construction of the animals; this intimate understanding of the interior mechanics can facilitate future interventions. Thus, we saw a veterinarian in a frogman suit arrive at Place Napoléon, enter the water with their toolbox and take care of an animal half immersed in water. The idea was to take advantage of any act of handling or maintenance to make it a theatrical, shared act. Thus, when more complete maintenance is carried out, the machine is removed from the water and placed on the square, in full view of the public, so that the submerged parts are exposed. It is a question of making maintenance a living act, perceptible and comprehensible by all.

Now, at the heart of this esplanade transformed into an aquatic garden, children quickly become familiar with the handling of animals sometimes having fun spraying tourists with the mechanical controls of the machines. In summer, Place Napoléon is a melting pot of different languages. La Roche-sur-Yon, which was often only a name on a motorway sign on the way to the Vendée coast has for many visitors become a destination in its own right. The locals are happy to see their city, for a long time overshadowed by the large neighbouring city of Nantes, display the touch of madness that makes it a contemporary and attractive city, whilst remaining anchored in its Napoleonic history.

un acte partagé. Ainsi, lorsqu'on assure une maintenance plus complète, on sort la machine de l'eau et on la met sur la place, à la vue du public, pour que les parties immergées soient exposées. Il s'agit de faire de la maintenance un acte vivant, perceptible et compréhensible par tous.

Désormais, au cœur de cette esplanade transformée en jardin aquatique, les enfants, qui se sont familiarisés très vite avec la manipulation des animaux, s'amusent parfois à arroser les touristes en jouant avec les commandes mécaniques des machines. En été, on entend toutes les langues sur la place Napoléon. La Roche-sur-Yon, qui n'était bien souvent qu'une indication sur un panneau d'autoroute avant d'atteindre la côte vendéenne, est devenue une destination à part entière pour de nombreux visiteurs. Les Yonnais sont heureux de voir leur ville, longtemps restée à l'ombre de la grande cité voisine, Nantes, afficher le grain de folie qui en fait aujourd'hui une ville contemporaine et attractive, tout en restant ancrée dans son histoire napoléonienne.

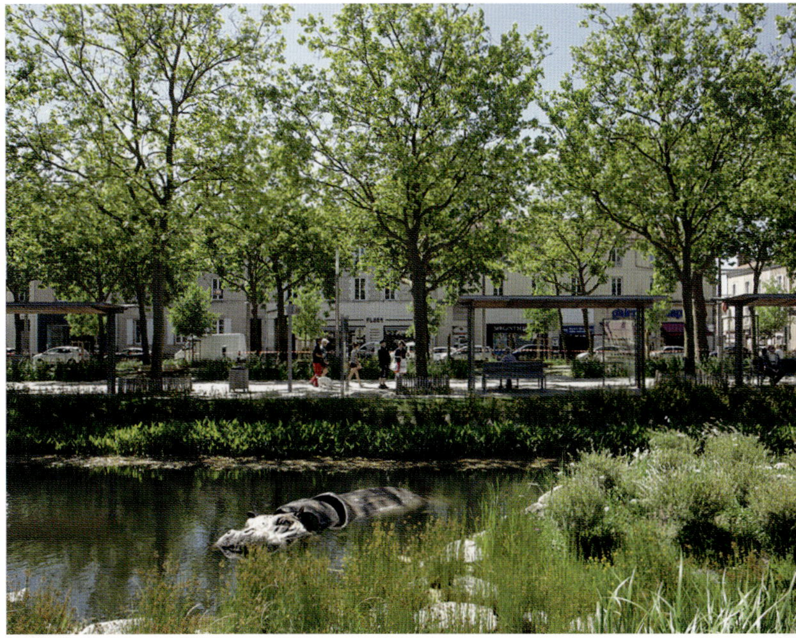

L'Hippopotame installé et immergé définitivement dans son bassin.
The Hippopotamus definitively installed, submerged, in its basin.

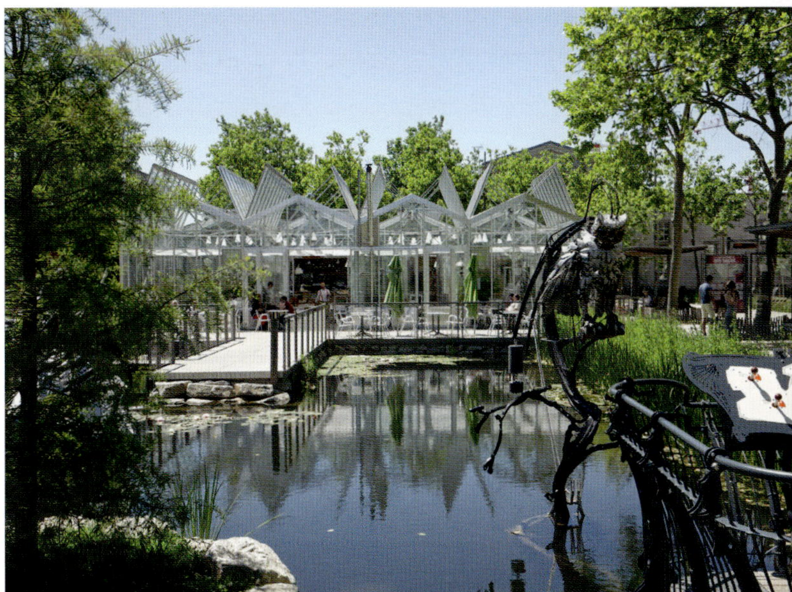

Le bar-restaurant de la place Napoléon dessiné par Alexandre Chemetoff à partir d'une serre de maraîchage. En premier plan, le Grand-Duc et son poste de commande.
The Place Napoléon bar-restaurant, designed by Alexandre Chemetoff from a market garden greenhouse. In the foreground, the Grand Duke and his command post.

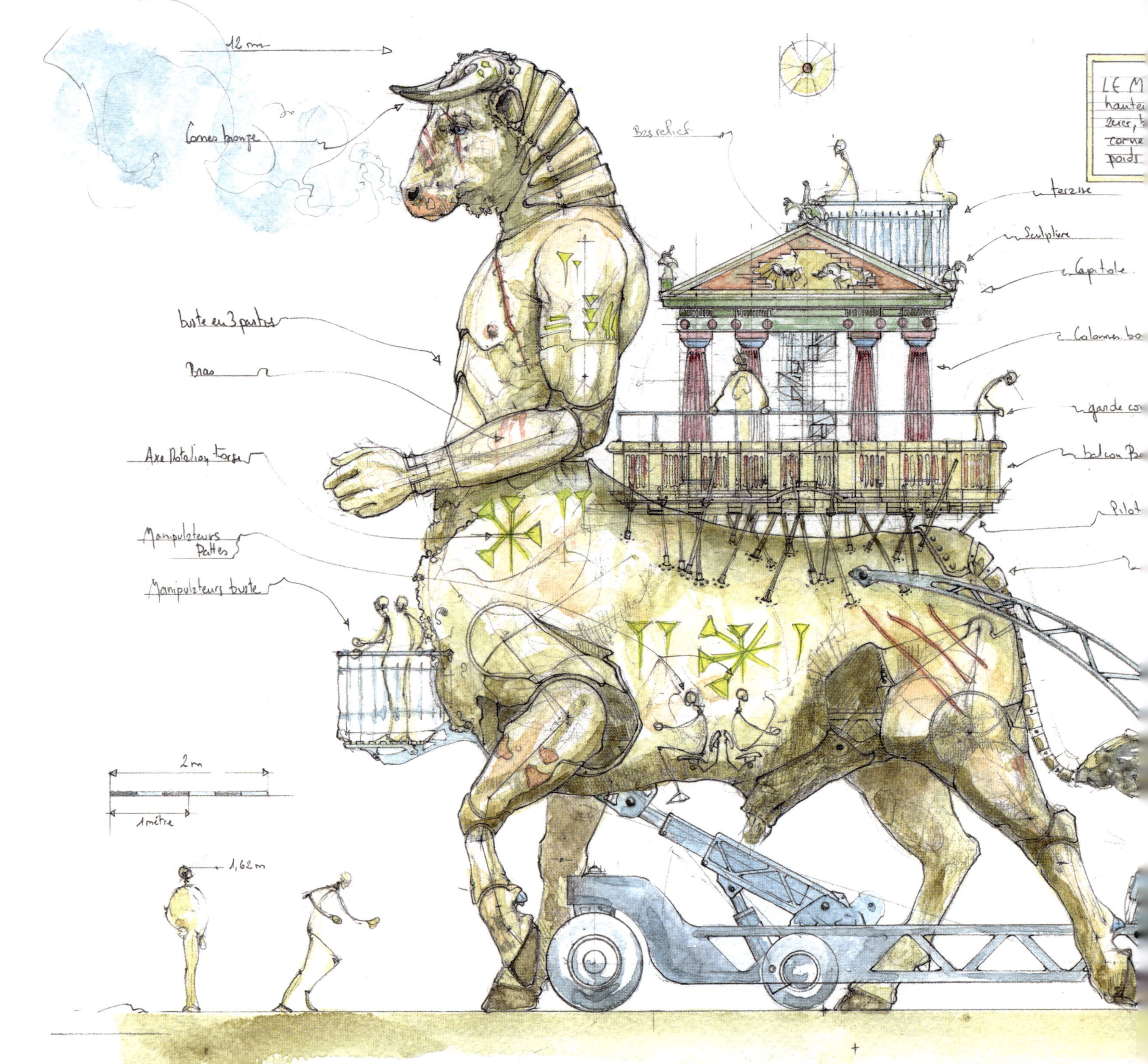

12 m
Cornes bronze
buste en 3 parties
Bras
Axe Rotation torse
Manipulateurs Pattes
Manipulateurs buste
2 m
1 mètre
1,62 m
Bas relief
terrasse
Sculpture
Capitale
Colonne bo
garde co
balcon Be
Pilot
LE M
hauteu
cornes
poids

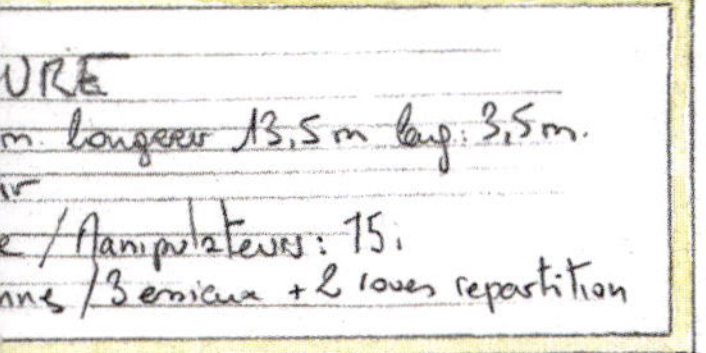

LA PISTE TOULOUSE
DES GÉANTS GIANTS' RUNWAY

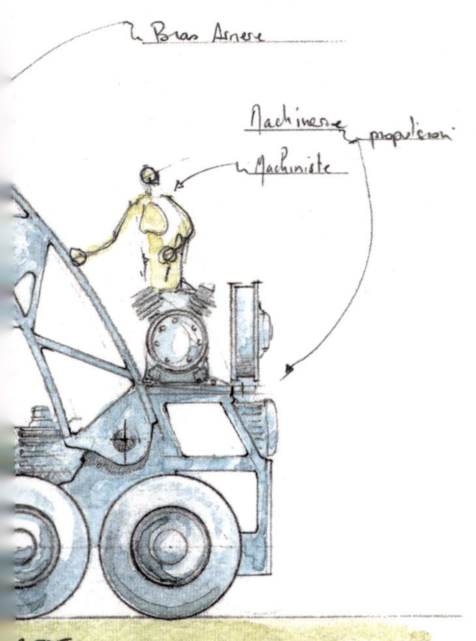

RETOUR AUX SOURCES

L'installation à Toulouse des machines qui jalonnent le parcours de la compagnie est, en quelque sorte, un retour aux sources. C'est en effet dans la région que nombre d'entre elles ont vu le jour, notamment dans l'ancienne usine d'équarrissage de Blagnac, occupée par un collectif d'associations et de compagnies, L'Usine, rassemblées autour du théâtre de rue.

C'est à L'Usine, devenue Centre national des arts de la rue et de l'espace public, désormais installée sur la commune de Tournefeuille en périphérie de Toulouse, qu'a été créée la compagnie La Machine en 1999. Après l'ouverture en 2003 d'un atelier pour mener à bien le projet des Machines sur l'île de Nantes naît l'envie de créer un troisième lieu : une écurie-laboratoire ouverte au public qui accueillerait toutes nos machines de spectacle associant notre activité de compagnie de théâtre à une grande métropole. L'idée consiste à libérer, aux sens propre et figuré du terme, de nos espaces de stockage la centaine de machines qui y sont entreposées pour les exposer au public, leur donner une nouvelle vie, en accompagnant un projet urbain puisque nos machines ont pour vocation d'arpenter l'espace public.

C'est naturellement vers Toulouse que nos regards se tournent. La proposition est très vite retenue par le maire sortant, Pierre Cohen, et l'élue à la Culture de l'époque, Nicole Belloubet.

BACK TO BASICS

Installing the machines that have marked the company's history in Toulouse is, in a certain way, a return to our roots. Indeed, it was in this region that many of the machines emerged, notably in the former rendering plant in Blagnac, occupied by a collective of associations and companies gathered around street theatre, L'Usine.

It was at L'Usine, now the National Centre for Street Art and Public Space and located in the town of Tournefeuille on the outskirts of Toulouse, that La Machine was created in 1999. After opening a workshop for the Machines project on the Île de Nantes in 2003, there was a desire to create a third place, a laboratory-stable open to the public that would play host to all our show machines, associating our activity as a theatre company with a large national metropolis. The idea was to free, in the literal and figurative sense of the term, from storage the hundred machines or so made and collected over the years, to present them to the public, to give them a new life, and at the same time to support an urban project; after all, the essential purpose of our machines is to occupy the public space.

Therefore, we were looking for a large metropolis that could accommodate our ambitious project and support our show. Our sights naturally turned towards Toulouse. The proposal

Toulouse est l'endroit idéal pour faire vivre ces machines de spectacle, que le public avait croisées de façon fugace dans les années 1990 lors de grands rassemblements autour du théâtre de rue.

LA HALLE DE LA MACHINE

Dans un premier temps, il nous faut trouver un lieu dimensionné pour accueillir cette écurie de machines dont quelques-unes, comme les Araignées, affichent des mensurations hors normes, mais aussi imaginer un projet de territoire qui puisse faire sens. Nous nous mettons donc en quête d'un lieu capable de recevoir du public, suffisamment spacieux pour permettre d'observer le fonctionnement et la mise en mouvement des machines sous tous les angles, comme c'est le cas dans les spectacles de rue. Lorsqu'elles circulent dans les villes, ces machines sont visibles à trois cent soixante degrés, de face, de profil, de dos, mais aussi en plongée, depuis les balcons, elles dévoilent leurs rouages, leur mécanique intime. Chacune de ces machines a été construite, sculptée avec cette préoccupation et produite par une génération de constructeurs, souvent intermittents du spectacle, qui, sans spécifiquement le revendiquer, sont devenus d'extraordinaires sculpteurs.

Un premier choix se porte sur la Cartoucherie, une ancienne propriété du ministère de la Défense, à la périphérie du quartier

was quickly adopted by outgoing mayor Pierre Cohen and then culture representative Nicole Belloubet. Toulouse proved the ideal place to bring to life these show machines, which the public has fleetingly encountered in the 1990s during large gatherings around the street theatre.

LA MACHINE'S HALL

Firstly, we needed to find a place large enough to accommodate this stable of machines, some of which – like the Spiders – have exceptional dimensions. But we also imagined a regional project that could make sense. So, we were looking for a place able to receive the public and spacious enough to allow for observation of the operation and movement of the machines from all angles, as is in our street shows. When they travel through cities these machines are visible from 360 degrees, from the front, the side, the back but also from balconies they reveal their cogs and their intimate mechanics. Each of these machines was built, and sculpted with this concern, produced by a generation of builders, often contractual workers who without specifically claiming it, have become extraordinary sculptors.

A first choice was La Cartoucherie, a property formally owned by the Ministry of Defence on the outskirts of the Saint-Cyprien

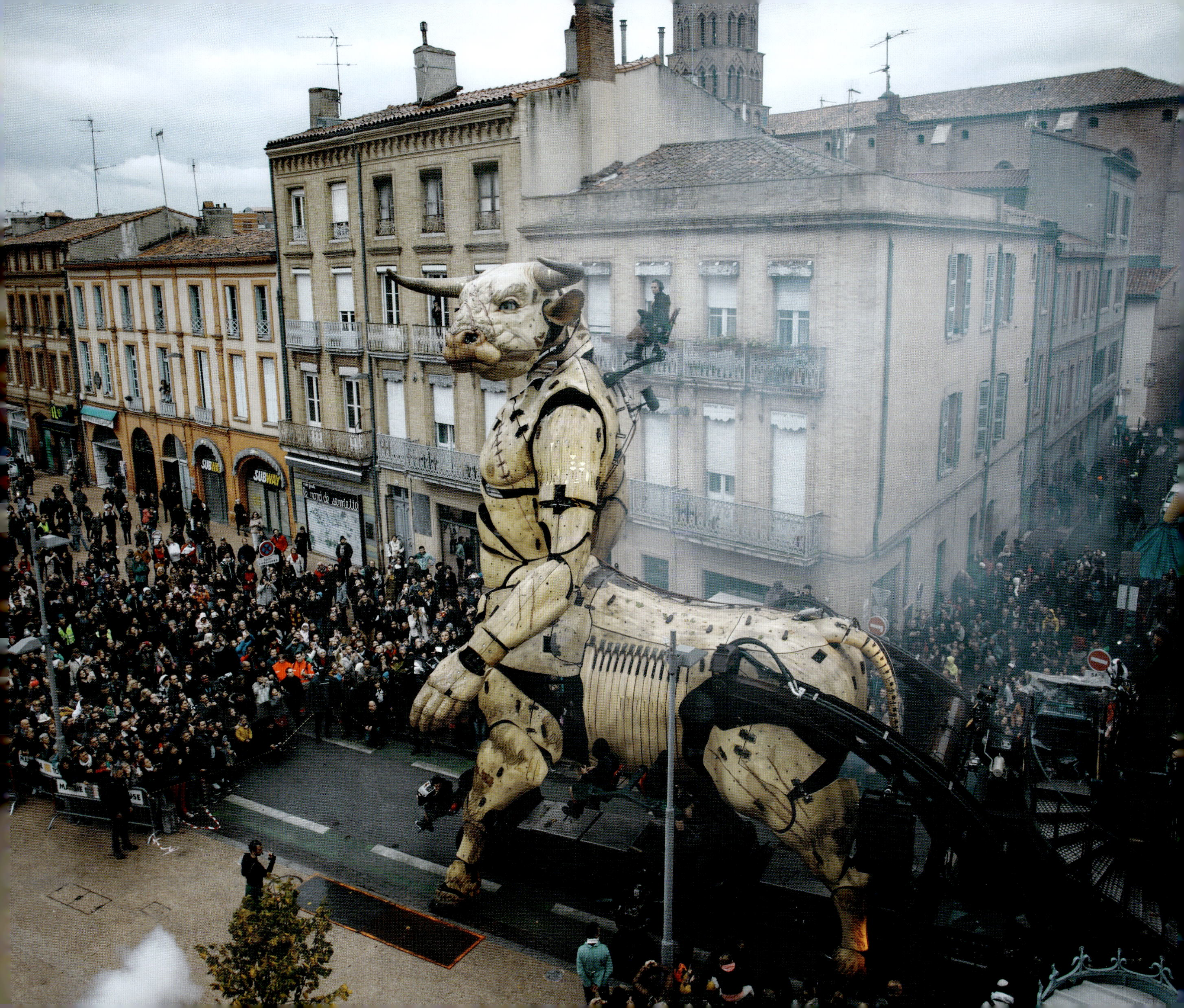

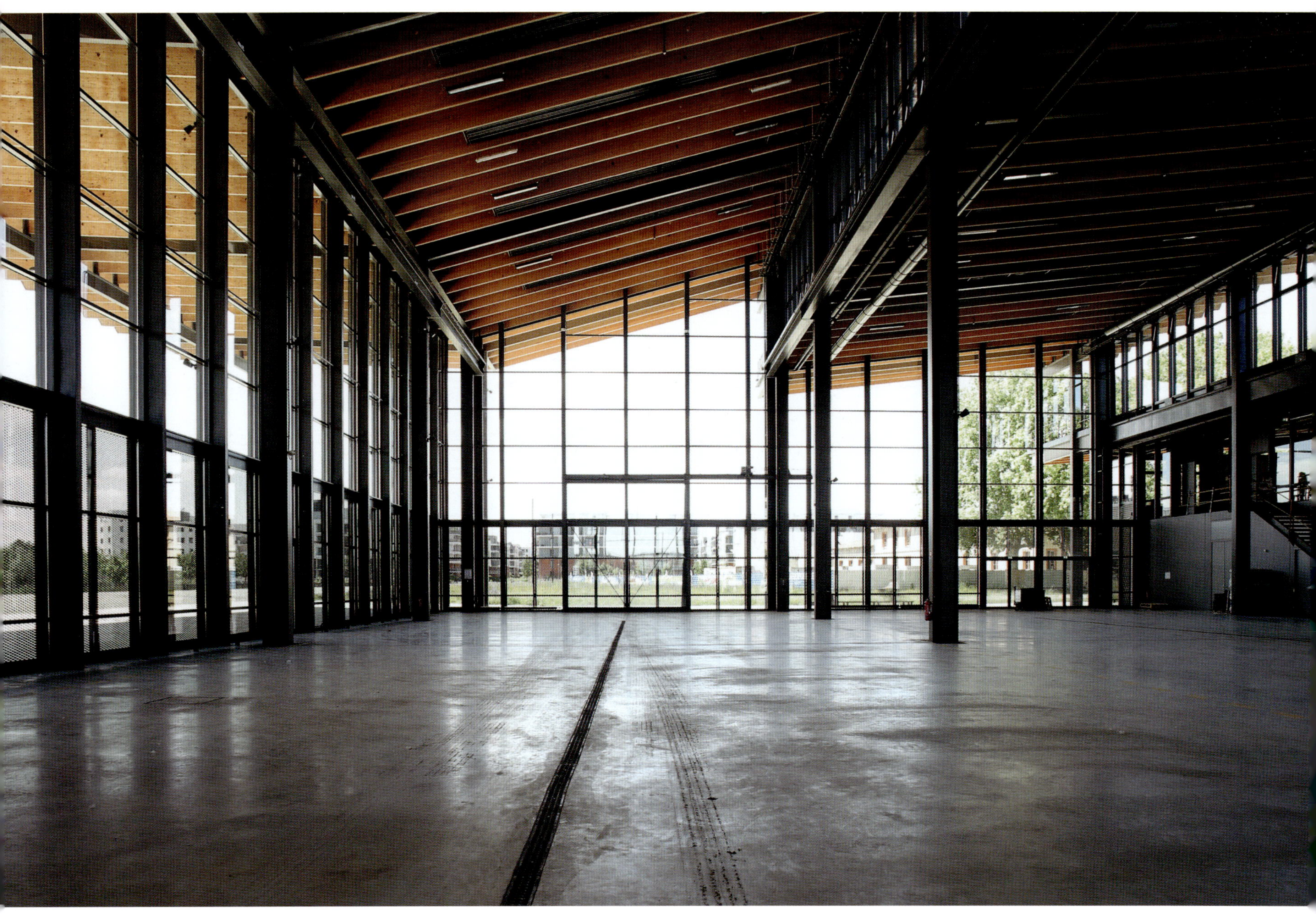

La Halle de La Machine quelques jours avant l'arrivée des premiers camions.
La Machine's Hall a few days before the arrival of the first trucks.

Saint-Cyprien, qui accueille un écoquartier le long d'une nouvelle ligne de tramway. Mais le site, pour des questions d'agenda et de dépollution, ne peut être retenu. Le choix se reporte alors sur d'autres lieux et notamment vers l'ancienne usine Latécoère, à Montaudran, lieu alors privé, proche d'un ancien aérodrome où débute une grande opération d'urbanisme. Rapidement, un problème apparaît, un écueil physique, la présence d'une voie ferrée entrave les déplacements du public vers la piste de l'aérodrome, enjeu du projet urbain. L'idée d'une passerelle piétonne est envisagée mais très vite abandonnée à l'annonce du coût, qui se révèle rédhibitoire. Nous convenons donc, avec l'urbaniste David Mangin, et le maire de l'époque, Pierre Cohen, de créer et construire un nouveau bâtiment, une halle monumentale en bordure de la piste, au cœur du quartier à naître. Le concours réunit plusieurs grands architectes, parmi lesquels Alexandre Chemetoff, Dominique Perrault et Jean-Marc Weill, ainsi que l'architecte bayonnais Patrick Arotcharen, le lauréat.

La Halle s'inspire de l'univers aéronautique avec sa toiture en pans inclinés qui évoquent des ailes profilées et ses volumes rappelant les halles d'assemblage des avions. Sa transparence, son absence de cloisonnement intérieur autorisent des mouvements sans contrainte entre les machines et permet un renouvellement permanent de la scénographie. De "véritables machinistes" présentent et manipulent les installations, puisent dans leur

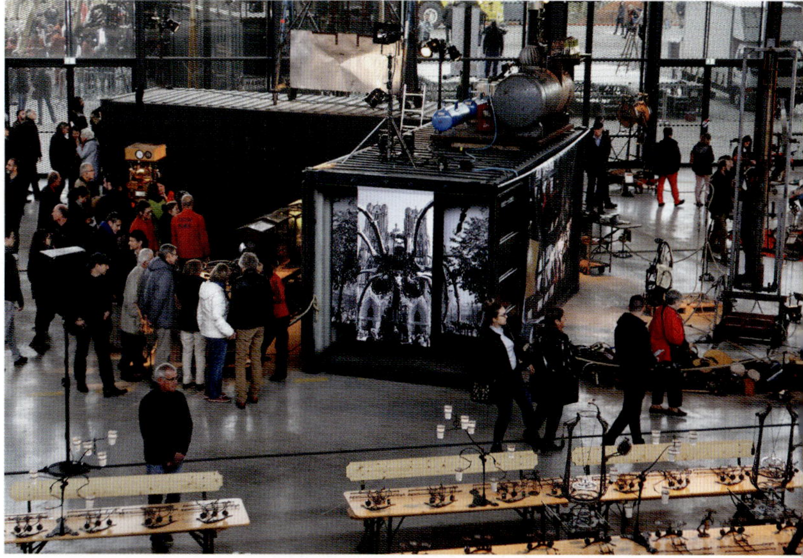

La Grande Impro et l'exposition vivante de la Halle de La Machine.
The Great Impro and the living exhibition in La Machine's Hall.

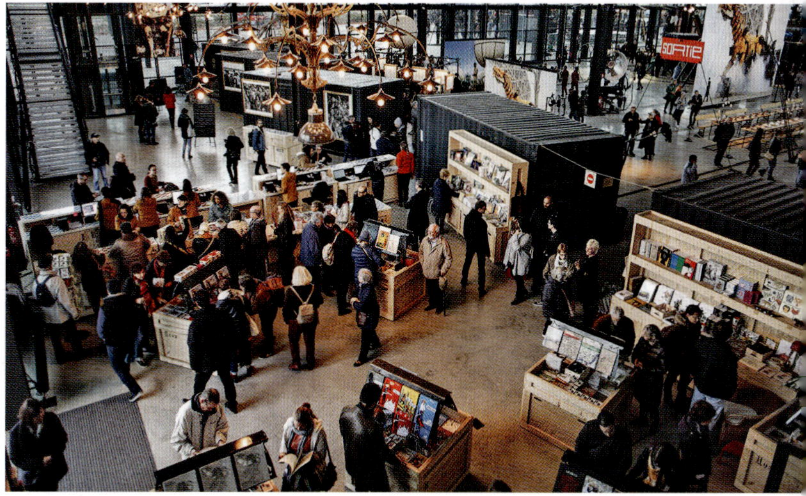

La boutique-librairie de la Halle de La Machine.
The bookshop in La Machine's Hall.

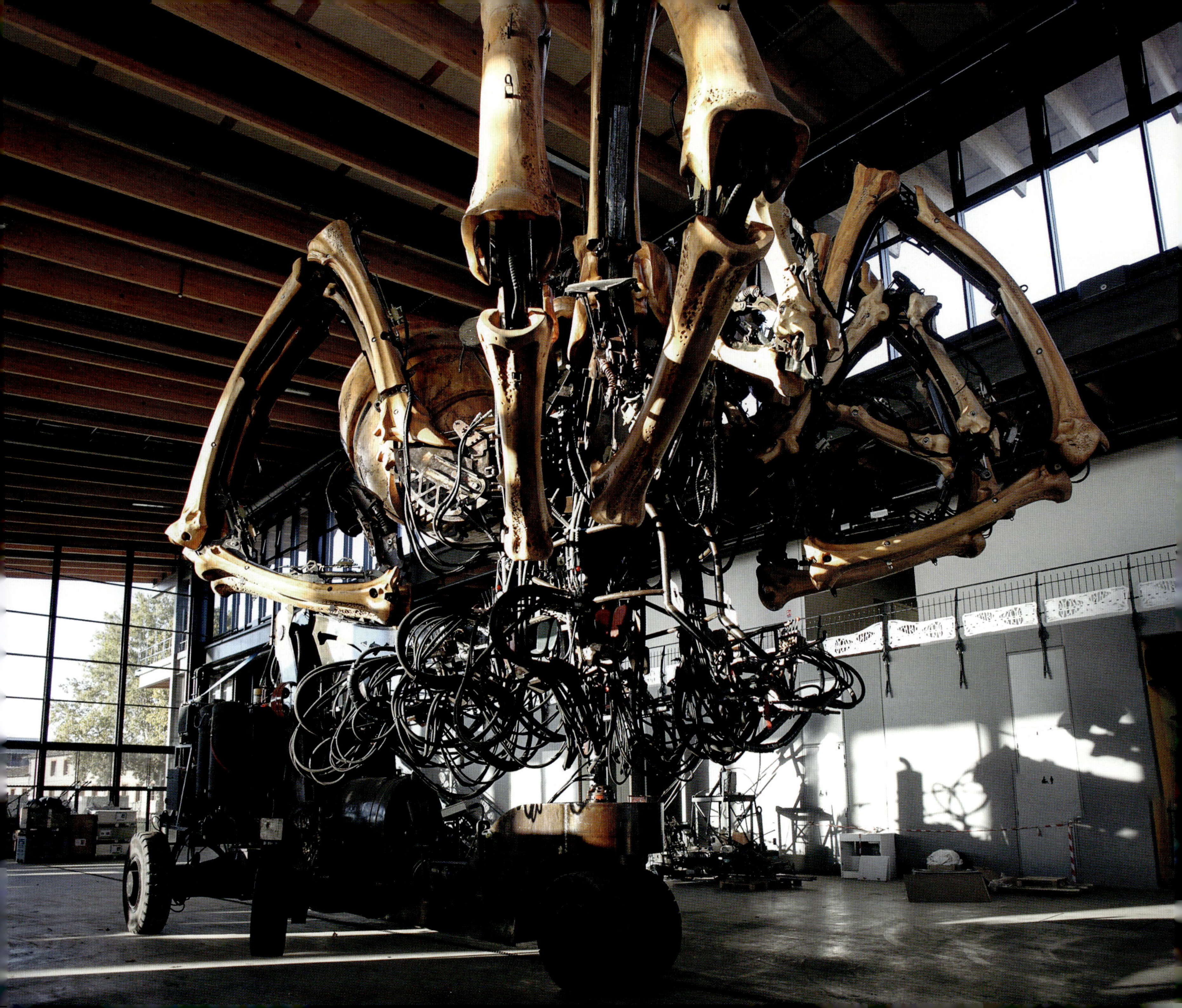

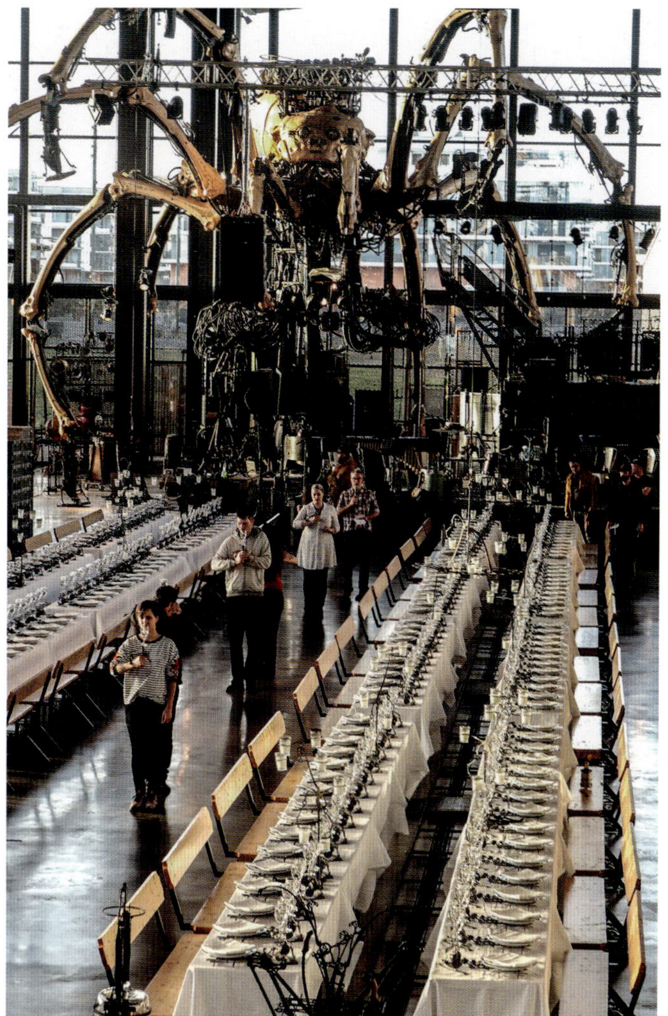
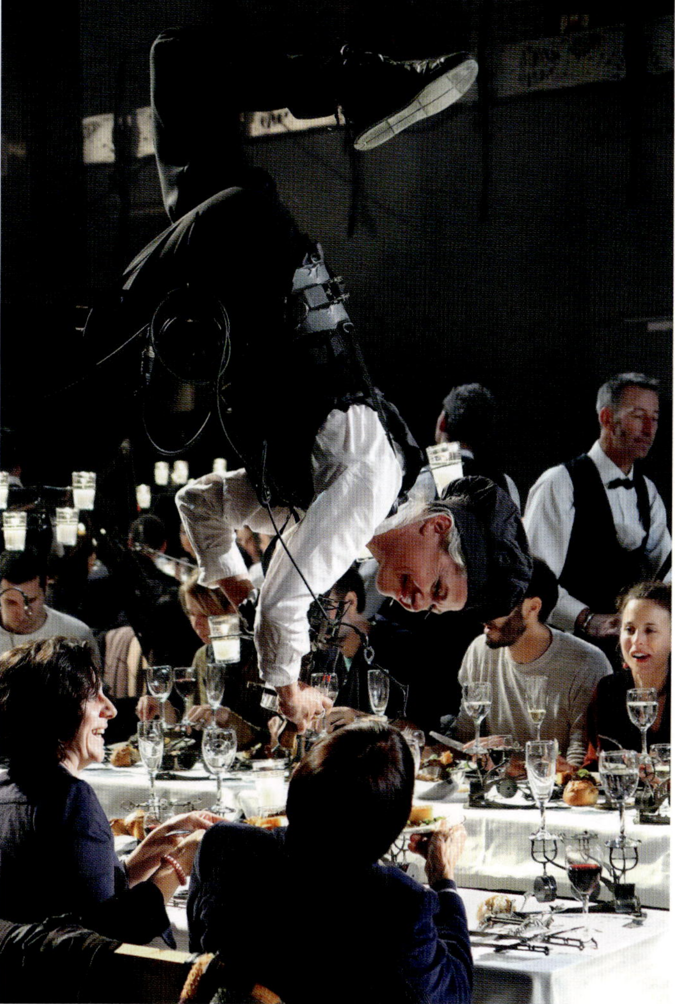

Arrivée d'Ariane, l'Araignée géante, à la Halle de La Machine.
Arrival of Ariane, the Giant Spider, at La Machine's Hall.

Préparatifs et répétitions à vue pour le spectacle *Le Dîner des petites mécaniques* pour 300 convives dans la Halle de La Machine.
Preparations and rehearsals for *Le Dîner des petites mécaniques* (The Small Mechanics' Dinner) show for 300 guests at La Machine's Hall.

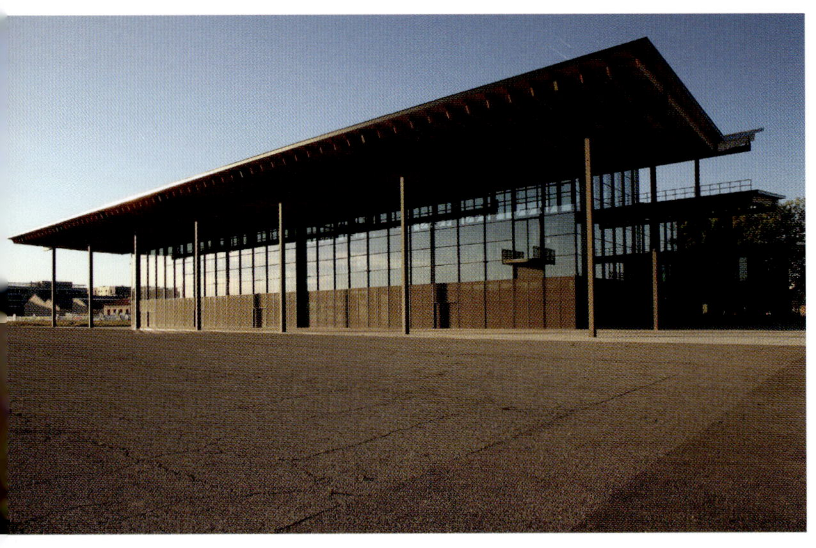

district, which includes an eco-district running along a new tram line. But the site, for scheduling and decontamination reasons, could not be accepted. The decision was made to turn to other places and our focus switched to the old Latécoère factory in Montaudran, a privately owned property near an old aerodrome where major urban planning was underway. A problem quickly emerged, a physical obstacle: the railway track hindered public travel towards the runway. The idea of a pedestrian bridge was considered, but was very quickly abandoned when the cost proved prohibitive. We therefore agreed, with the town planner David Mangin and the mayor at the time Pierre Cohen, to design and construct a new building, a monumental hall on the edge of the runway, at the heart of the planned district. The contest brought together several great architects, including Alexandre Chemetoff, Dominique Perrault and Jean-Marc Weill, as well as the winner, the Bayonne architect Patrick Arotcharen.

The Hall is inspired by the world of aeronautics, with the sides inclined to its roof evoking profiled wings and its volumes reminiscent of aircraft assembly halls. Its transparency and its lack of interior partitioning allow for unrestrained movement between machines and ongoing changes to the staging. "Real machinists" present and manipulate moving installations, drawing their inspiration from the moment to draw visitors

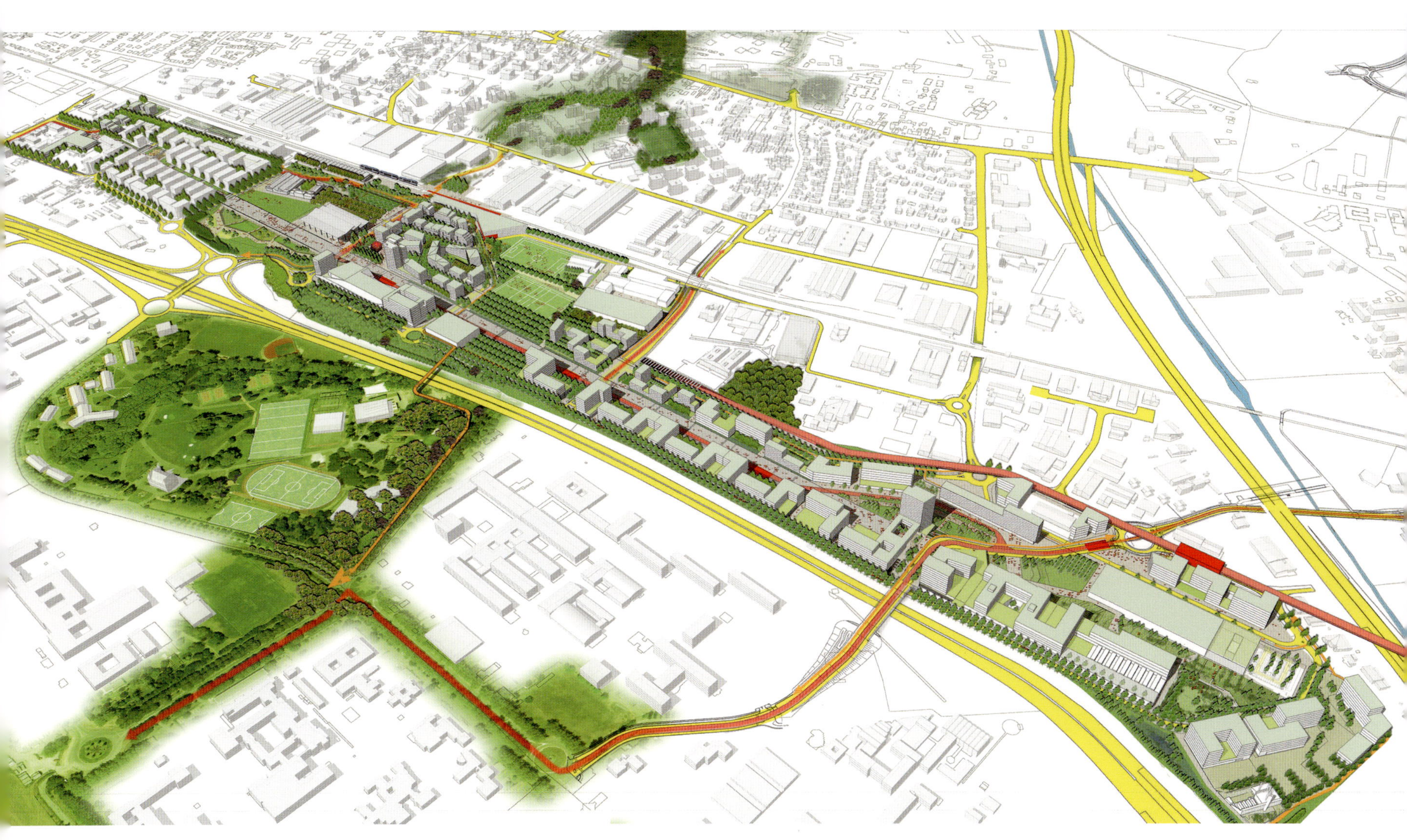

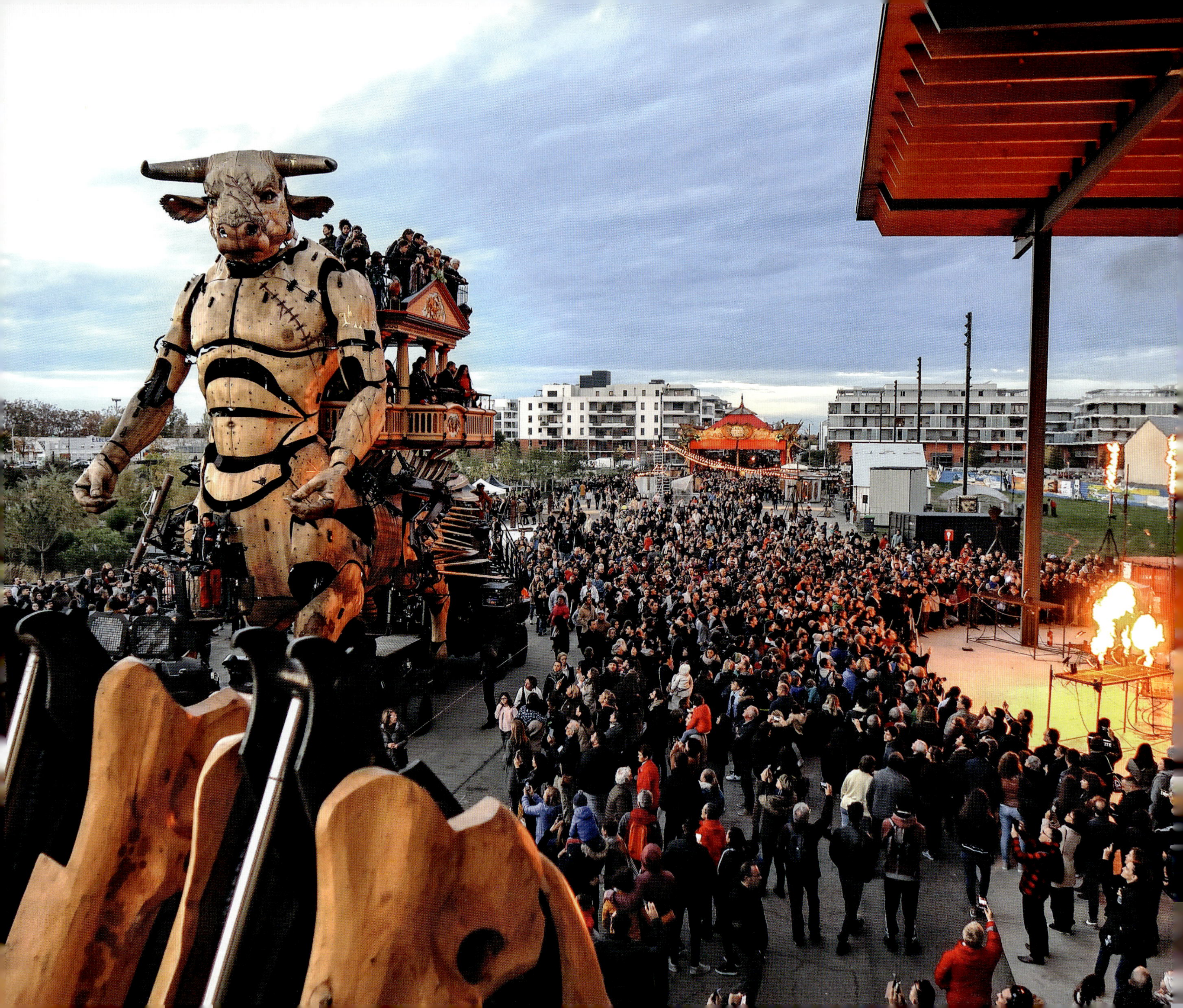

inspiration du moment pour embarquer les visiteurs dans un univers inattendu et singulier, où se côtoient machine à fumer, minotaure, araignées géantes ou machine à feuilleter les livres. Ces machinistes sont à la fois techniciens et comédiens. Leur jeu oscille entre maîtrise technique et capacité à propulser le visiteur dans un monde empreint de réalisme et d'imaginaire.

INVENTER LA VILLE

La création d'un nouveau quartier obéit rarement à un scénario linéaire. On peut tout imaginer sur le papier : combiner différentes formes d'habitat, être attentif à la répartition des surfaces dédiées au commerce, aux services, aux entreprises, penser les circulations, la localisation des espaces verts, des équipements publics… Mais si la vie ne veut pas prendre, elle ne prend pas. Il y a toujours une part d'irrationnel ou de nécessité humaine dans la façon dont chacun s'empare de l'environnement, occupe l'espace, l'anime, l'investit. La première phase de l'aménagement du site historique de Montaudran à Toulouse, commencée il y a plus de dix ans, témoigne des difficultés du passage du papier au réel. Le projet n'en est pas moins passionnant : construire un morceau de ville autour d'une mythique piste d'aviation, d'où décollèrent les pionniers de l'Aéropostale au début du xxe siècle ; faire de cette piste la

into an unexpected and singular universe, where a smoke machine, a Minotaur, Giant Spider or a machine leafing through books meet. These machinists are both technicians and actors. Their work oscillates between technical mastery and the ability to propel the visitor into a world imbued with realism and imagination.

INVENTING THE CITY

The creation of a new neighbourhood rarely follows a linear scenario. On paper everything can be imagined: associating different forms of housing, paying attention to the distribution of areas dedicated to trade, services and businesses, traffic considerations, and the location of parks and public amenities. But if life does not want to take hold, it won't. There is always an element of irrational or human necessity in the way that everyone takes over their environment, occupies space, animates it and invests in it. The first development phase of the historic Montaudran site in Toulouse started over ten years ago. This testifies to the difficulties of transition from paper to reality. The project is no less exciting: to build a piece of city around a legendary air strip from which the airmail pioneers took off at the start of the twentieth century, to make this strip the backbone of a unique urban project combining housing,

colonne vertébrale d'un projet urbain singulier conjuguant habitat, commerce, activité économique, recherche scientifique, culture et loisirs.

Mais à l'image des réticences des aficionados de la construction navale à Nantes, les gardiens de la mémoire aéronautique à Toulouse manifestent au départ leur incompréhension à l'idée de voir débarquer une écurie de machines extravagantes sur leur terrain de jeu. L'agenda politique pèse sur la mise en œuvre de cette installation qui suscite la perplexité d'une nouvelle équipe municipale avant de s'affiner et de s'affirmer grâce au concours de David Mangin. Ce temps était sans doute nécessaire pour lever les inquiétudes, les incompréhensions, et permettre à nos machines de faire la preuve de leur pouvoir de fascination, de leur capacité à enchanter un quartier excentré, sortant de terre en bordure du périphérique toulousain. La Halle de la Machine est aujourd'hui le centre de gravité vivant et fréquenté de ce quartier en construction. Cette écurie de machines animées et son auvent ouvert sur la piste attirent des centaines de milliers de visiteurs et nourrissent l'ensemble du projet, en bonne intelligence avec les équipements dédiés à la mémoire de l'envol des pionniers de l'aviation. L'inventivité, l'ingéniosité de ces créateurs d'architectures vivantes et de ces pilotes de machines volantes rassemblent désormais le public autour de la bien nommée "piste des Géants".

commerce, economic activity, scientific research, culture and leisure.

But as with the reluctance of the shipbuilding aficionados in Nantes, at the outset guardians of the aeronautical memory in Toulouse expressed their incomprehension at the idea of seeing a stable of extravagant machines land on their playground. The political agenda weighed on the implementation of this installation, which aroused the consternation of a new municipal team before it refined and asserted itself thanks to the assistance of David Mangin. This time period was undoubtedly necessary to remove worries and misunderstandings, and to allow our Machines to demonstrate their power of fascination, their ability to enchant an outlying district emerging from the earth on the edge of the Toulouse ring road. Today the La Machine's Hall is a lively and busy centre this still under-construction neighbourhood. This stable of animated machines and its awning opening onto the runway attracts hundreds of thousands of visitors and permeates the entire project, in harmony with equipment dedicated to the memory of the flights of aviation pioneers. The inventiveness and ingenuity of these creators of living architecture and these pilots of flying machines now gather the public around the aptly named Giants' Runway.

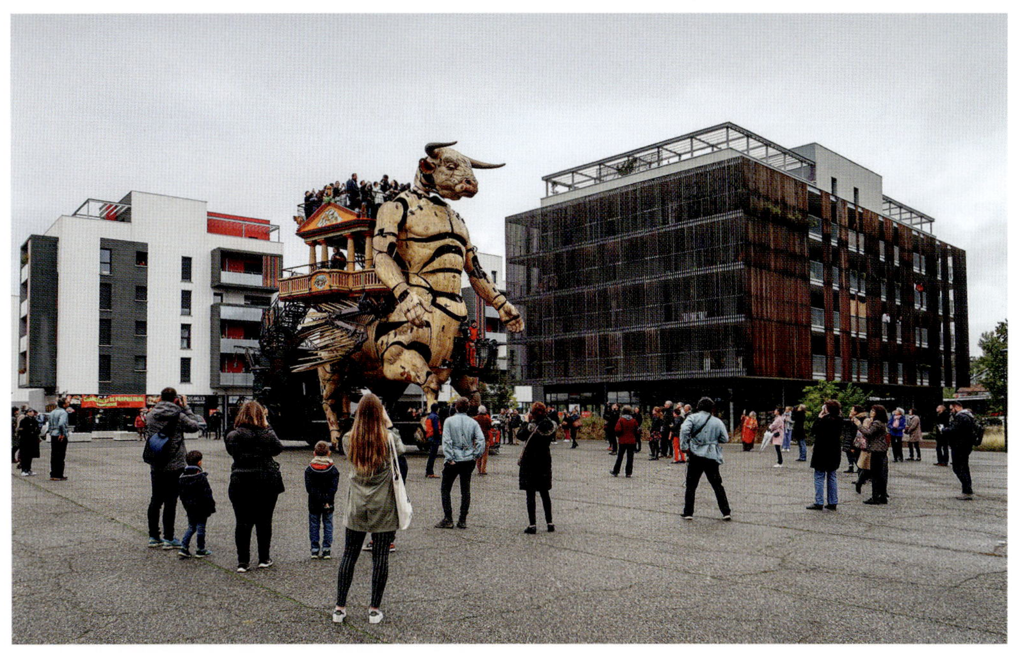

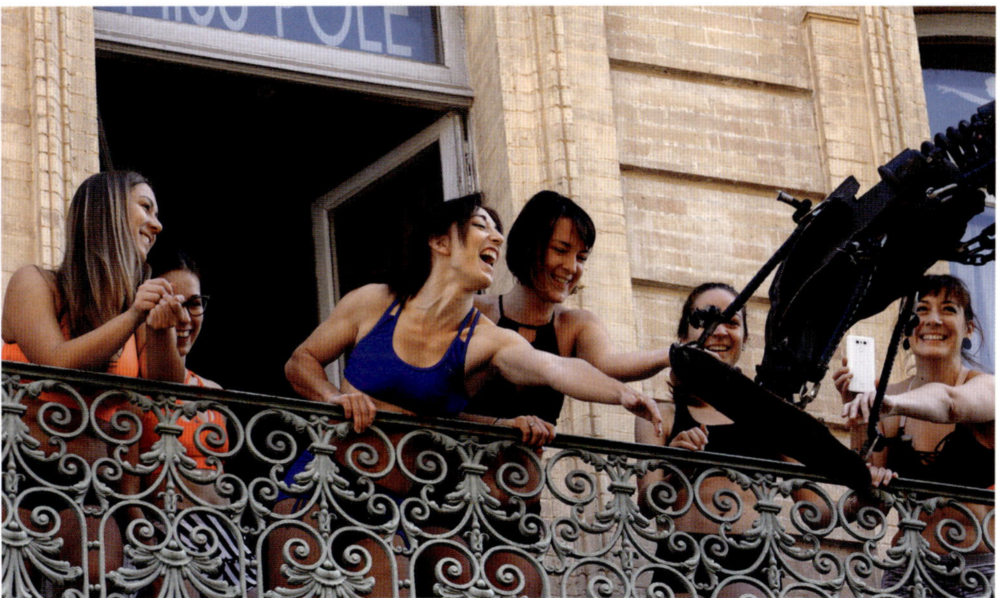

Astérion à la rencontre des habitants du quartier
sur la piste des Géants.
Asterion meets local residents on the Giant's
Runway.

Rencontre surprise au balcon avec Ariane,
l'Araignée géante, lors du spectacle à Toulouse.
A surprise meeting on the balcony with Ariane,
the Giant Spider, during the show in Toulouse.

LE GARDIEN DU TEMPLE

La Halle de la Machine ne pouvait s'ouvrir qu'après avoir conquis le public toulousain, l'avoir surpris, bouleversé et enchanté. Il fallait envisager un événement fondateur, un acte sensible, pour inscrire ces mécaniques vivantes dans l'imaginaire des spectateurs. Les machines ne sont pas des œuvres d'art contemporain posées là sans explication, sans grille de lecture, elles viennent avec une histoire, jouent avec la culture de la ville. On doit imaginer qu'elles ont toujours existé, qu'elles s'enracinent dans l'histoire du lieu. Lors de nombreux repérages dans le centre-ville de Toulouse, j'ai plusieurs fois eu le sentiment de me perdre dans un dédale de ruelles monochromes étroites et enchevêtrées.

Le choix d'Astérion, le Minotaure, comme figure emblématique résonne avec l'image de Toulouse : une ville labyrinthe dont les origines plongent dans l'Antiquité et dont l'industrie, à l'image d'Ariane et d'Icare, est tournée vers la conquête des airs, de l'espace. C'est sur cette base que j'imagine le scénario d'Astérion, le Gardien du temple.

L'histoire est racontée ainsi : les fouilles de 1993, place Esquirol, faites lors du chantier du métro, ont révélé les fondations de l'antique temple capitole de Toulouse. Les archéologues ont également fait une découverte d'importance : un fragment d'inscription en langue étrusque, gravé sur une pierre trouvée

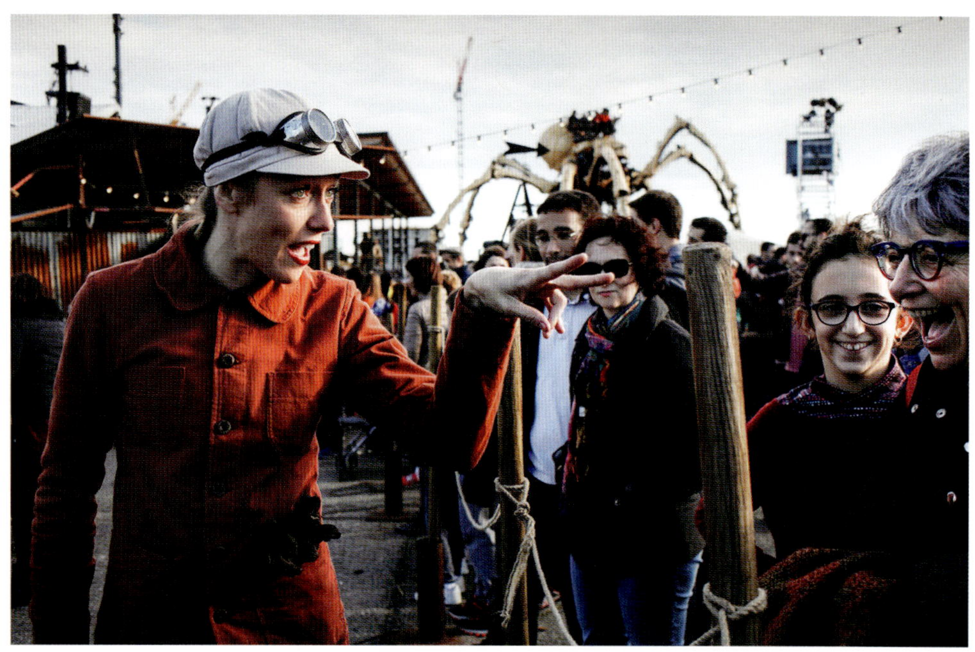

La compagnie sur la piste des Géants pour l'inauguration de la Halle.
The compagny on the Giants' Runway for the inauguration of the Hall.

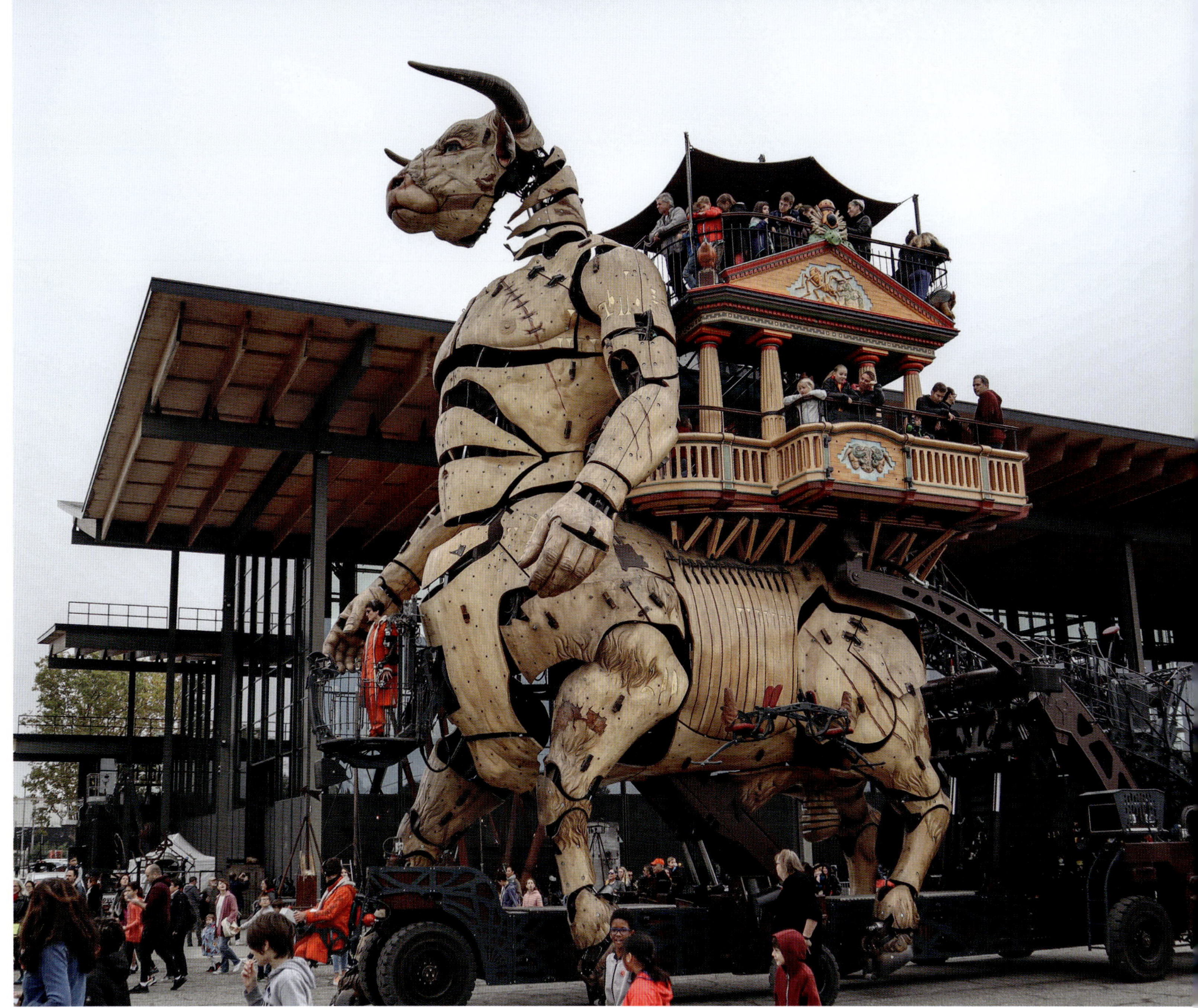

Les voyages d'Astérion.
Asterion's travels.

dans les fondations. Après des années de recherches pour en connaître la signification, des scientifiques ont pu déchiffrer ce qui semble être un oracle rendu par une éminente Sibylle étrusque : "Tolosa marquée par l'or, le feu, le sang et l'eau verra son temple disparaître. Son Gardien enfoui sous terre restera. Quand le jour se lèvera sur le temple enfin découvert, cinquante équinoxes lui seront nécessaires pour revenir à la vie. Protecteur de la cité, il renaîtra par les eaux du fleuve à la faveur de la nouvelle Lune bleue. Errant à la recherche du temple, perdu au cœur de son Labyrinthe, seul le fil d'Ariane métamorphosée le guidera vers sa nouvelle demeure."

Les autorités de Toulouse s'attendent donc en 2018, vingt-cinq ans après les fouilles de la place Esquirol, à voir réapparaître le Minotaure, gardien de la ville.

Au matin, endormi dans le centre de la Ville rose, Astérion est prêt à se perdre dans Toulouse. L'Araignée géante, fille de Minos et de Pasiphaé, est la gardienne du labyrinthe. Elle veille sur Astérion depuis sa naissance et sort à son tour. Protectrice, elle utilise ses pouvoirs magiques pour guider son demi-frère vers sa future demeure afin qu'il retrouve solitude et tranquillité.

Le spectacle donné durant quatre jours dans le centre de Toulouse en novembre 2018 dépasse toutes nos espérances : près de neuf cent mille spectateurs se donnent rendez-vous dans les rues de la ville. Les ressorts du théâtre sont convoqués

THE GUARDIAN OF THE TEMPLE

La Machine's Hall could only open after having won over the Toulouse public, having surprised, moved and enchanted them. It was necessary to come up with a founding event, a significant act to place these living mechanisms into the imagination of the spectators. The machines are not works of contemporary art placed there without explanation or frame of reference. They come with a story and play with the city's culture. We must imagine that they have always existed, that they are rooted in the history of the place. During numerous scouting missions of Toulouse city centre, I have on several occasions experienced the sensation of getting lost in a maze of narrow and tangled monochrome alleys.

The choice of Asterion, the Minotaur, as an emblematic figure resonates with the image of Toulouse: a labyrinth city with roots in antiquity, whose industry, like Ariadne and Icarus, is tuned towards the conquest of air and space. It is on this basis that I imagined the scenario of Asterion, the Guardian of the Temple.

The story is told as follows: the 1993 excavations of Place Esquirol, carried out during the construction of the metro, revealed the foundations of the ancient temple of the Capitole de Toulouse. Archaeologists also made an important discovery: a fragment of an inscription in the Etruscan language, engraved

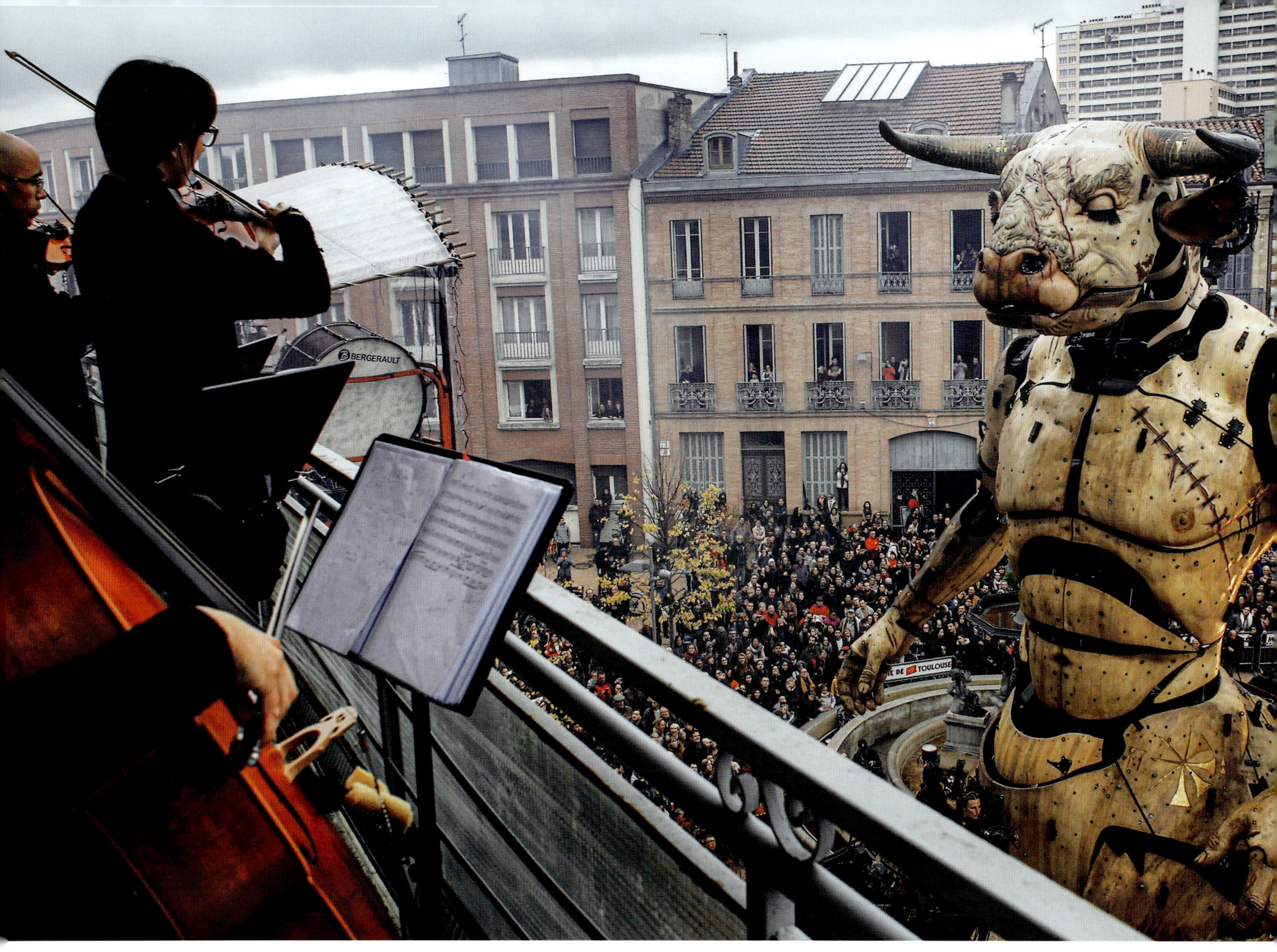

Concert au balcon dans les rues de Toulouse : le Minotaure intrigué s'approche et interagit avec les musiciens.
Balcony concert in the streets of Toulouse: the Minotaur, intrigued, approaches and interacts with the musicians.

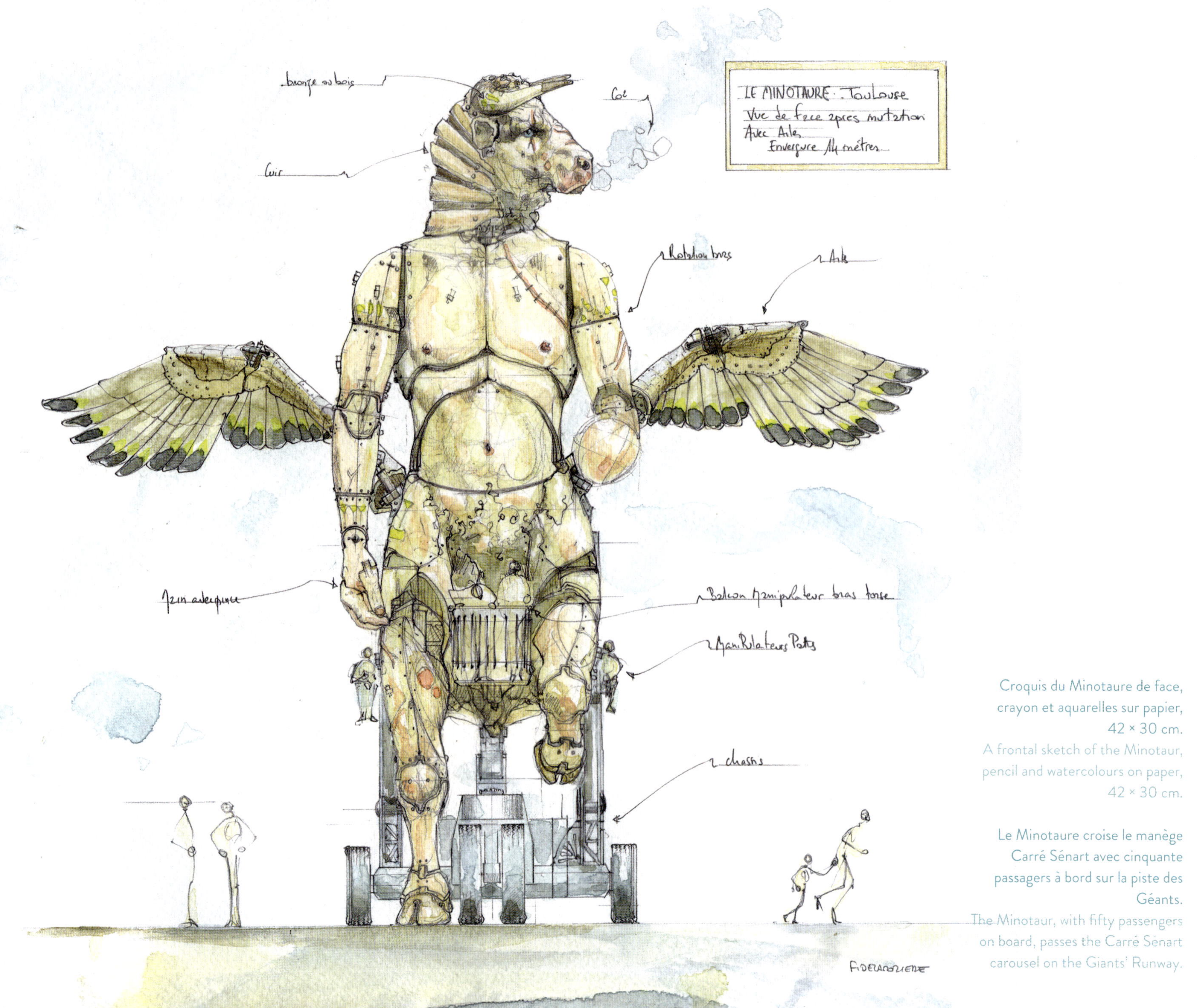

Croquis du Minotaure de face,
crayon et aquarelles sur papier,
42 × 30 cm.
A frontal sketch of the Minotaur,
pencil and watercolours on paper,
42 × 30 cm.

Le Minotaure croise le manège
Carré Sénart avec cinquante
passagers à bord sur la piste des
Géants.
The Minotaur, with fifty passengers
on board, passes the Carré Sénart
carousel on the Giants' Runway.

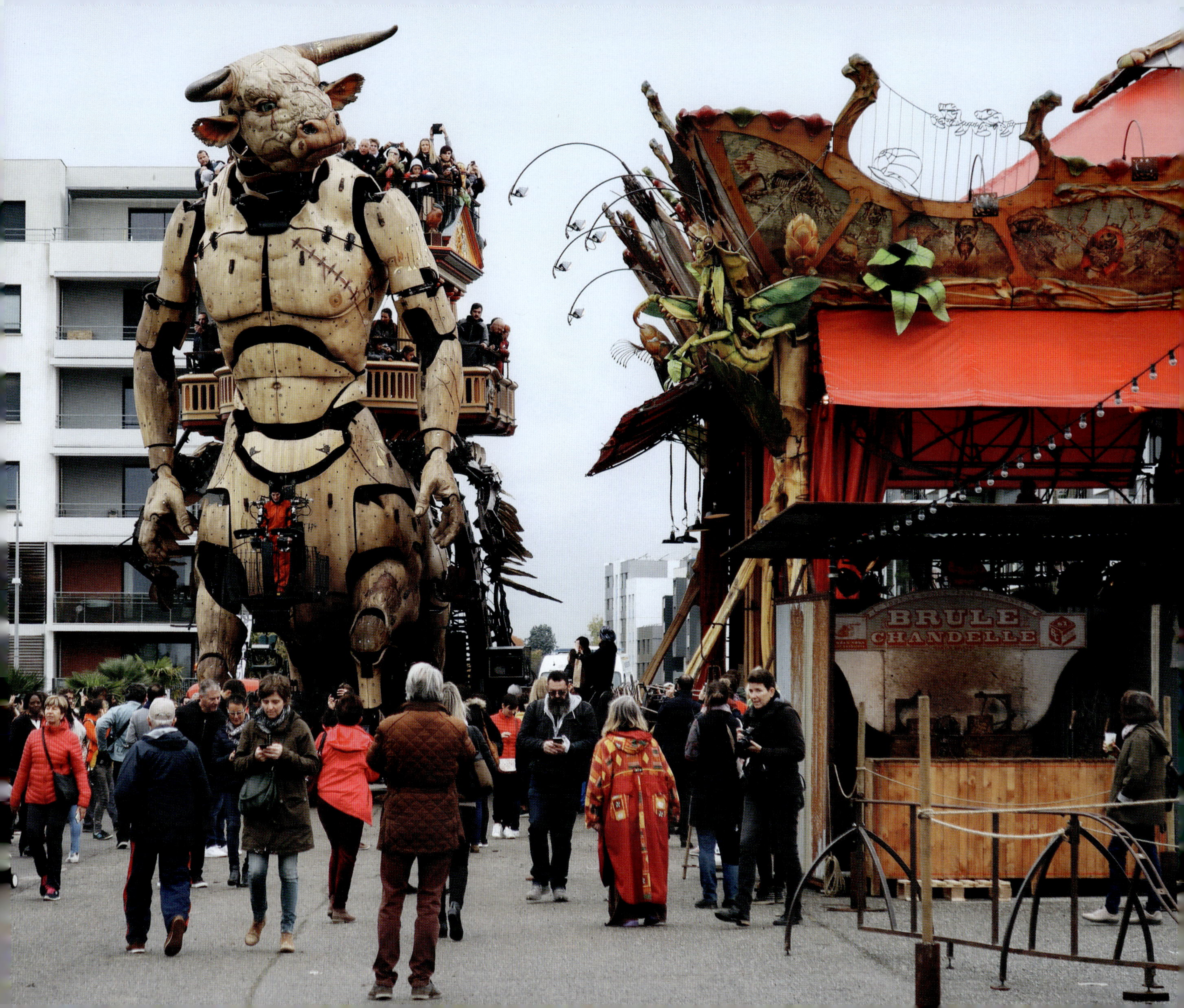
BRULE
CHANDELLE

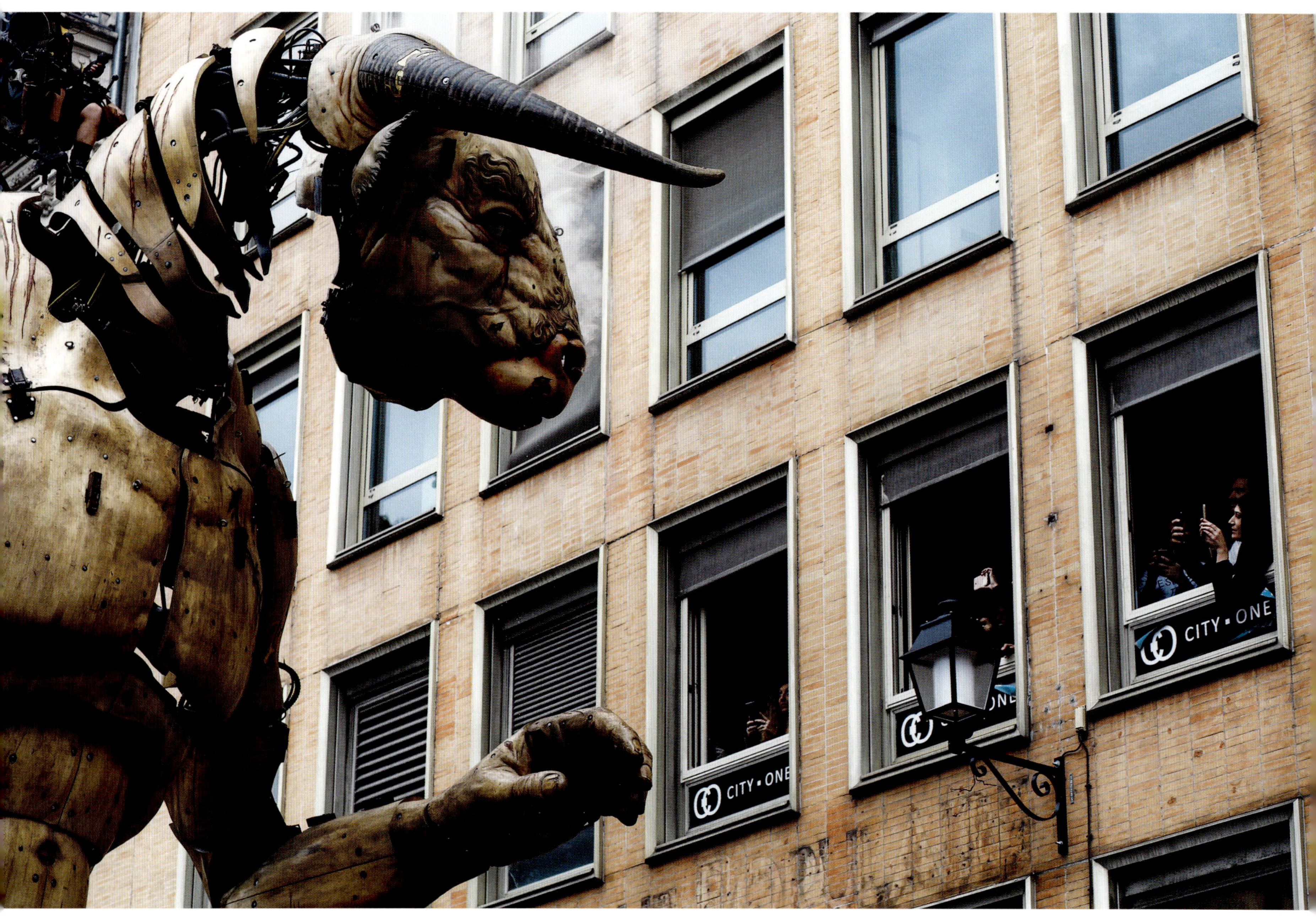

Rencontre avec les Toulousains lors du spectacle.
Meeting the people of Toulouse during the show.

dans toute la cité gasconne pour réussir ce pari fou, qui mobilise deux cents comédiens et techniciens, deux machines monumentales et fait appel à d'innombrables effets spéciaux. Ce type de spectacle de rue, qui transforme le regard porté sur la ville, s'appuie sur le mystère, la rumeur. L'histoire est révélée en amont dans un livret façon opéra, distillée avec la complicité des médias sous forme de canular. Le public ne connaît pas précisément le scénario qui va se décliner durant plusieurs jours au cœur de la ville, il n'a pas connaissance des parcours qui seront empruntés. Le spectateur comprend et découvre au fur et à mesure, au gré du réveil et des déplacements de ces créatures géantes, la dramaturgie qu'elles imposent après avoir surgi un matin dans le paysage urbain. L'Araignée géante par exemple apparaît dans la nuit sur le toit de l'hôtel-Dieu et le Minotaure est installé dans le secret, place du Capitole ; on le découvre respirant et endormi au petit matin, comme surgi de nulle part.

En brouillant les repères des spectateurs, en transformant la ville en décor de théâtre, le Gardien du temple invite les Toulousains à envisager leur espace quotidien, les rues, les places, la façon dont les façades reflètent la lumière du soleil, sous un angle inédit. La ville prend une autre dimension, est vécue comme une immense scène où des créatures gigantesques peuvent jouer avec des citadins sur leur balcon, entraîner dans leur

on a stone found in the foundations. After years of research into its meaning, scientists have been able to decipher what appears to be an oracle rendered by a prominent Etruscan Sybil: "Tolosa marked by gold, fire, blood and water will see his temple disappear. His Guardian, buried underground, shall remain. When the sun rises on the finally discovered temple, fifty equinoxes will be necessary for him to come back to life. A protector of the city, he will be reborn by the waters of the river under the new blue Moon. Wandering in search of the temple, lost in the heart of its Labyrinth, only the metamorphosed Ariadne's thread will guide him to his new home."

The Toulouse authorities expected to see the Minotaur, guardian of the city, reappear in 2018, twenty-five years after the excavations at Place Esquirol.

In the morning, asleep in the centre of the Pink City, Asterion is ready to get lost in Toulouse. The giant spider, daughter of Minos and Pasiphaë, is the guardian of the labyrinth. She has watched over Asterion from birth and now it is her turn to come out. Protective, she uses her magical powers to guide her half-brother to his future home so that he finds solitude and tranquillity.

The four-day show in November 2018 in the centre of Toulouse exceeded all our expectations: nearly nine hundred thousand spectators met in the city's streets. The tricks of the theatrical

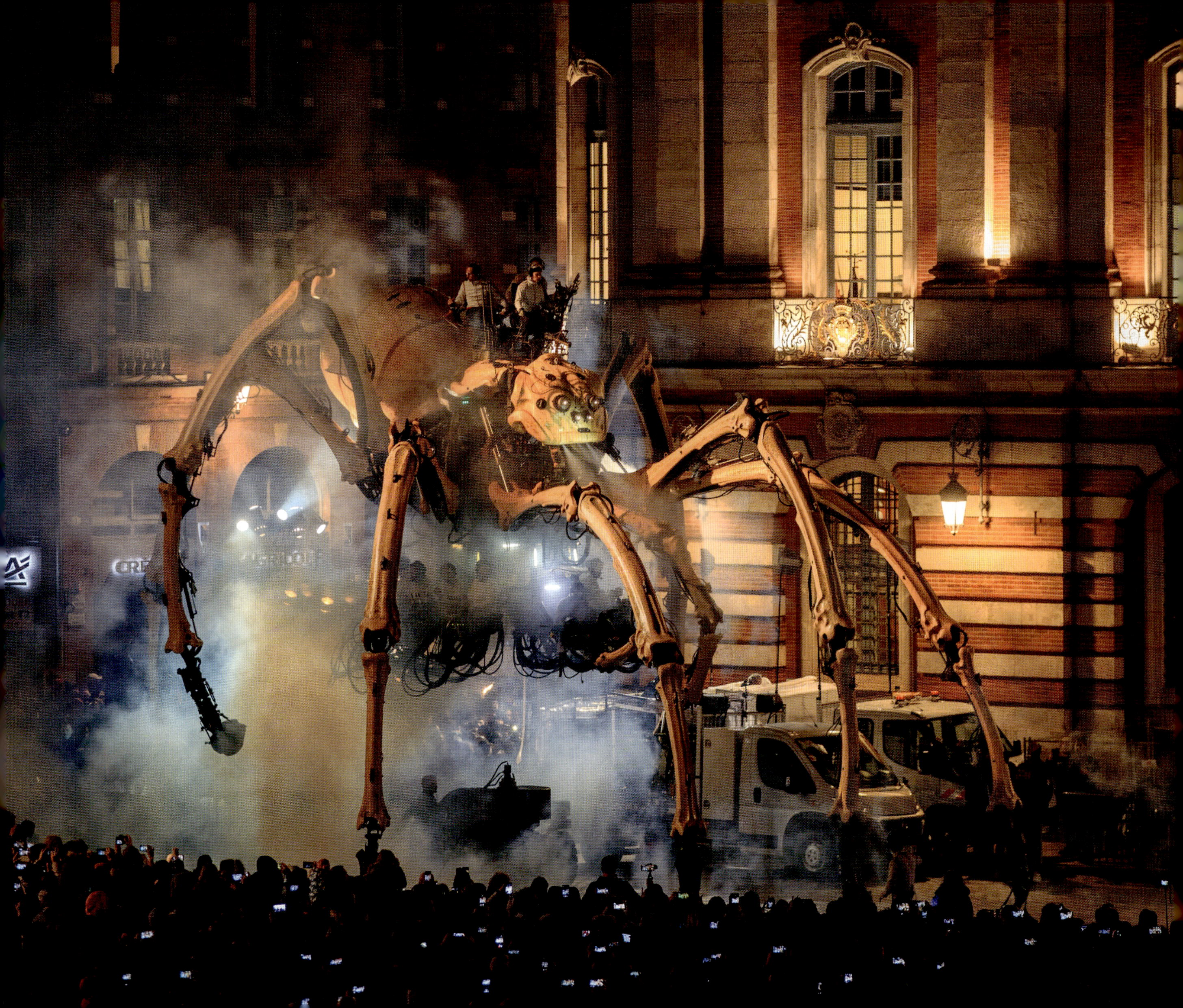

sillage des milliers de personnes à la fois surprises et enchantées de retrouver l'enfant émerveillé qui sommeillait en elles. Les regards stupéfaits devant une araignée géante débouchant au coin d'une rue, les sourires partagés à la découverte d'un animal fantastique dont le métal et le bois respirent, les larmes parfois à l'écoute d'un chanteur d'opéra résonnant dans la nuit, toutes ces expressions spontanées disent la profondeur de l'émotion ressentie par l'ensemble du public. Elle abolit le temps, la raison, réunit les classes sociales et les générations, touche au noyau même de notre sensibilité. Cette joie intérieure qui se lit sur les visages, qui déborde chaque spectateur et l'invite au partage, est notre plus grande récompense.

UN SOUFFLE SUR LA VILLE

Toulouse touchée au cœur se réveille groggy au terme des quatre jours de spectacle, dont les images resteront longtemps gravées dans la mémoire de la cité. Une ville mise en lumière dans le monde entier, dans les colonnes du *New York Times* comme sur les télévisions japonaises. Astérion le Minotaure, désormais inscrit dans l'imaginaire collectif, considéré comme une créature à part entière, peut gagner ses quartiers à Montaudran et servir de guide aux visiteurs impatients de découvrir l'écurie des machines qui s'échauffent les rouages

world were summoned upon to pull off this crazy gamble throughout the Gascon city; a gamble that mobilised two hundred actors and technicians, two monumental machines, and used innumerable special effects.

This type of street performance, which transforms the way people look at the city, is based on mystery and rumour. The story is revealed upstream in an opera-style libretto, distilled with the complicity of media reporting a hoax. For several days, the public doesn't know precisely what is going to take place in the heart of the city; they are unaware of the routes to be taken. Spectators progressively understand and discover, as these giant creatures awaken and move around, the dramaturgy that they bring after appearing one morning in the urban landscape. For example, the Giant Spider appeared at night on the roof of the Hôtel-Dieu and the Minotaur was installed in secret at Place du Capitole. We discovered it breathing and sleeping in the early morning, as if it emerged out of nowhere. By blurring the spectators' landmarks, by transforming the city into a theatrical setting the Guardian of the Temple invited the people of Toulouse to consider their daily space, the streets, the square and the way facades reflect the sunlight, from a new angle. The city takes on another dimension, experienced as a huge scene where gigantic creatures can play with city-dwellers on their balconies, dragging thousands in

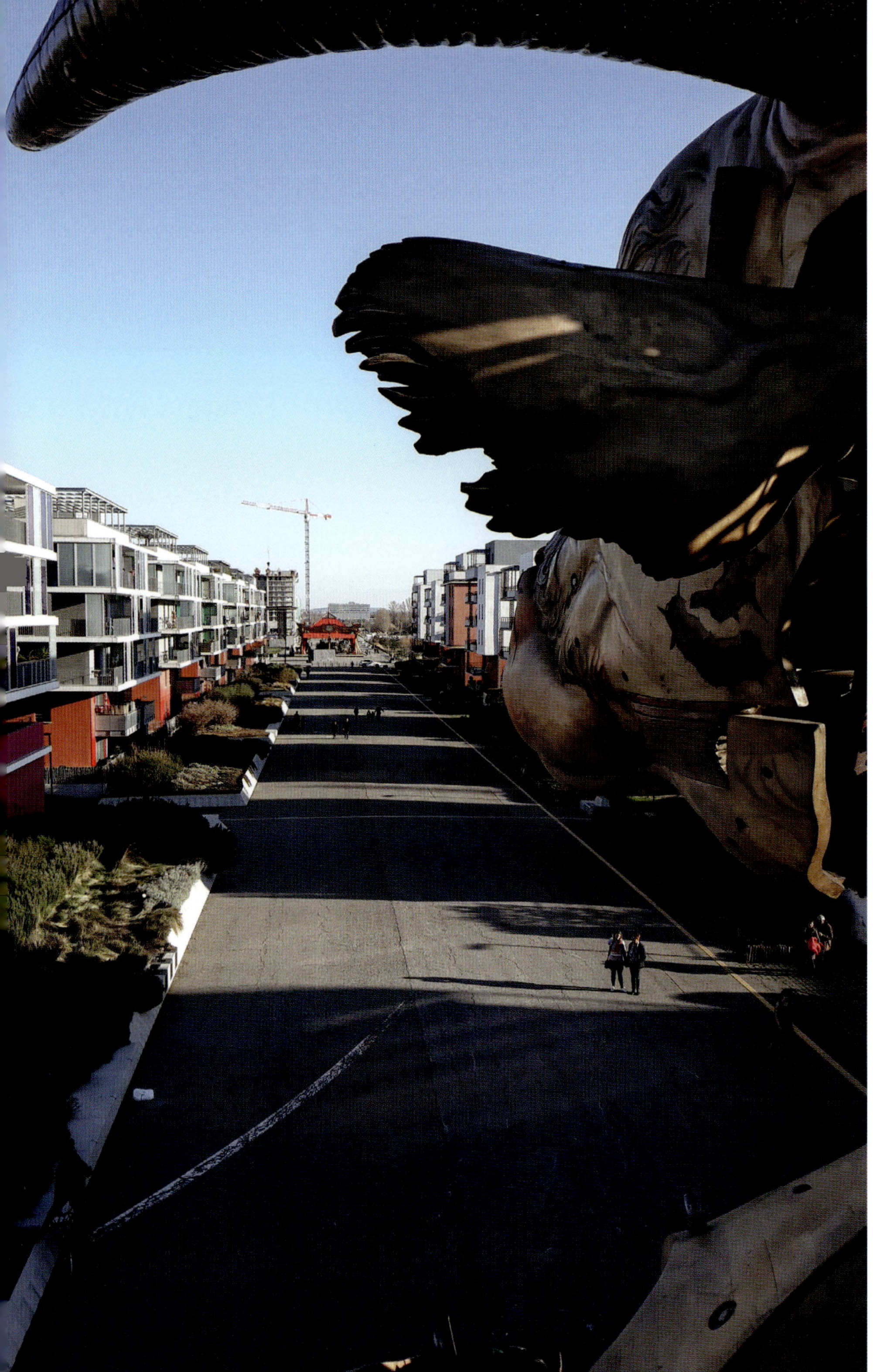

their wake, people who are both surprised and delighted to tap into the amazed child sleeping inside them. We saw stunned looks at a giant spider emerging at a street corner, shared smiles at the discovery of a fantastic animal whose metal and wood breathe, at times tears at listening to an opera singer resonating into the night. All these spontaneous expressions speak of the depth of emotion felt by the entire audience. It is a question of offering raw emotion, which is deep rooted in ourselves. It abolishes time and reason; bringing together social classes and generations, striking a note at the very core of our sensibilities. The inner joy that spontaneously bursts forth and can be read on the faces of each spectator, is our greatest reward.

A BREATH OF FRESH AIR

Toulouse, deeply moved by the experience, woke up groggy at the end of four-day long show, images of which will remain engraved in the city's memory for a long time. A city placed on the map all around the world, from the columns of *The New York Times* to features on Japanese TV. Asterion the Minotaur, now part of the collective imagination and considered a creature in its own right, holds court in Montaudran and serves as a guide for visitors impatient to discover La Machine's

La piste et le manège Carré Sénart vu depuis le temple de voyage d'Astérion.
The road and the Carré Sénart carousel seen from Asterion's travel temple.

dans leur grande Halle. Les passants se réjouissent aujourd'hui de savoir le Minotaure brouter nonchalamment la cime des arbres qui entourent la Halle, comme un animal désormais attaché à son quartier.

Le Minotaure habite désormais la piste des géants, croise les habitants et les chantiers en cours. Il embarque, par groupes de cinquante, des voyageurs confortablement installés sur son dos pour des excursions dans le quartier, au cœur d'un grand chantier urbain qui se déploie alentour. Il offre un regard panoramique sur la naissance d'une portion de ville qui progressivement se peuple de nouveaux arrivants, d'entreprises, de familles et de commerces. La présence du Minotaure génère un flux de visiteurs qui enrichit le projet urbain en accélérant la dynamique de vie. Sa présence suggère une trame imaginaire, culturelle, qui féconde son environnement en inspirant peut-être demain, comme à La Roche-sur-Yon ou sur l'île de Nantes, le nom d'un arrêt de bus, d'un parking ou d'un restaurant. Il participe dans tous les sens du terme à la construction du lieu, en devient un élément fédérateur.

stable, heating things up in its large hall. Today, visitors are delighted to see the Minotaur casually graze the treetops that surround the Hall, like an animal now attached to its neighbourhood.

The Minotaur now lives on the Giants' Runway, meeting locals and crossing the current building sites. He carries groups of fifty travellers comfortably seated on his back for neighbourhood excursions at the heart of a large urban construction site that is unfolding around it. It offers a panoramic look at the birth of a portion of the city that is gradually being populated by newcomers, businesses, families and shops. The presence of the Minotaur generates a flow of visitors that enriches the urban project by accelerating the dynamics of life. Its presence infers an imaginary, cultural fabric, enriching its environment and perhaps inspiring in the future – as in Roche-sur-Yon and Île de Nantes – the name of a bus stop, a car park or a restaurant. In every sense of the word it participates in the construction of the place, becoming a unifying element.

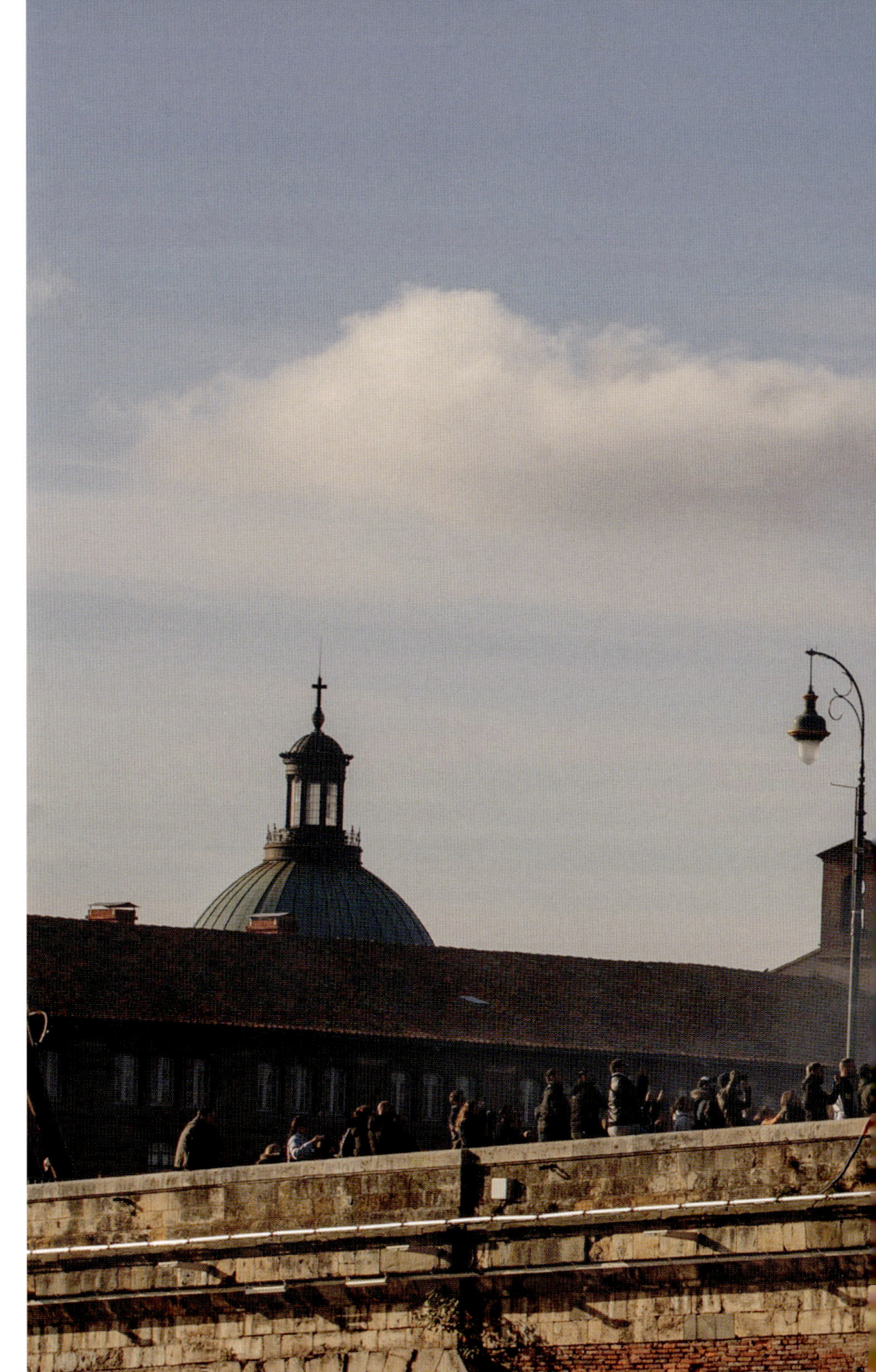

Le Minotaure sur le Pont-Neuf à Toulouse.
The Minotaur on the Pont-Neuf in Toulouse.

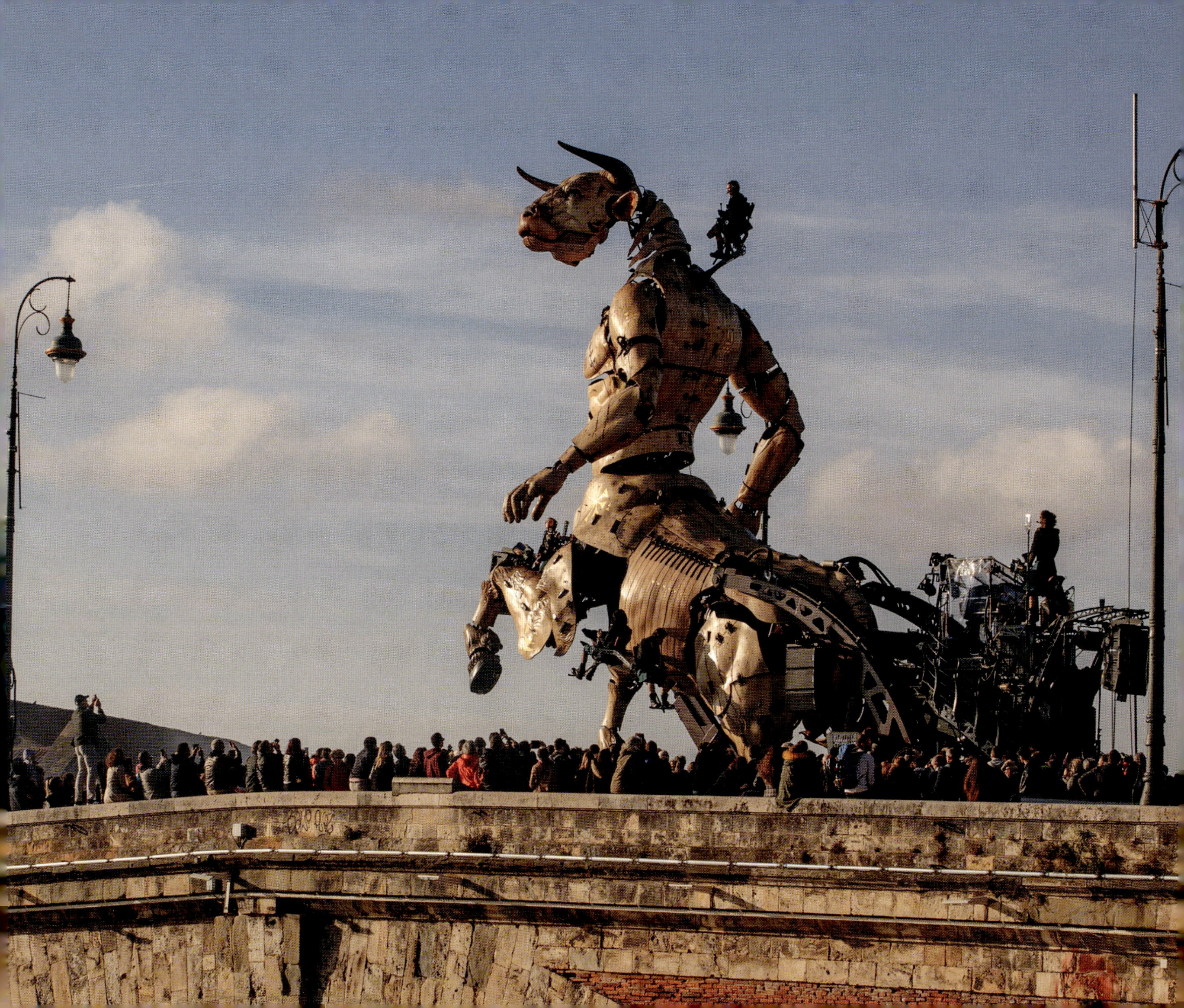

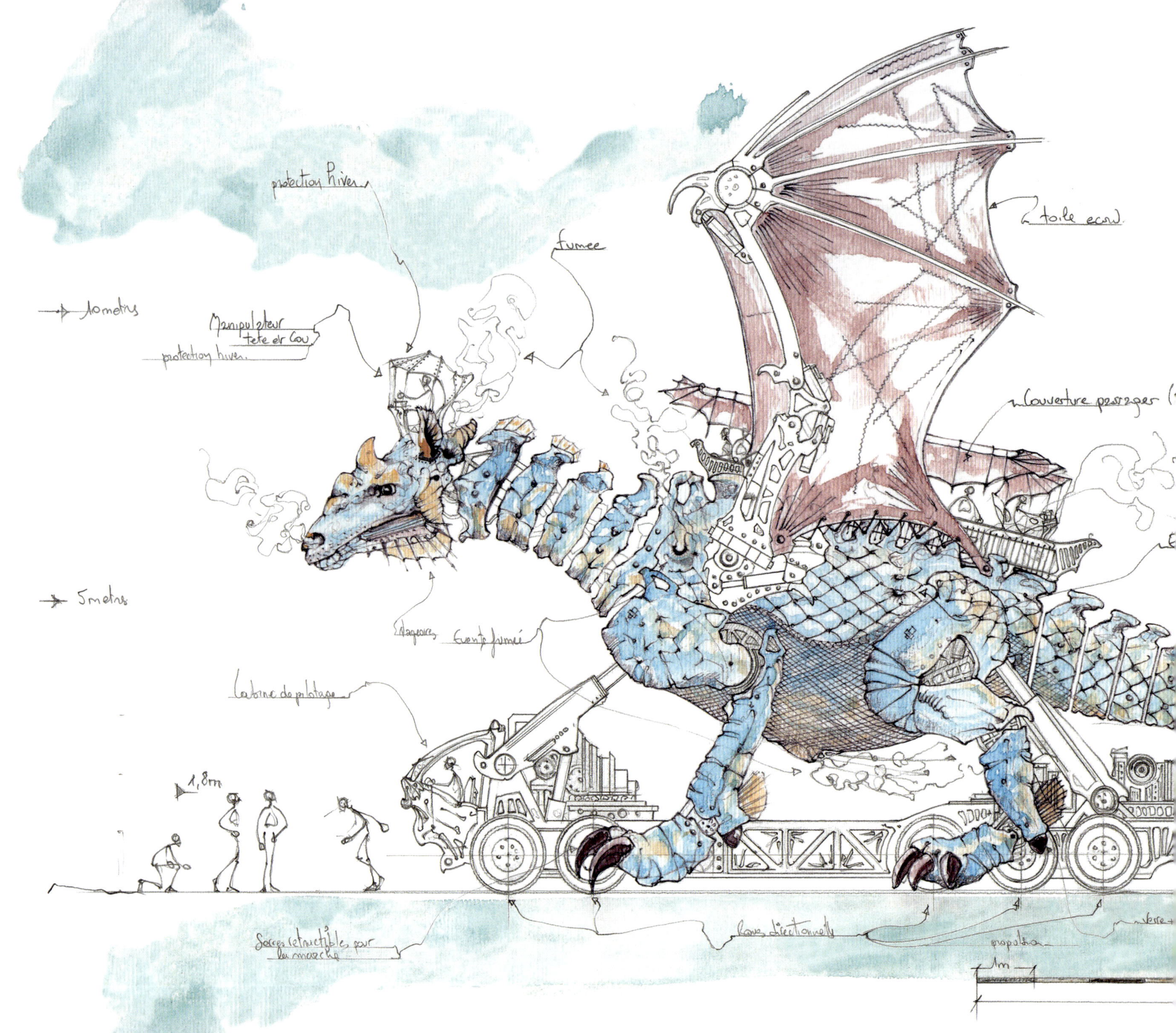

protection hiver.
fumée
toile écru.
10 mètres
Manipulateur
tête et cou
protection hiver.
Couverture passager
5 mètres
nageoires   Event fumée
cabine de pilotage
1,8m
serres retractibles pour
la marche
roues directionnelles
propulsion
1m

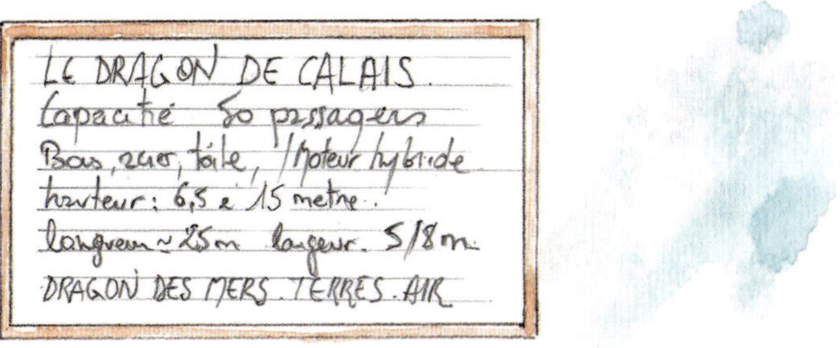

LE DRAGON CALAIS
THE DRAGON

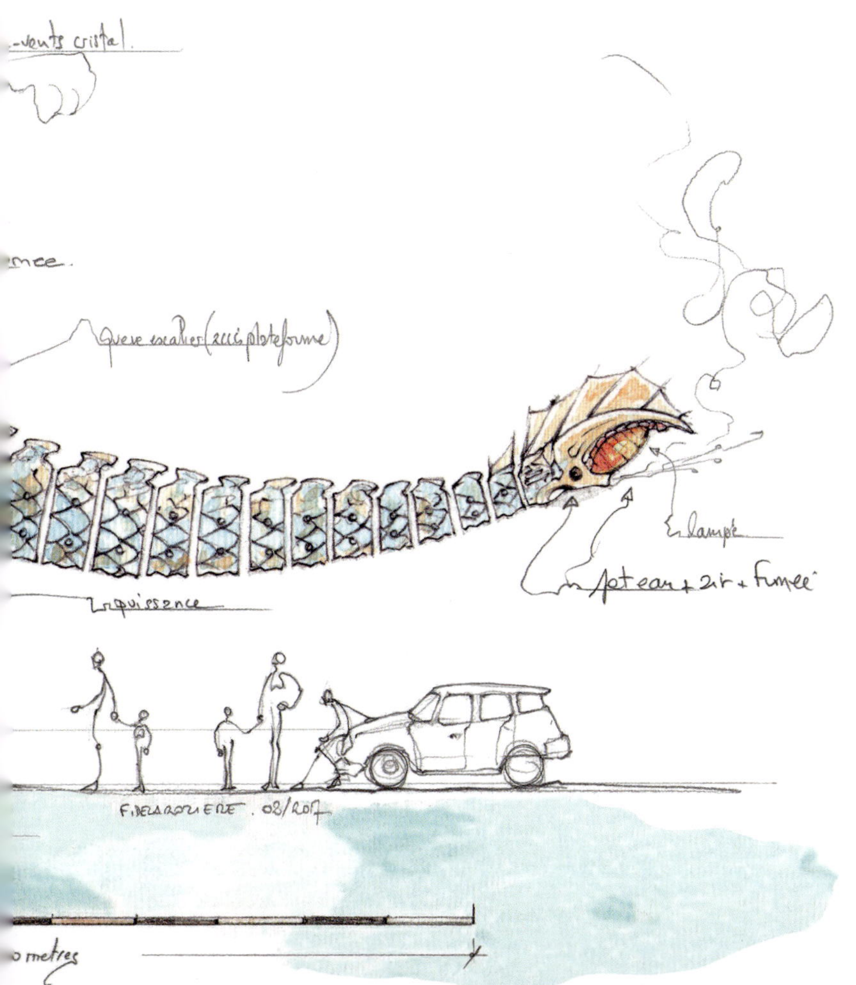

UNE LONGUE HISTOIRE

Ma rencontre avec Calais est une histoire particulière qui s'inscrit dans le temps. J'ai vu la ville changer et se transformer au fil des années ; mon métier, mon savoir-faire se sont aussi affinés sous le regard des Calaisiens. Tous les spectacles de la compagnie La Machine y ont été présentés, *Le Grand Répertoire*, *La Symphonie mécanique*, *Le Dîner des petites mécaniques*, pour la plupart coproduites par la Scène nationale Le Channel, et toutes les machines de spectacle y ont fait au moins une apparition, l'Araignée, le Cheval Dragon, l'Aéroflorale II. Ma participation à la réhabilitation de la Scène nationale Le Channel dans les anciens abattoirs de la ville m'a conduit au fil des années à travailler avec des élus de bords opposés et à observer la cité. Aujourd'hui, en raison des tensions provoquées par l'afflux de migrants qui tentent de rejoindre l'Angleterre, le constat est établi que Calais souffre injustement d'une mauvaise image.

Les Calaisiens, depuis la première apparition du Géant construit pour la compagnie Royal de luxe à l'occasion de l'inauguration du tunnel sous la Manche en 1994, se sont habitués à voir ces créatures géantes défiler dans leurs rues. J'ai vécu avec eux, en tant que directeur de manœuvre à cette époque, l'impact émotionnel provoqué par cette grande marionnette manipulée à vue à l'aide de cordes et de poulies. J'ai pu

A LONG STORY

My relationship with Calais is a special story that stretches back in time. I have seen the city change and transform over the years and my job and know-how has been refined under the gaze of the Calaisians. All of La Machine's shows have been presented there: *Le Grand Répertoire*, *La Symphonie mécanique*, *Le Dîner des petites mécaniques*, most were co-produced by Le Channel, Scène Nationale de Calais. Furthermore, all of the show machines have made at least one appearance in Calais: the Spider, the Dragon Horse and Aéroflorale II. My involvement in the rehabilitation of Le Channel has over the years led me to work with elected officials from opposite sides to observe the city. Today, because of tensions caused by the influx of migrants trying to reach the United Kingdom, it is deemed that Calais is unjustly suffering an image problem.

Calais residents, since the first appearance of the Giant built for Royal de Luxe to commemorate the opening of the Channel Tunnel in 1994, have been used to seeing these giant creatures parading through their streets. I lived with them, as a movement manager and experienced the emotional impact caused by this great puppet manipulated on site using ropes and pulleys. At that time, I could see what triggers the recapturing of a childlike gaze, the feeling of three or four-year-old kids in a crowded world of adults who are giants in their eyes. For

entrevoir ce qui déclenche l'impression de retrouver son regard d'enfant, ce sentiment qu'éprouvent les gosses de trois ou quatre ans qui évoluent dans un monde peuplé d'adultes géants à leurs yeux.

L'aventure engagée ne cesse depuis lors de se renouveler. Les spectacles reviennent tous les deux ans, avec le Royal de luxe dans un premier temps, puis avec La Machine. Débute parallèlement un long compagnonnage avec Francis Peduzzi, le directeur de la Scène nationale, à l'époque hébergée dans une aile des anciens abattoirs de la ville. C'est en 1999 que Francis m'interroge sur la création d'un bar et de gradins, un lieu qu'il souhaite éphémère, démontable. Je dessine alors des gradins avec une assise en cuir et nous fabriquons un bar comme s'il s'agissait d'un décor de théâtre, un endroit chaleureux et de caractère, que l'on nommera "Le Passager".

Ce premier geste se révèle fructueux puisque le maire de l'époque, Jacky Hénin, décide de confier l'ensemble des abattoirs au Channel et d'engager sa restauration. La mission est donnée à l'architecte Patrick Bouchain et son agence Construire, familiers du travail dans les friches industrielles, ayant notamment restauré Le Lieu Unique à Nantes dans l'ancienne usine de biscuits Lu, les écuries de Versailles et construit l'Académie de cirque Fratellini. Je travaille pour ma part sur certains lots : la façade de l'accueil et sa tour de verre ovale, l'agencement du bar

me the Calaisian is unfiltered, they exude a form of honesty of perspective. There is a lot of humanity in this city.

The adventure launched back in the day continues renewing itself. The shows came back every two years, firstly with Royal de Luxe, then with La Machine. At the same time a long association began with Francis Peduzzi, director of Le Channel, which at the time was based in a wing of the city's old slaughterhouses. In 1999 Francis sounded me out about a bar and terraces, a place he wished to be ephemeral and removable. I then designed terraces with a leather seat, and we made a bar as though it were a theatre setting, a warm and distinctive place, called "Le Passager".

This first initiative turned out to be fruitful, since Jacky Hénin, the mayor at the time, decided to consign all the slaughterhouses to Le Channel and to start its restoration. The mission was entrusted to the architect Patrick Bouchain and his agency Constuire. He was familiar with working in brownfield and had restored the Lieu Unique in Nantes on the site of the old Lu biscuit factory, the stables in Versailles and built the Fratellini circus academy. For my part, I worked in Calais on certain sections: the front of reception and its oval glass tower; the layout of the bar and offices with their furniture and the old water tower, transformed into a belvedere, which is accessed by a "lace staircase" that wraps around the

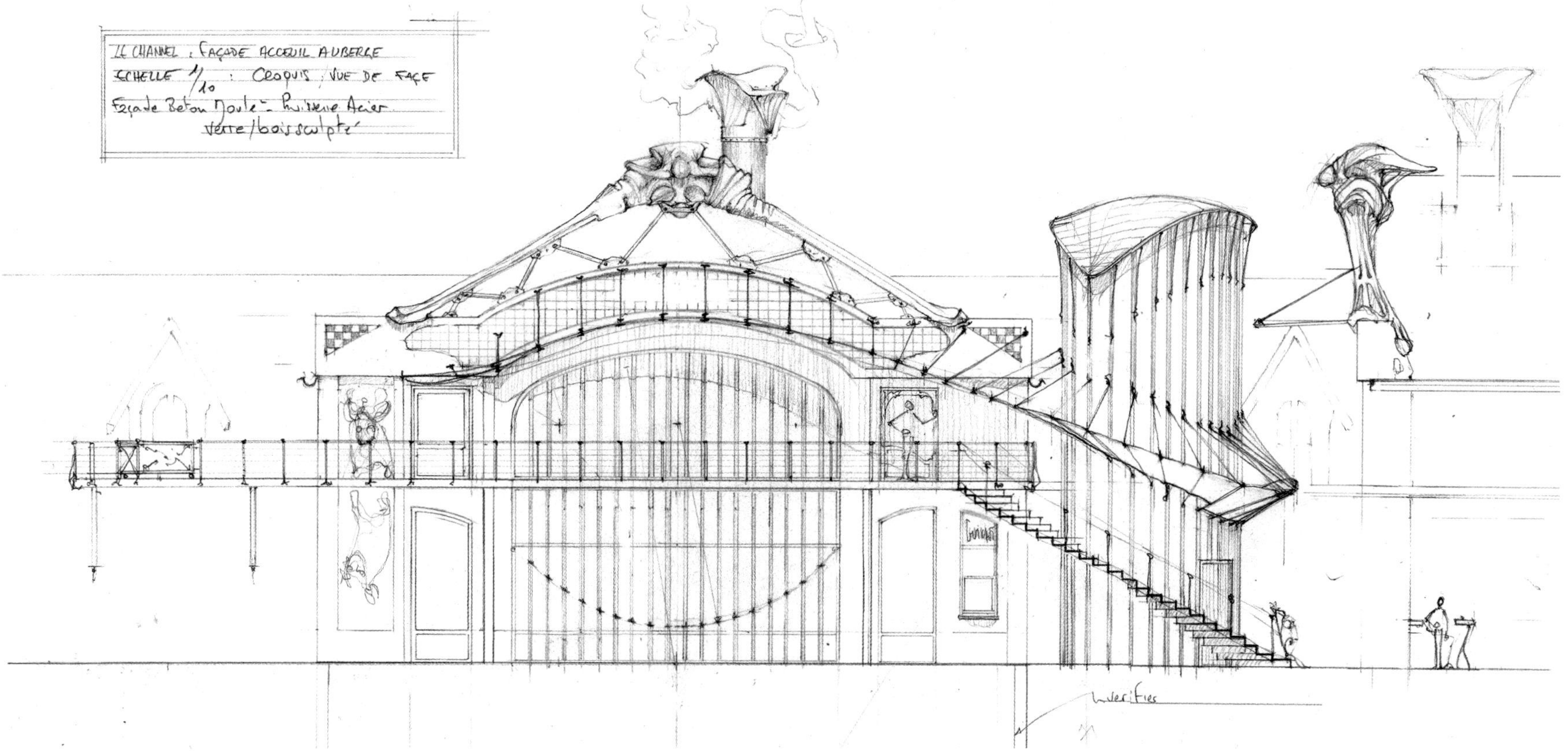

L'accueil du Channel Scène nationale et sa tour, crayon sur papier, 58 × 42 cm.
The reception area at Le Channel, national stage, and its tower, pencil on paper, 58 × 42 cm.

Croquis des arcs en bois sculptés soutenant le balcon, crayon sur papier, 58 × 42 cm.
Sketch of the carved wooden arches supporting the balcony, pencil on paper, 58 × 42 cm.

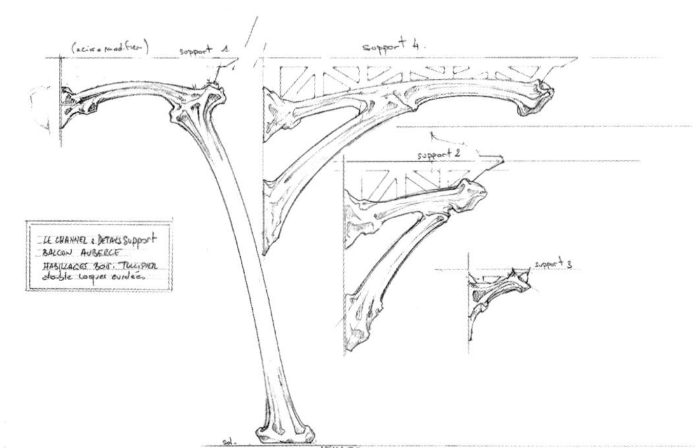

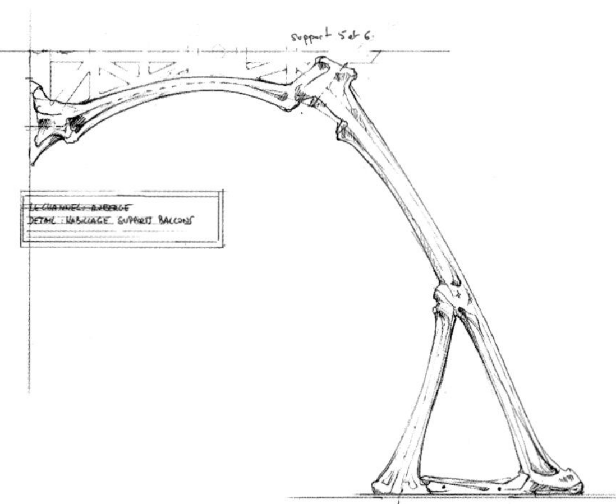

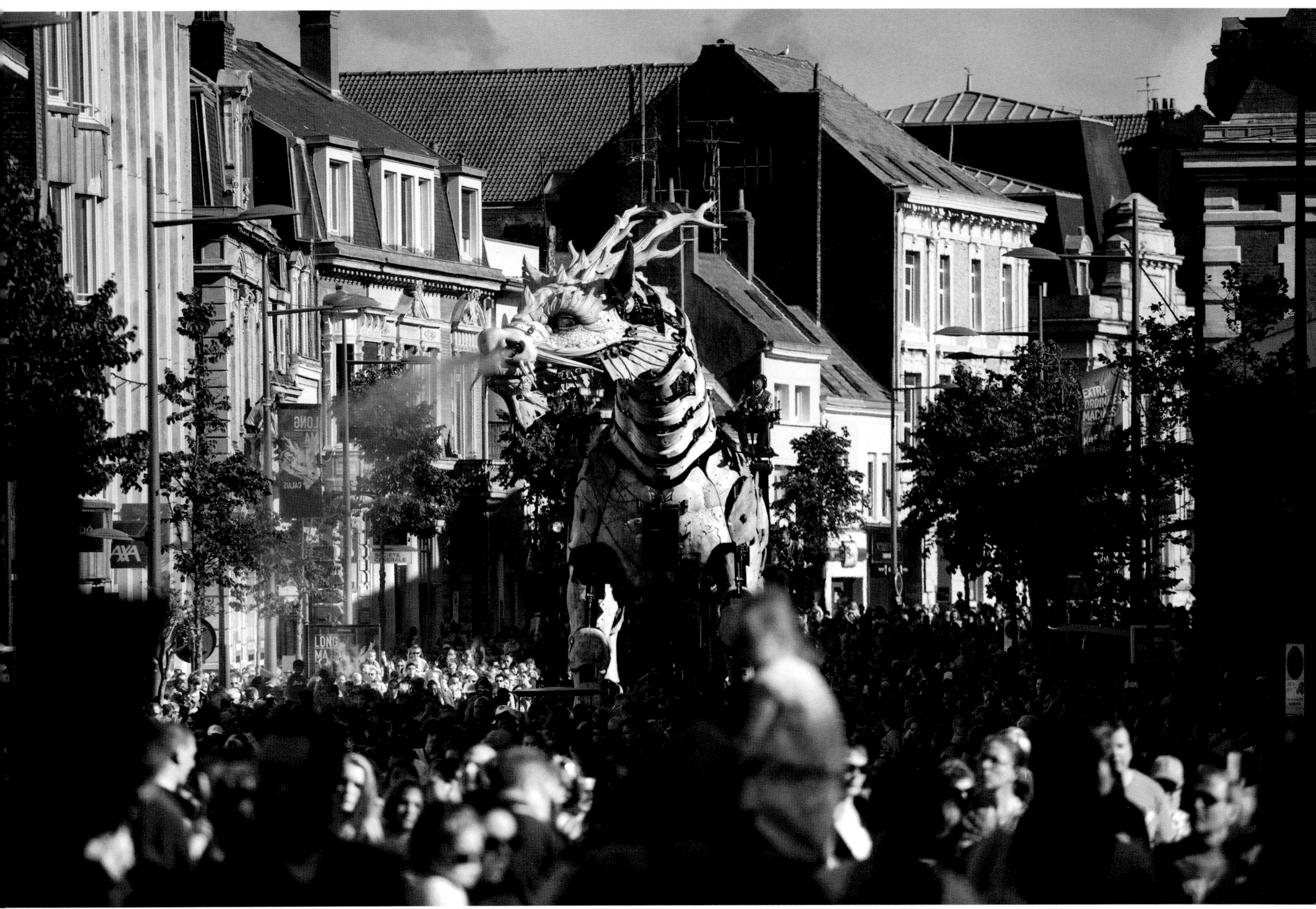

Long Ma dans les rues de Calais.
Long Ma in the streets of Calais.

et des bureaux avec son mobilier et l'ancien château d'eau, transformé en belvédère, auquel on accède par un "escalier dentelle" qui s'enroule autour de la structure. Ce compagnonnage, émaillé par la présentation régulière de machines et de spectacles, comme *Le Grand Répertoire* en 2003, me permet de me familiariser avec la ville et ses habitants, de m'imprégner de son atmosphère singulière d'entre terre et mers, balayée par le vent, à la fois ancrée dans une solide tradition ouvrière et bousculée par les flux de passagers et de migrants qui rythment son histoire.

LE REGARD DU CHEVAL DRAGON

Un nouveau pas est franchi en 2016, lorsque le spectacle programmé par le Channel, *L'Esprit du Cheval Dragon*, rassemble des milliers de personnes pendant quatre jours dans les rues de la ville. Long Ma, le Cheval Dragon, a été construit en 2014 pour fêter le cinquantième anniversaire des relations diplomatiques entre la France et la Chine. Le spectacle de rue met en scène deux machines monumentales de bois de métal et de cuir, Long Ma, le Cheval Dragon de quarante-huit tonnes et douze mètres de haut, et Kumo, l'Araignée géante de trente-huit tonnes, capable de s'accrocher aux bâtiments. L'effet est d'autant plus saisissant que le Cheval Dragon arpente longuement un quartier populaire, Les Cailloux, dominant

structure. This partnership, enlivened by the regular presentation of machines and shows, such as 2003's *Grand Répertoire*, allowed me to familiarise myself with the city and its residents and to soak up the singular atmosphere of the land and the windswept seas, both rooted in solid working-class tradition and shaken by the flows of passengers and migrants that punctuate its very history.

THE LOOK OF THE DRAGON HORSE

A new step was taken in 2016 when Le Channel's show *The Spirit of the Dragon Horse* brought thousands of people together onto the city streets for four days. Long Ma, the Dragon Horse, had been built in 2014 to celebrate the fiftieth anniversary of diplomatic relations between France and China. The street show featured two monumental machines made out of metal, wood and leather, Long Ma, a forty-eight tonne and twelve-metre-high Dragon Horse and Kumo, a thirty-eight tonne Giant Spider, capable of hanging onto buildings.

The effect was all the more striking given that the Dragon Horse was walking a long way through Les Cailloux, a working-class neighbourhood, dominating the roofs of the low-rise houses in this part of the city. People took to the streets, smiles and warm looks were exchanged. It was a happening

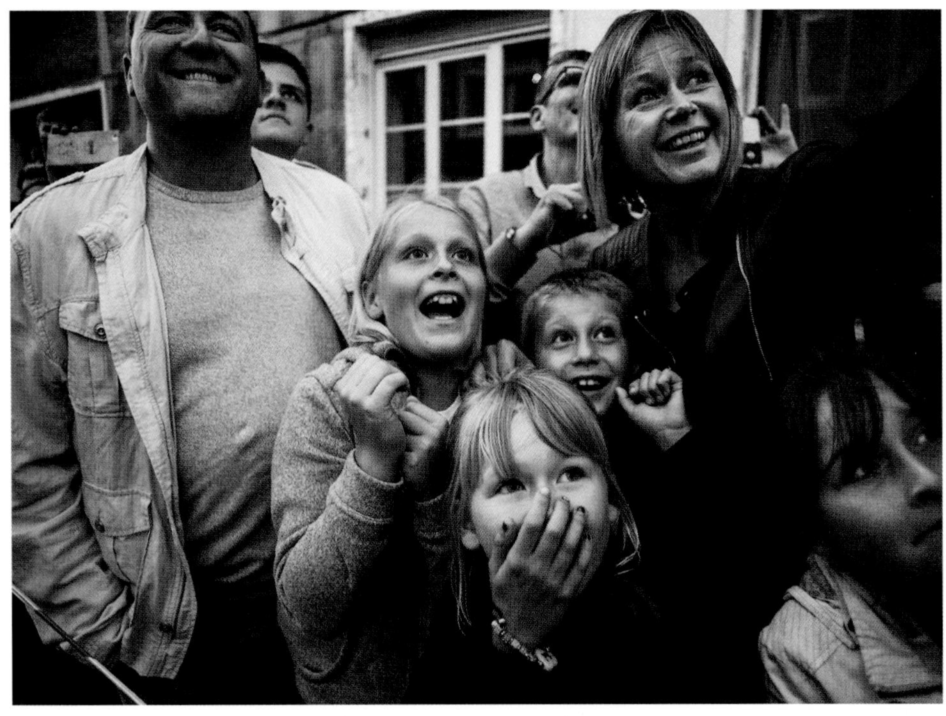

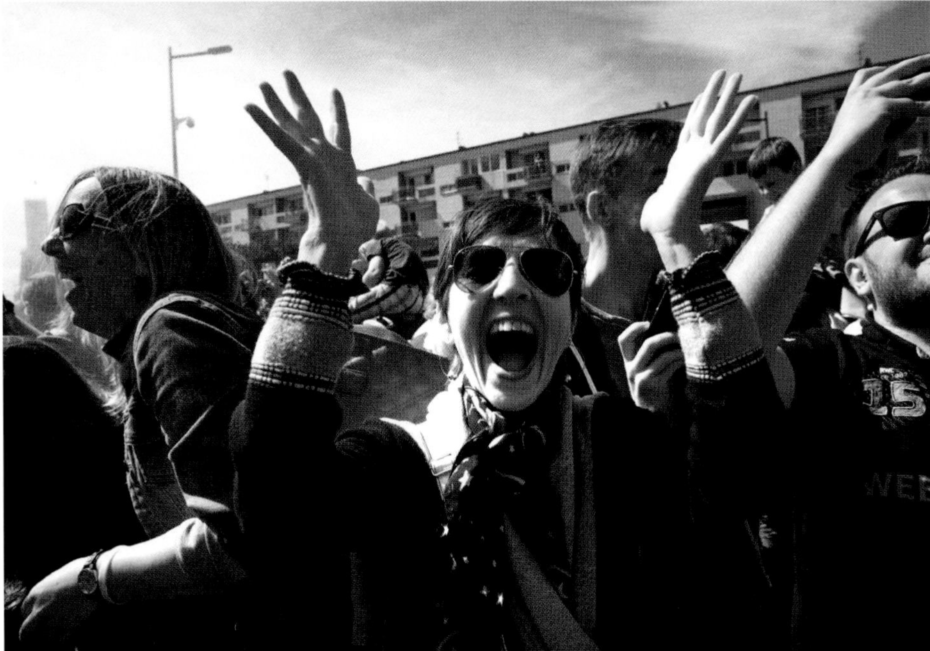

À l'occasion de ce grand spectacle, plusieurs centaines de milliers de personnes se réunissent dans la rue pour vivre une aventure forte et émotionnelle.
On the occasion of this major show, several hundred thousand people gathered in the street to experience a powerful emotional adventure.

Le Cheval Dragon sur le front de mer.
The Dragon Horse at the waterfront.

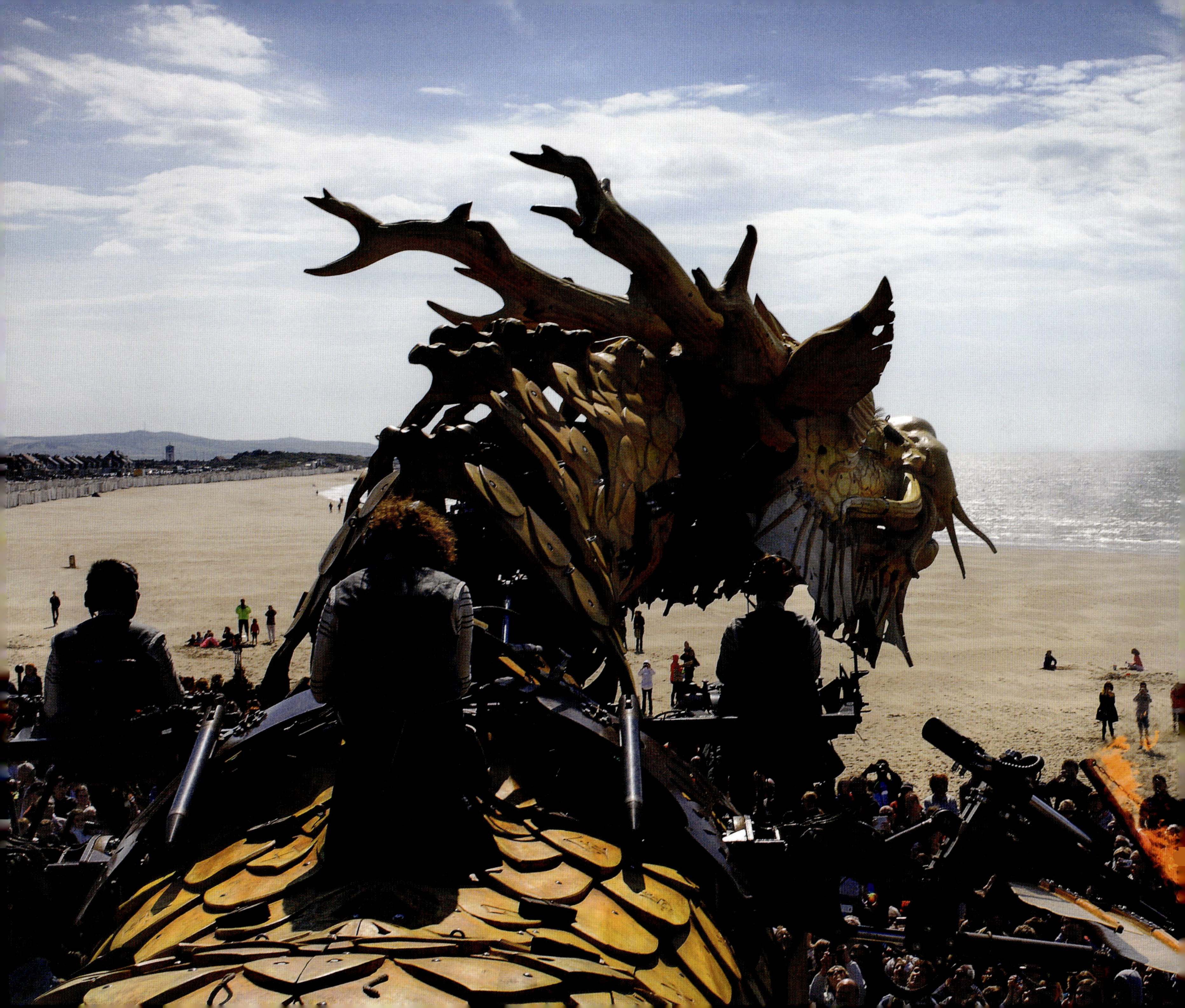

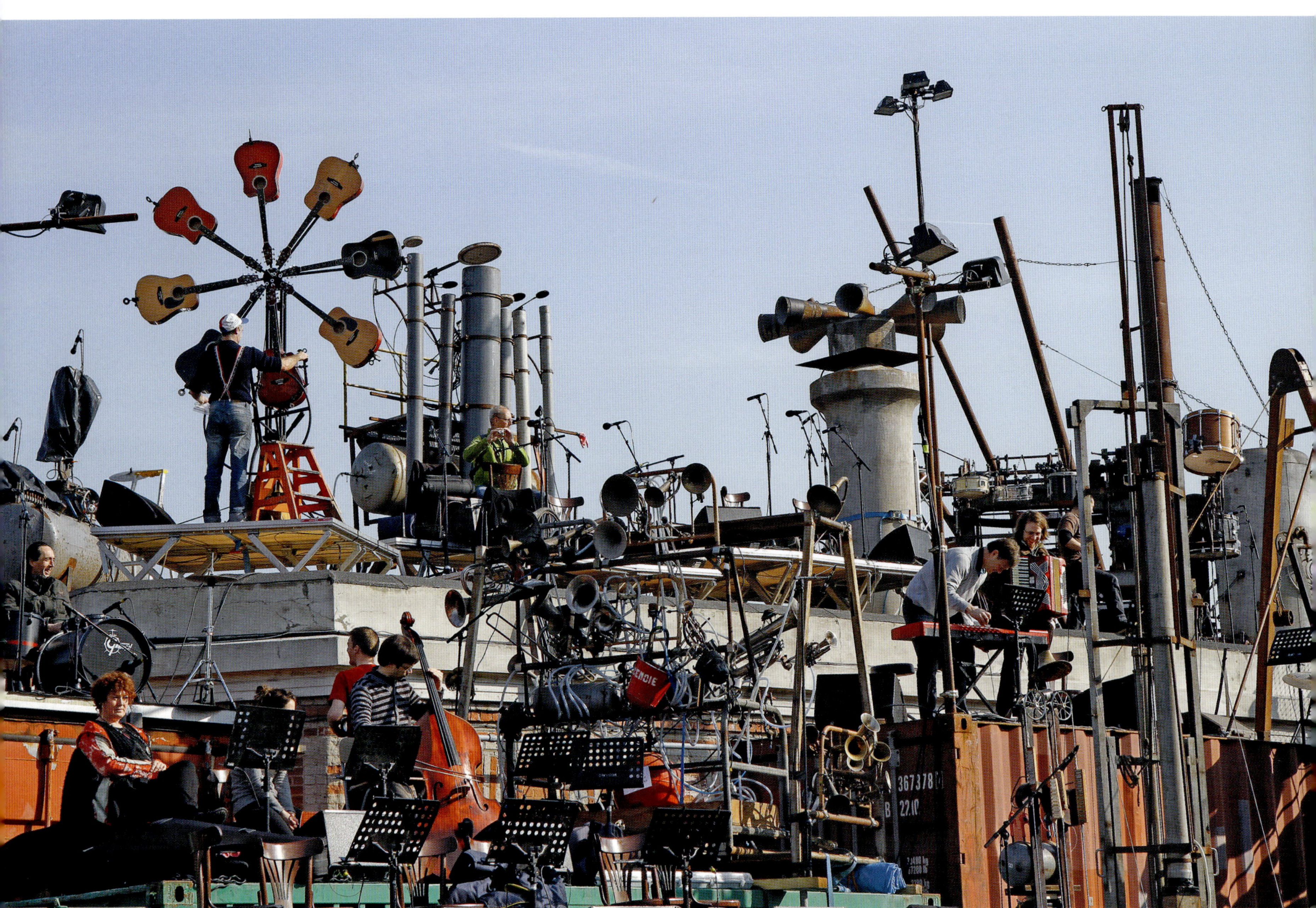

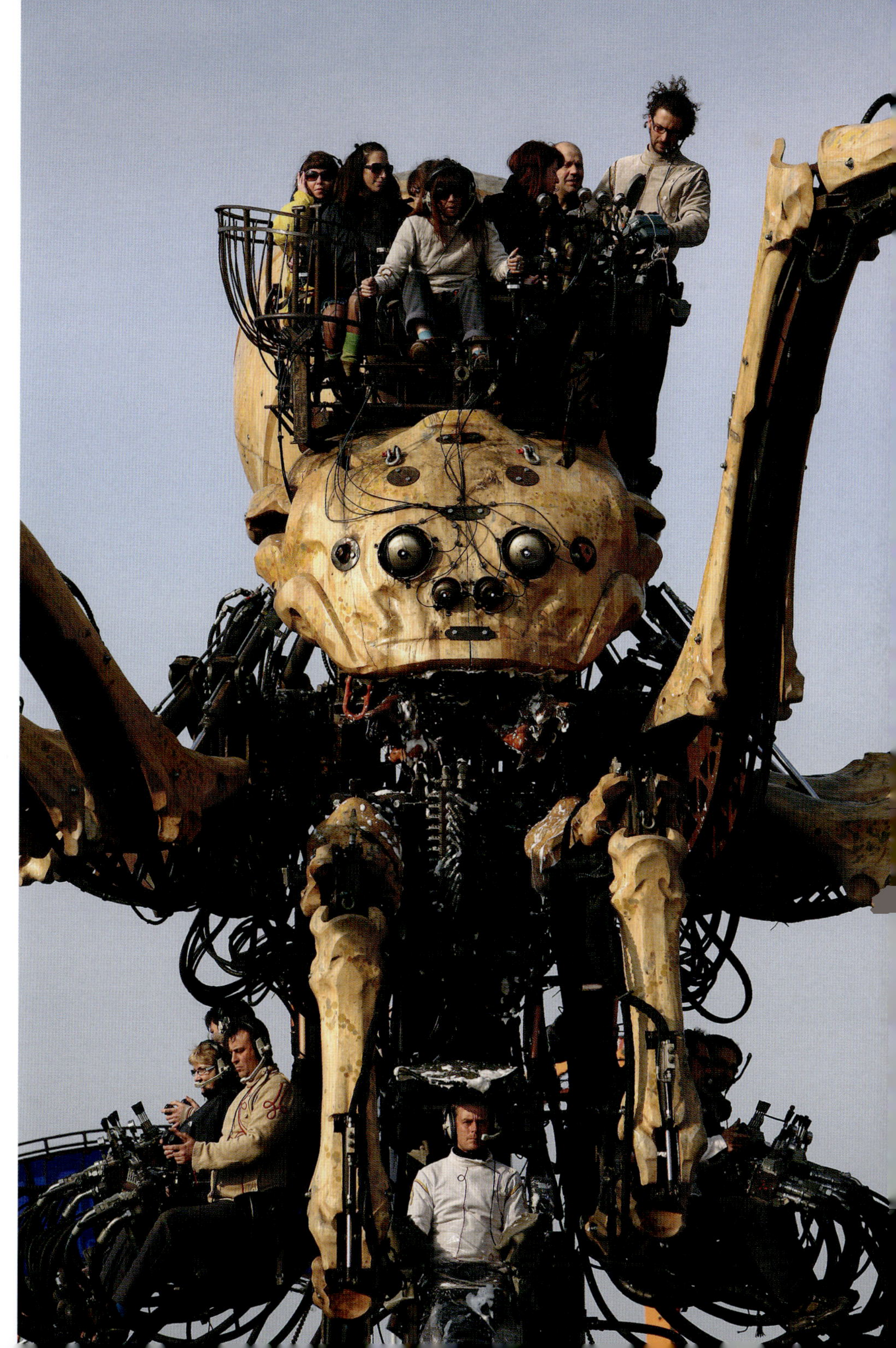

Répétitions de *La Symphonie mécanique* au
Channel pour le final de "Libertés de séjour".
La Symphonie mécanique (The mechanical
symphony) rehearsing at Le Channel for the
"Rights to Reside".

L'araignée Kumo Ni, en mode machine de ville,
embarquant des passagers au Channel lors de
"Libertés de séjour".
The spider Kumo Ni, in city machine mode, carrying
passengers to Le Channel for the "Rights to Reside".

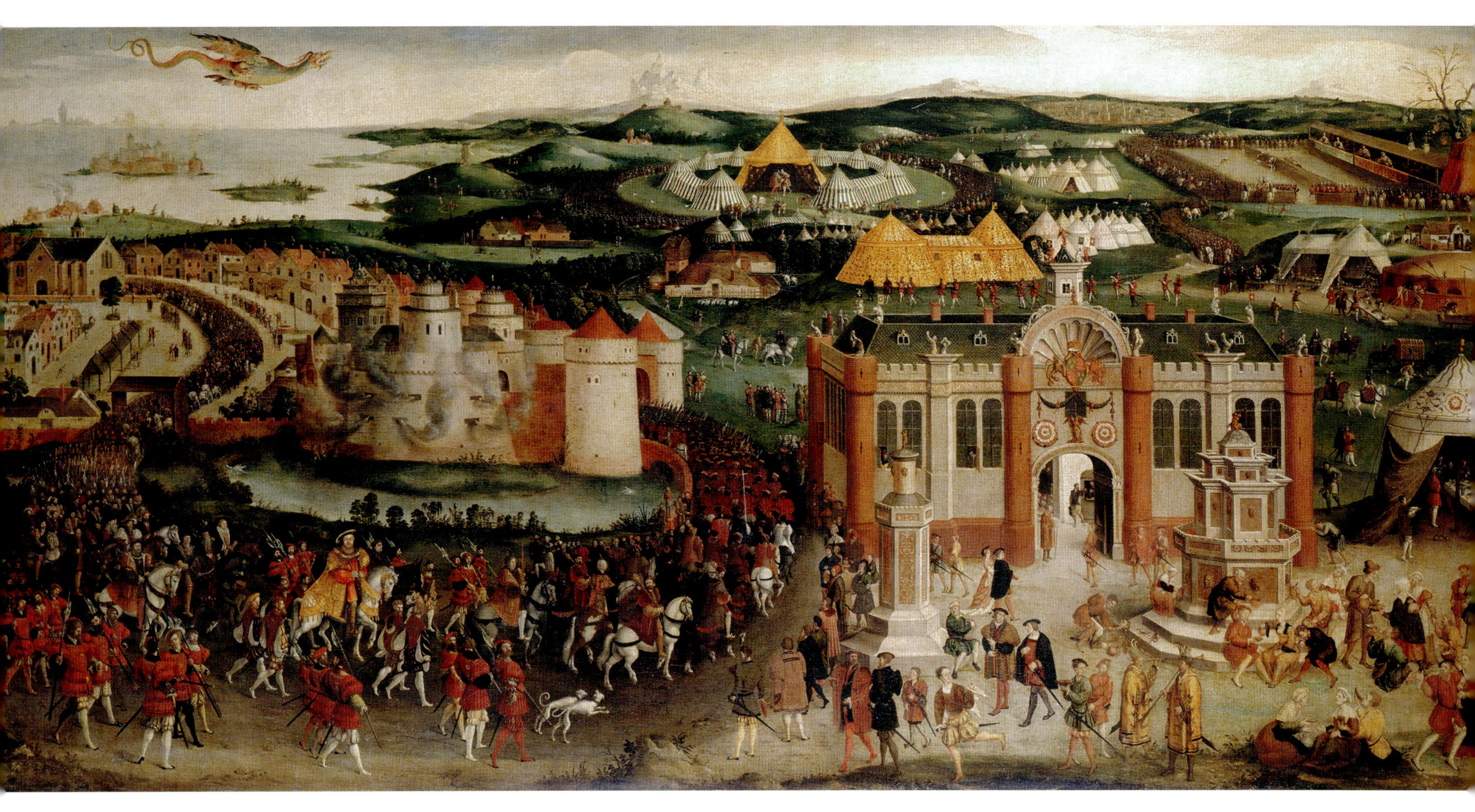

les toits des maisons basses de cette partie de la ville. Les gens sortent dans la rue, les sourires s'échangent, les regards s'humidifient, il se passe quelque chose qui touche l'ensemble des Calaisiens, y compris la première d'entre eux, Natacha Bouchart, maire de la ville. À l'issue du spectacle, l'élue m'interroge sur la possibilité de créer une machine pérenne pour Calais.

L'idée ne tombe pas complètement du ciel puisque lors d'une conférence donnée au Channel, l'adjoint à la Culture, Pascal Pestre, avait été conquis par l'aventure des Animaux de la place de La Roche-sur-Yon. Calais vient de lancer les travaux de la première phase de la transformation de son front de mer. On ne le sait pas nécessairement mais Calais dispose d'une magnifique plage de deux kilomètres de long en bord de mer, d'où l'on peut observer le ballet quotidien des ferries qui font la navette avec l'Angleterre. Je propose alors de réaliser une préétude dont l'intention est de concevoir un projet qui résonne avec l'histoire et la sensibilité de la ville. Avec mon équipe, nous entamons nos repérages dans toute la cité, en nous déplaçant à vélo, de jour comme de nuit, pour nous imprégner de l'atmosphère des rues, observer les déplacements, arpenter les quartiers, découvrir les friches industrielles ou militaires.

Nous consultons les acteurs locaux, la chambre de commerce, l'office de tourisme. En plongeant dans son histoire, je découvre

that affected all Calais residents, including Natacha Bouchart, the city's mayor. At the end of the show, she asked me about the possibility of creating a sustainable machine for Calais. The idea did not fall completely from the sky: during a conference hosted at Le Channel the cultural attaché, Pascal Pestre, had been won over by the animal adventure on the square in Roche-sur-Yon. Calais had just started work on the first phase of the transformation of its seafront. People don't necessarily know this, but Calais has a beautiful two-kilometre beach, from where you can watch the daily ballet of ferries back and forth to the United Kingdom. I then proposed a preliminary study with the intention of designing a project that resonated with the city's history and sensibilities. My team and I started researching locations throughout the city, moving around by bicycle, day and night, to soak up the atmosphere in the streets, observe movements, survey neighbourhoods, and discover areas of industrial or military wasteland.

We consulted with local stakeholders, such as the Chamber of Commerce and the local tourist office. Delving into its history, I discovered that Calais, a gateway to England for centuries, was a prosperous city, where notably stood the Field of the Cloth of Gold, which hosted a summit between Francis I and Henry VIII. Moreover, the *Orient Express* still leaves from the city, and during the Age of Enlightenment it

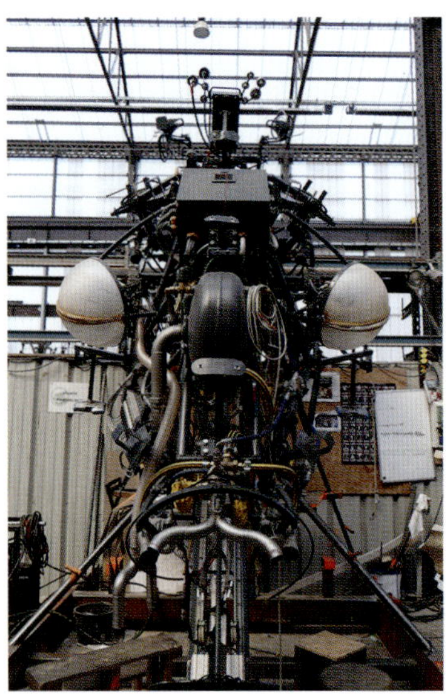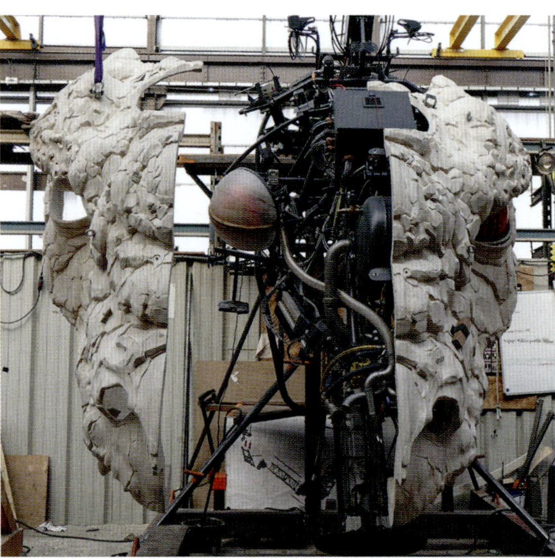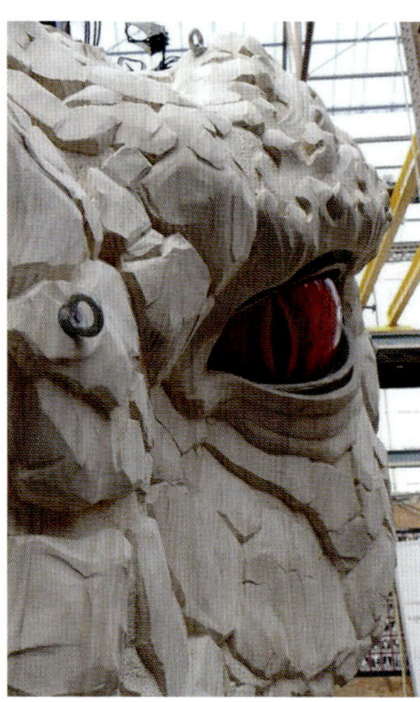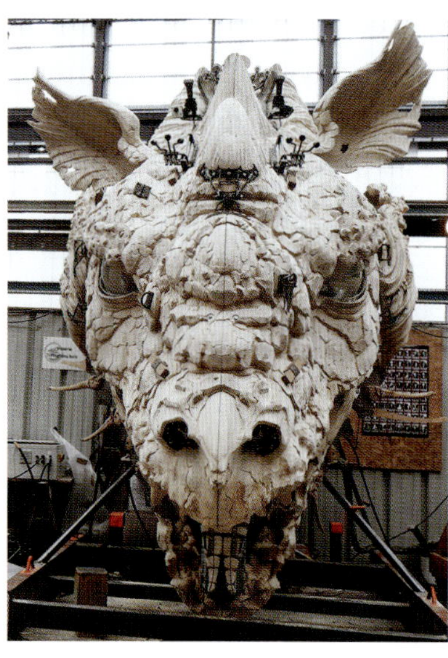

Construction du Dragon de Calais dans les ateliers nantais de la compagnie, sa peau est en bois sculpté.
Construction of the Dragon of Calais in La Machine's Nantes workshops; its skin is made out of carved wood.

Premier jour du spectacle inaugural, le Dragon de Calais entre dans la ville.
The first day of the inaugural show: the Dragon of Calais enters the city.

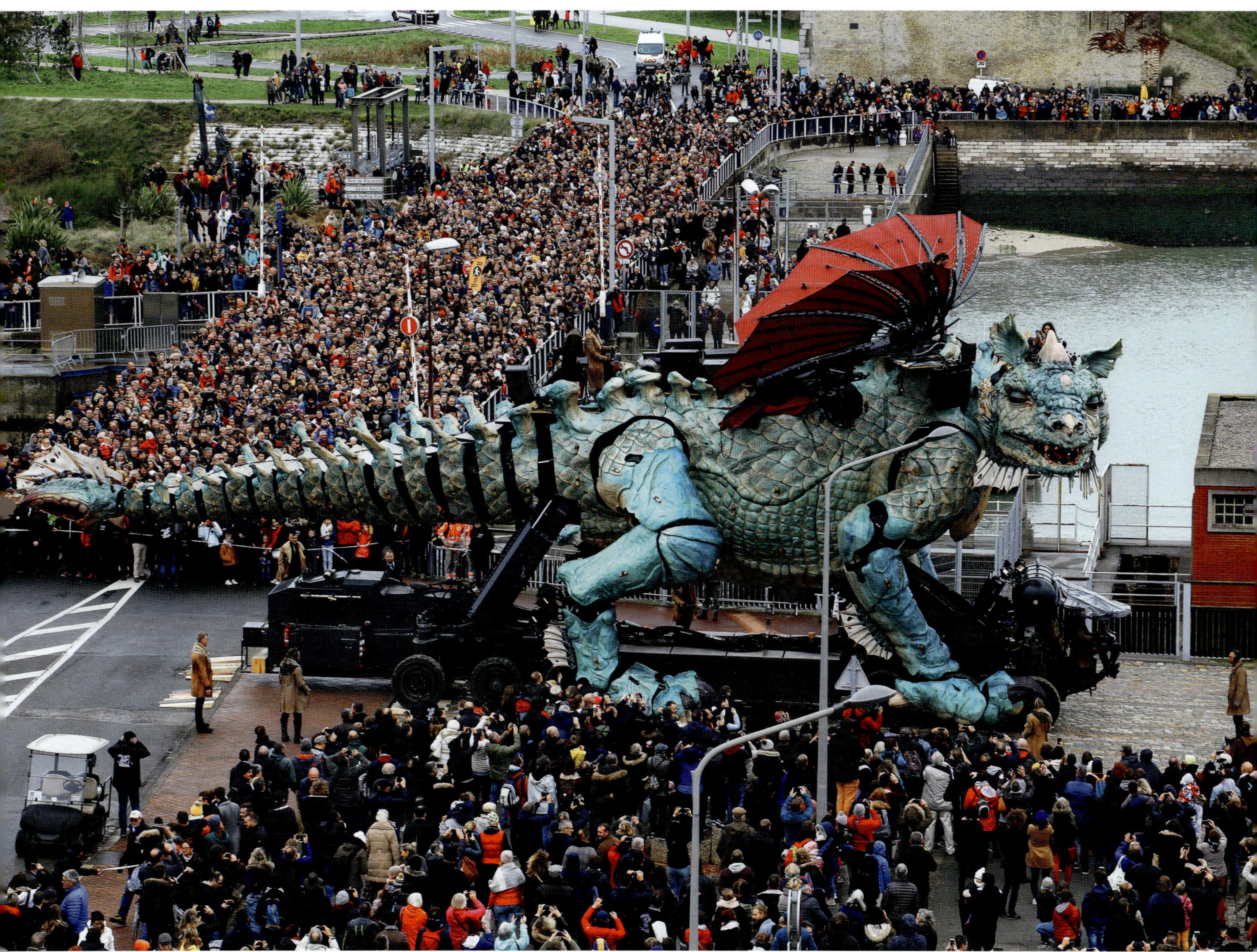

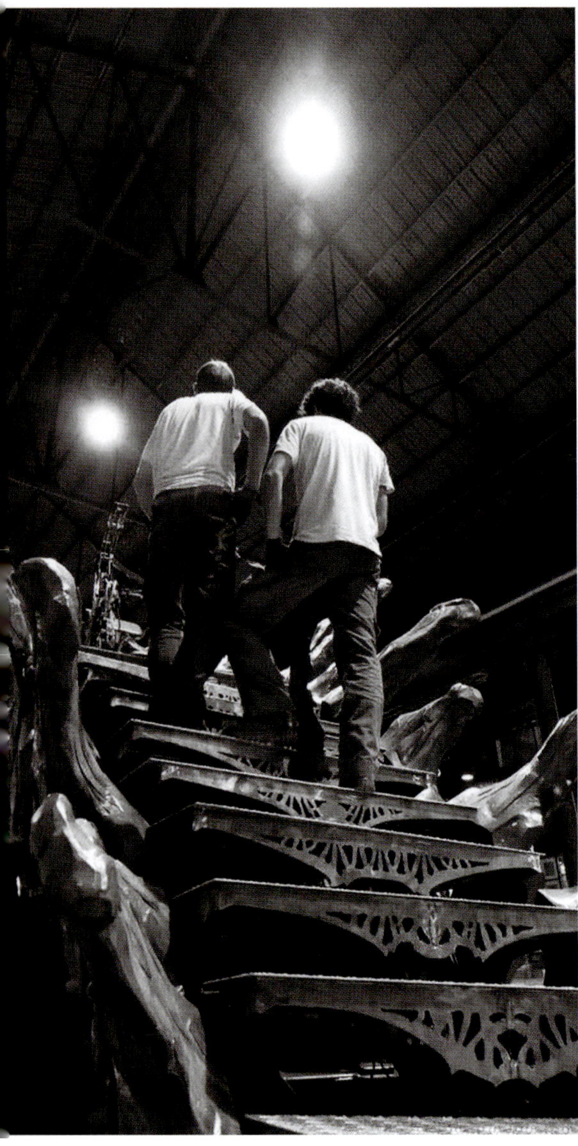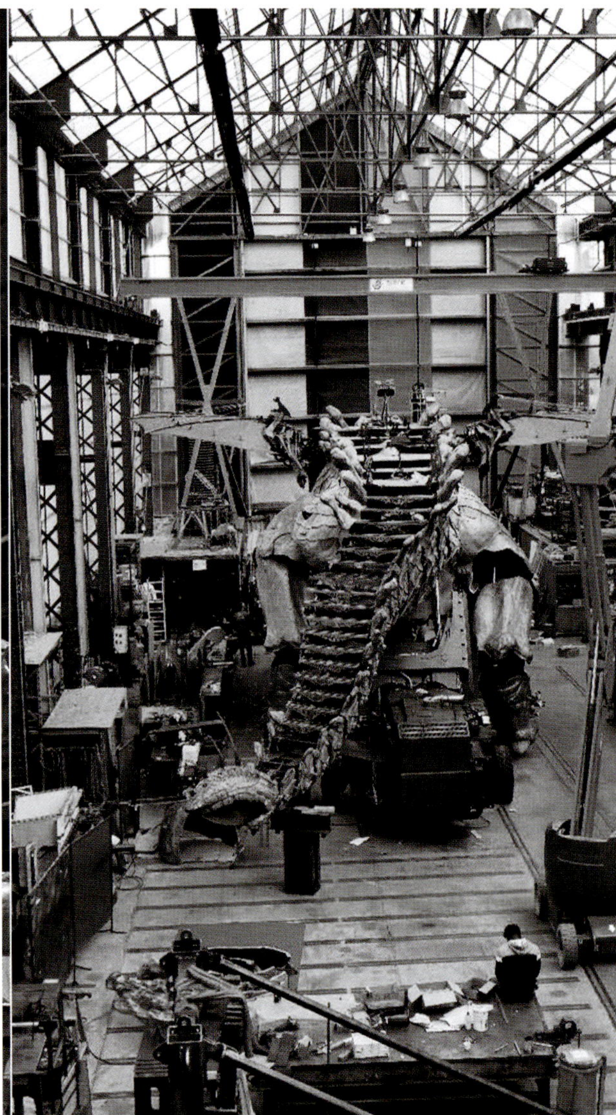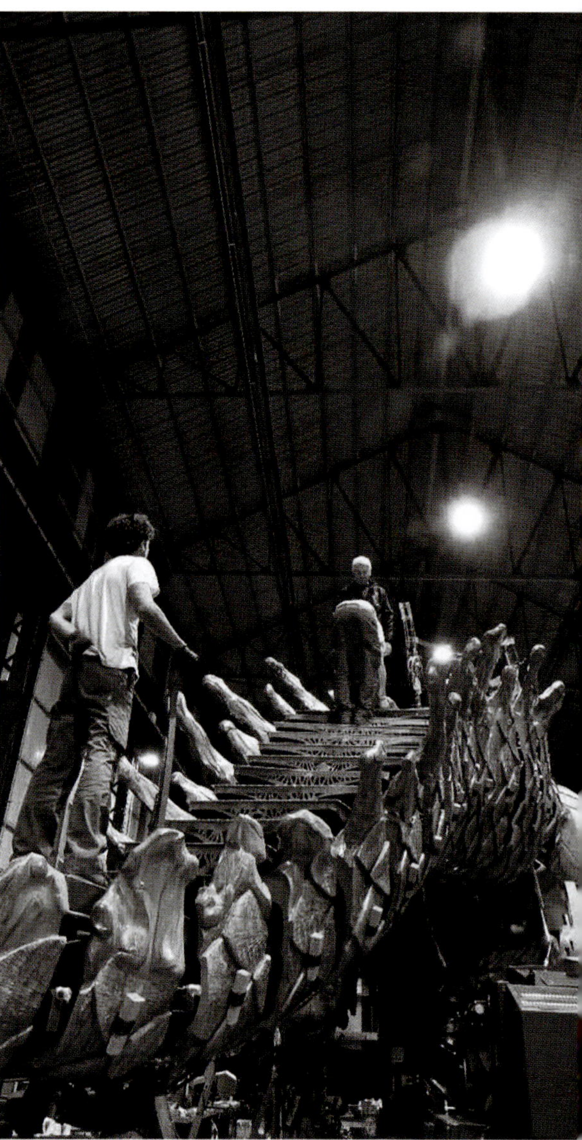

Construction de la queue escalier du Dragon dans les ateliers de La Machine.
Construction of the Dragon staircase-tail in La Machine's workshops.

que Calais, porte de l'Angleterre depuis des siècles, a été une ville prospère, où s'est tenu notamment le camp du Drap d'or entre François Ier et Henri VIII ; une ville d'où part encore aujourd'hui l'*Orient-Express* qui, au Siècle des lumières, a accueilli de nombreux colloques scientifiques d'avant-garde. C'est aussi le pays de la dentelle, des *Bourgeois de Calais*. Autant d'éléments qui nourrissent mon imaginaire pour concevoir le scénario original, appelé à s'insérer dans la deuxième phase du renouvellement urbain qui doit transformer la partie nord de la ville dans les dix années à venir.

LA NAISSANCE DU DRAGON

Le choix d'une créature surgie des eaux s'impose doucement. Calais, ville d'eau, de terre et de feu se devait d'accueillir un animal venu d'ailleurs, d'un autre univers, pour traduire son ouverture sur la mer, sur le monde. Je dessine donc un dragon en m'inspirant des sauriens, avec l'idée de décliner d'autres espèces pour enrichir le projet urbain. Il ne s'agit pas de créer une attraction, si monumentale soit-elle, mais de fondre un bestiaire mobile dans toute la ville, d'en faire, en quelque sorte, une cité fantastique, parcourue par des machines vivantes. Le mélange de plusieurs espèces crée une luxuriance qui enrichit le projet. En dessinant, j'imagine des varans, des iguanes débarquer

hosted many pioneering scientific symposia. It was also the land of lace for the *Burghers of Calais*. These many elements feed my imagination for designing an original scenario to fit into the second phase of urban renewal that must transform the northern part of the city over the course of the next ten years.

BIRTH OF THE DRAGON

The choice of a creature emerging from the water slowly became clear. Calais, the city of water, earth and fire, had to welcome an animal from elsewhere, from another universe, to express its openness to the sea and to the world. Thus, I designed a dragon whilst being inspired by saurians, with the idea of offering a range of other species to enrich the urban project. It was not a question of creating an attraction, as monumental as it is, but to found a mobile bestiary across the whole city, making it, in a way, a fantastic city, traversed by living machines. The mixture of several species created a luxuriance that enriches the project. When designing I imagined lizards, iguanas that gradually disembark and transform the city, mingle with traffic and transport travellers. It was about creating an imaginary heritage that interacts with the inhabitants and the whole city. The project won the support of elected officials and we began to work on creating the Dragon.

et transformer progressivement la cité, se mêler à la circulation, transporter des voyageurs. Il s'agit de créer un patrimoine imaginaire qui interagit avec les habitants et la ville
tout entière. Le projet emporte l'adhésion des élus et nous
commençons à travailler sur la création du Dragon.

L'aventure est pensée en trois étapes pour accompagner la
mutation urbaine sur une durée de six à huit ans, il prévoit
d'engager un budget total de vingt-sept millions d'euros. La
première tranche concerne le front de mer. Je dessine pour le
Dragon des mers un abri, un écrin de verre, éclairé pour qu'il
soit visible de nuit comme de jour depuis les ferries qui
débarquent d'Angleterre. L'animal de métal et de bois sculpté
pèse très lourd, plus de soixante-dix tonnes, il faut donc adapter
l'aménagement du front de mer à sa présence. Très vite, cette
contrainte est intégrée au cahier des charges du paysagiste,
l'agence d'architecture Base, qui vient d'être missionnée sur
l'aménagement de la deuxième phase du front de mer. Il faut
élargir et renforcer les voies, positionner les candélabres en
tenant compte des déplacements futurs du Dragon. Le projet
s'ouvre ainsi à l'idée qu'une créature géante va vivre sur les
lieux, évoluer au milieu des équipements qui jalonnent le
front de mer.

Tout n'est pas gagné pour autant. Dans le cadre de la restauration
du fort Risban, un ouvrage militaire qui domine l'entrée du

The adventure was designed in three stages to support urban
change over a six to eight-year period, at an anticipated total
budget of twenty-seven million euros. The first stage concerned
the waterfront. For the Dragon from the sea I designed a
shelter, a glass case, lit so that it is visible night and day from
ferries arriving from the United Kingdom. The metal and
carved wood animal is very heavy, weighing more than seventy
tonnes. Therefore, it is necessary to adapt the seafront's layout
to its presence. Very quickly, this constraint was integrated
into the specifications of the landscape architect, the architecture agency Base, who have just been commissioned to
develop the waterfront's second phase. It was necessary to
widen and reinforce the pathways and position the lampposts,
taking into account the Dragon's future movements. The
project thus opens up the idea that a giant creature will live
there, evolving in the midst of the facilities that line the
seafront.

But all battles cannot be won. As part of the restoration of
Fort Risban, a military structure that dominates the entrance
to the port, I designed a shelter for the Sea Dragon on the
side of a building, but the Regional Directorate of Cultural
Affairs and the French state architect opposed its development.
The shelter was considered too high to fit harmoniously into
the site. Therefore, we had to plan the construction of a

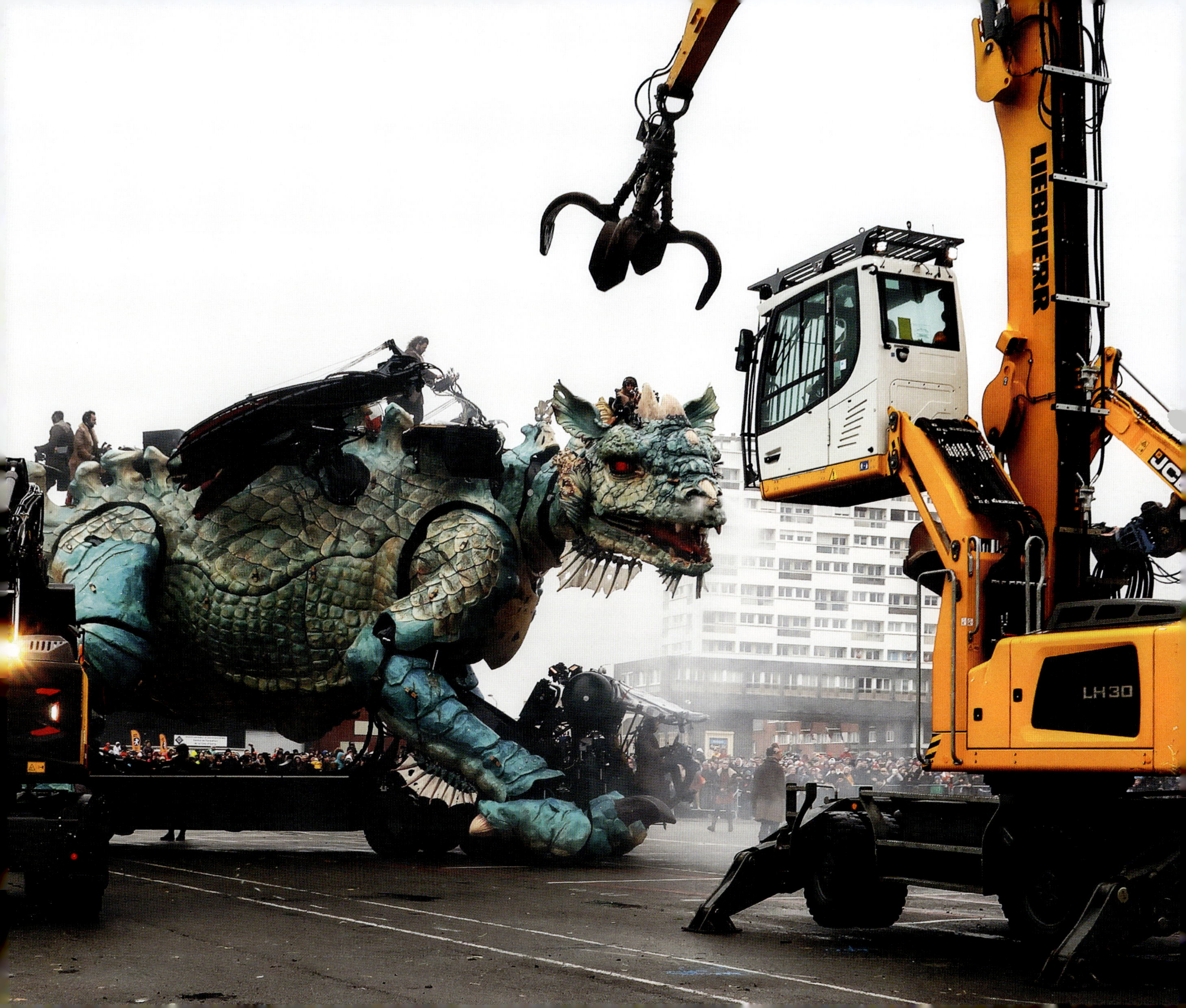

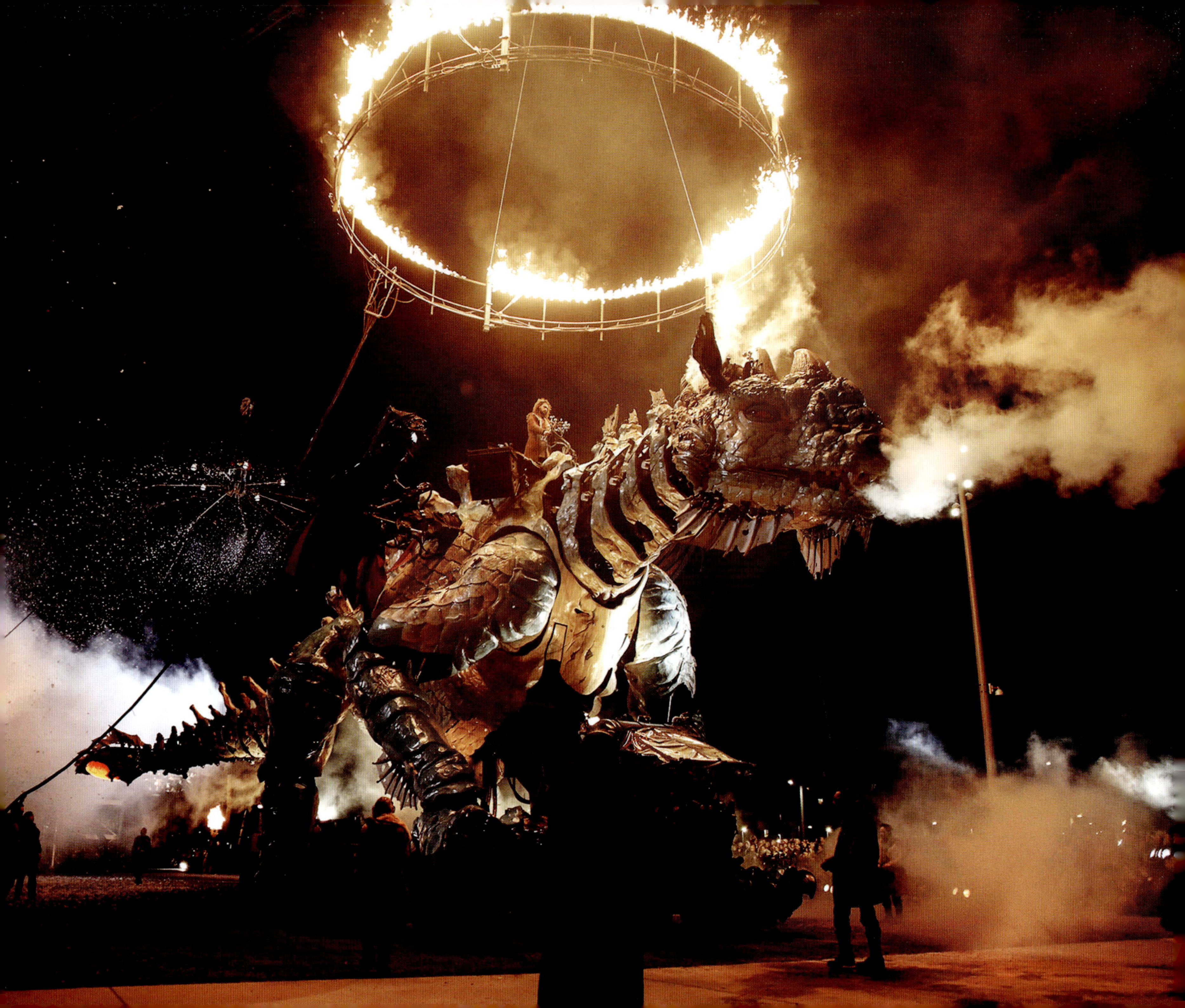

port, je dessine un abri pour le Dragon des mers sur le flanc d'un bâtiment, mais la direction régionale des Affaires culturelles et l'architecte des Bâtiments de France s'opposent à sa réalisation. L'abri est jugé trop élevé pour s'insérer harmonieusement dans le site. Nous devons donc prévoir la construction d'un abri provisoire en attendant l'édification de la nef de verre et de métal qui l'accueillera définitivement. Ce type de déboire fait partie des aléas qui manquent rarement de s'inviter dans les opérations d'urbanisme, notamment lorsqu'elles bousculent les canons architecturaux des gardiens du patrimoine.

Natacha Bouchart et son équipe se passionnent pour la construction du Dragon et nous rendent régulièrement visite à Nantes pour assister à sa naissance dans les ateliers de la compagnie La Machine. Ces visites sont médiatisées dans le souci de partager cette ambitieuse aventure, tout en gardant une part de surprise pour les Calaisiens. Dans la nef principale, ingénieurs, mécaniciens et soudeurs œuvrent à la création de la structure métallique et conçoivent les dispositifs techniques extrêmement sophistiqués qui permettront au Dragon de cracher du feu, de la fumée, de l'eau, de vaporiser de la brume ; ils doivent également assurer la mobilité des yeux, des paupières, des oreilles, de la bouche, de la langue, des nageoires de l'animal. Les sculpteurs sont à l'œuvre pour découper, former, poncer, les centaines de pièces de bois qui composent l'enveloppe

temporary shelter whilst waiting for the construction of the glass and metal nave that will permanently accommodate it. This type of setback is one of the hazards that rarely fail to arise in town planning operations, especially when they shake up the architectural canons of heritage keepers.

Natacha Bouchart and her team were passionate about building the Dragon and regularly visited us in Nantes to see its birth at the La Machine workshops. These visits were publicised in order to share this ambitious adventure with Calais residents, while keeping an element of surprise. In the main nave engineers, mechanics and welders worked to create the metal structure and designed the extremely sophisticated technical devices that allow the Dragon to spit fire, smoke, water, spray and mist. They also had to ensure the mobility of the eyes, eyelids, ears, mouth, tongue and fins. The sculptors worked to cut, shape and sand the hundreds of pieces of wood that make up the bodily envelope. Time was running out; we were behind schedule, but the animal was finished in time, ready to make an appearance in early November 2019 on the large beach in Calais.

The waking up of the Dragon marked the start of a four-day show that attracted four hundred thousand visitors to Calais. Fabien Leduc, from Calais and one La Machine's sculptors, directed the manoeuvres of the seventeen handlers who

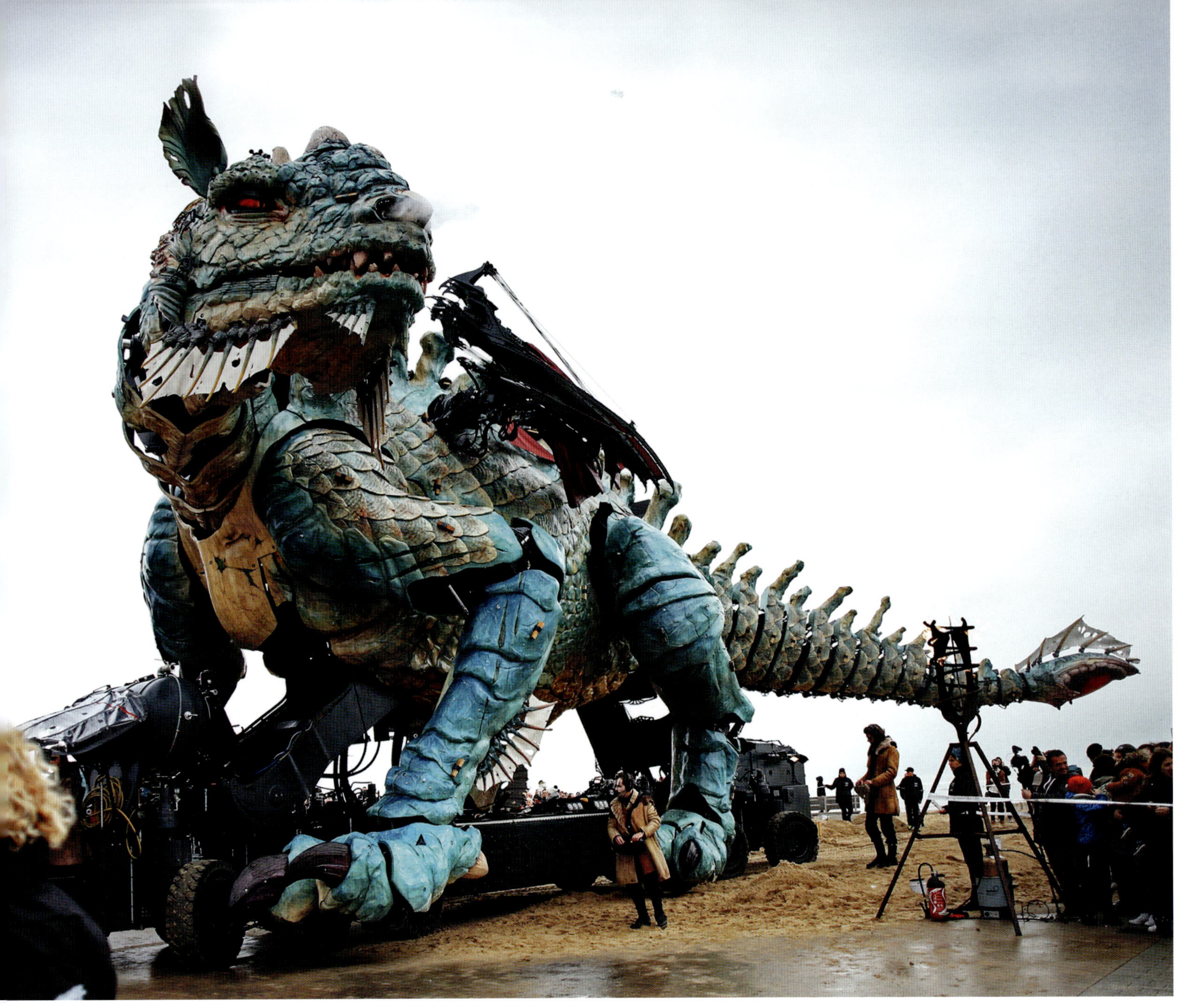

Premier réveil du Dragon après son apparition, échoué et endormi sur la plage.
The Dragon's first awakening after its appearance: stranded and asleep on the beach.

charnelle. Le temps est compté, nous prenons du retard sur la construction, mais l'animal est finalisé à temps pour faire son apparition début novembre 2019, sur la grande plage de Calais.

Le réveil du Dragon sonne le départ d'un spectacle de quatre jours qui attire quatre cent mille visiteurs à Calais. Fabien Leduc, un des sculpteurs de La Machine, originaire de Calais, dirige les manœuvres des dix-sept manipulateurs qui donnent vie à l'animal aux dimensions hors normes : dix à quinze mètres de haut, vingt-cinq mètres de long ; ses ailes déployées affichent dix-sept mètres d'envergure. Dans le scénario, le Monstre n'est pas le bienvenu, son arrivée surprise provoque la peur et déclenche un rejet de la population. Trois jours durant les habitants – nos comédiens – vont mettre en place des pièges, obstacles et barricades pour entraver sa progression dans la ville, jusqu'à ce que le Dragon se montre charmé par un chanteur d'opéra pour être finalement adopté par les Calaisiens.

Le Dragon, dès lors, est invité à s'installer dans sa ville d'accueil, sur le front de mer, il devient "le Dragon de Calais". À l'issue du spectacle et durant cinq semaines, il est transformé, sous le regard des passants, en machine de ville et donc équipé pour le transport de personnes. Cinquante voyageurs peuvent gagner le pont posé sur son dos, des garde-corps sont installés

brought the oversized animal to life: ten to fifteen metres high, twenty-five metres long; its spread wings stretch seventeen metres across. In this scenario the Monster is not welcome; its surprise arrival causes fear and triggers rejection from the population. For three days the inhabitants – our actors – set traps, obstacles and barricades to hinder its progress around the city until the Dragon was charmed by an opera singer and finally adopted by the Calaisians.

Thus, the Dragon is invited to settle in the host city, on the seafront, becoming the "Dragon of Calais". At the end of the show and for five weeks, it was transformed – under the gaze of passers-by – into a city machine and therefore equipped for transporting of people. Fifty travellers can reach the bridge on its back and railings are installed on its tail staircase. On the terrace, a canvas cover stretches out. Some functions must also be automated so that it can only be operated with four handlers. So, from 2019 the Dragon of Calais could take on its first passengers on trips performing a loop of the seafront.

A LONG CRESCENDO

Meanwhile, the second phase of the project was progressing. The development of Fort Risban, selected to become the nerve centre dedicated to welcoming the public, is ongoing.

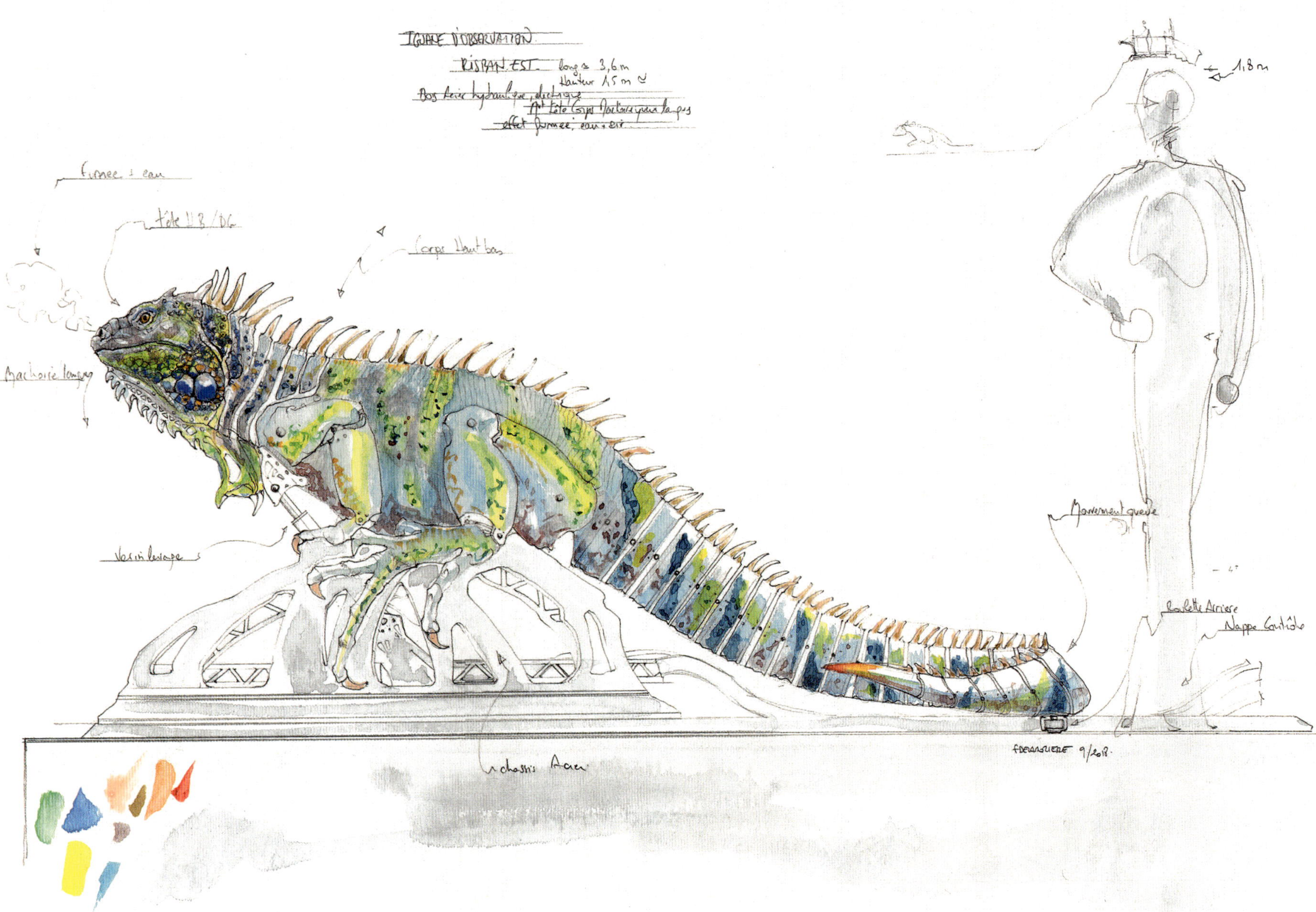

L'Iguane sentinelle du fort Risban, crayon et aquarelles sur papier, 42 × 30 cm.
The Fort Risban sentinel iguana, pencil and watercolours on paper, 42 × 30 cm.

sur sa queue-escalier. Sur la terrasse, une couverture toilée est tendue. Certaines fonctions doivent également être automatisées de sorte que seuls quatre manipulateurs puissent le faire fonctionner. Le Dragon de Calais peut ainsi, dès Noël 2019, embarquer ses premiers passagers en effectuant une boucle sur le front de mer.

UN LONG CRESCENDO

Pendant ce temps, la deuxième phase du projet avance. L'aménagement du fort Risban, appelé à devenir le centre névralgique dédié à l'accueil du public, se poursuit. Ce fort maritime, fondé par les Anglais pendant la guerre de Cent Ans, a été plusieurs fois reconstruit sur lui-même, notamment par Vauban. L'ancien logis du major se prépare à accueillir un restaurant et c'est sous la voûte de l'ancienne poudrière que sont installés la billetterie et une boutique. Sur le toit enherbé sont implantés trois animaux, un iguane, un varan et un squelette de jeune dragon qui trônent comme des sentinelles sur le chemin de ronde. Manipulables depuis des postes de commande, ils préfigurent le bestiaire appelé à coloniser la ville. Un abri adossé au logis du major est aussi prévu pour un Varan de voyage qui transportera vingt-cinq passagers vers les friches portuaires et le centre-ville, élargissant progressivement

This maritime fort, founded by the English during the Hundred Years War has been rebuilt several times, notably by the French military engineer Vauban in the seventeenth century. The former home of the major is preparing to host a restaurant and under the vault of the gunpowder magazine there is a ticket office and a shop. On the grass roof there are three animals: an iguana, a lizard and the skeleton of the young dragon, enthroned like sentries on the covered path. Operable from the control stations, they herald the bestiary called upon to colonise the city. A shelter attached to the major's home is also planned for a travelling lizard to take twenty-five passengers to the port wasteland and the city centre, gradually expanding the scope of the trip. La Machine has taken care to give an artistic coherence to the whole fort by designing the furniture and imagining the canopy of the travelling Monitor Lizard.

In spring 2020, during the municipal campaign, a great debate engulfed Calais. We were surprised to see the Sea Dragon draw the attention of the candidates, who spoke publicly on the relevance of this urban project. It is considered by some to be too expensive or inappropriate, but this sometimes obscures the fact that the state and the region are very financially committed to the urban redevelopment project and, thus, wish to offset the burden imposed on Calais by the

le périmètre de voyage. La compagnie La Machine se charge de donner une cohérence artistique à l'ensemble du fort en dessinant le mobilier et en imaginant l'auvent du Varan.

Au printemps 2020, lors de la campagne municipale, un grand débat agite Calais. Nous sommes surpris de voir le Dragon des mers retenir l'attention des candidats, qui s'expriment publiquement sur la pertinence de ce projet urbain jugé par certains trop dispendieux ou inapproprié, occultant parfois le fait que l'État et la Région sont très engagés financièrement dans le projet de requalification urbaine et souhaitent ainsi compenser la charge imposée à Calais par la politique migratoire nationale. L'enjeu n'est pas mince parce qu'il s'agit d'un projet politique, qui peut être stoppé du jour au lendemain si les élus en décident ainsi. L'inventaire des solutions proposées par les candidats est étonnant, il est par exemple question de louer le Dragon pour organiser des événements privés au champagne, de le vendre à la Chine, de ne pas faire payer les Calaisiens… Mais le Dragon l'emporte puisque Natacha Bouchart réussit à convaincre les Calaisiens dès le premier tour. Le schéma de développement urbain, outre le fait de réenchanter le front de mer, de le rendre attractif pour les millions de visiteurs qui traversent le détroit de la Manche chaque année, a pour objectif de mettre un terme à la fragmentation de la ville, dont la division en quartiers est très marquée.

national migration policy. The stakes are not small, because it is a political project that could be stopped overnight if elected officials so decide. The list of solutions proposed by the candidates is amazing. For example, there was a suggestion to rent out the Dragon to private events with champagne; to sell it to China and not make the Calaisians pay. But the Dragon prevailed: Natacha Bouchart managed to convince the Calais voters and was back in the town hall after municipal elections. The urban development plan, in addition to revitalising the seafront and making it attractive to the millions of visitors who cross the strait each year, aims to put an end to the fragmentation of the city, whose division into boroughs is very marked. Hence the idea of Monitor Lizards roaming around the city, which can transport up to twenty-five people and Iguanas that can carry five passengers. It is about creating links, appropriation and instilling an imagination that speaks to everyone. A kind of permanent and daily spectacle.

At first the port wasteland will be serviced by our two passenger-carrying Monitor Lizards. Animals will transport travellers toward the Dombunker, an eighty-metre-long concrete building constructed by the Germans to house a gigantic cannon. The Dombunker site will host the administration of the Dragon company, an exhibition space, bar-restaurant and shop. By surveying this neglected area and revealing its

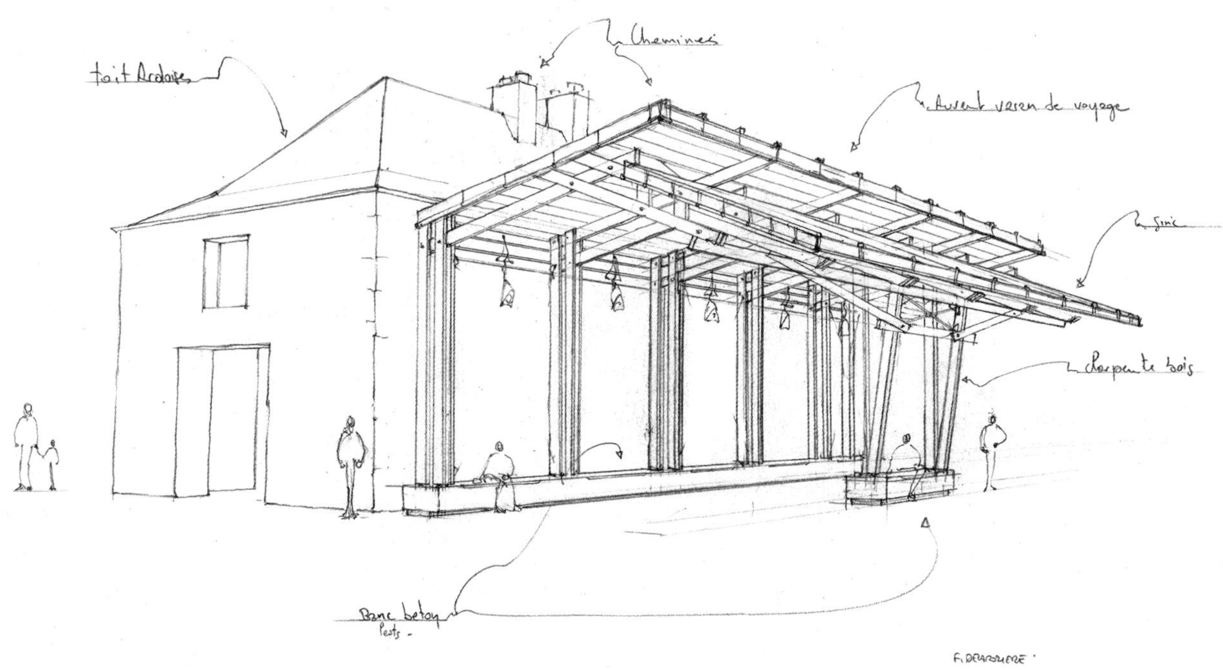

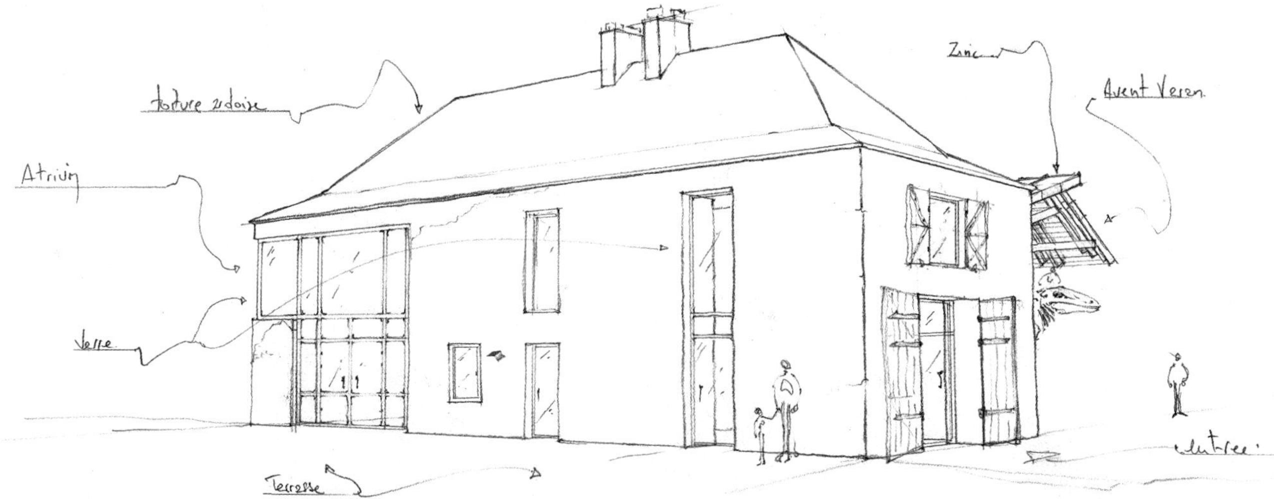

Croquis des logis du major et du Varan
de voyage, crayon sur papier,
58 × 42 cm.
The major's and the Travelling Monitor
Lizard homes, pencil on paper,
58 × 42 cm.

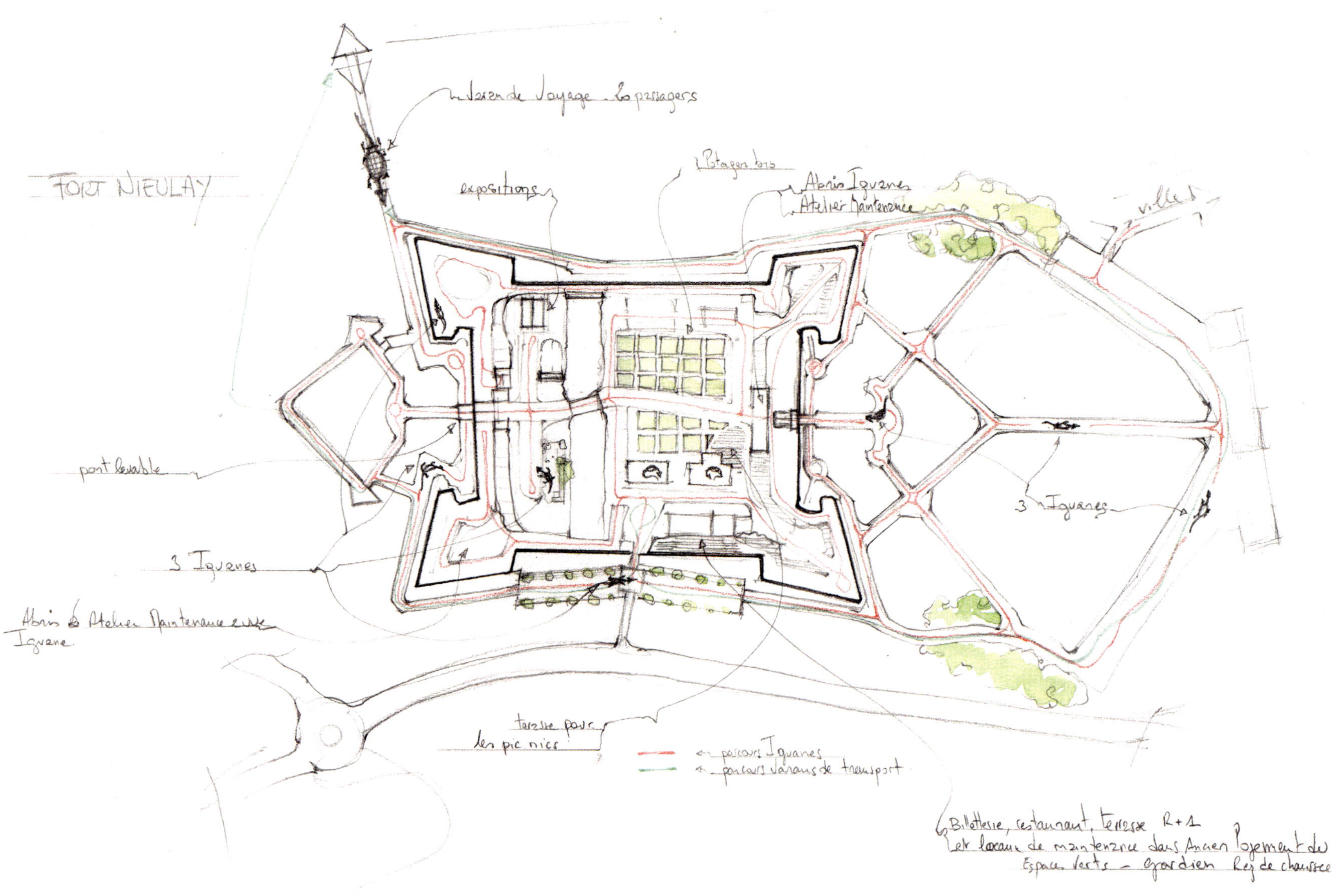

Projet pour le fort Nieulay, crayon et aquarelles sur papier, 58 × 44 cm.
Project for Fort Nieulay, pencil and watercolours on paper, 58 × 44 cm.

D'où l'idée de faire circuler des Varans de voyage, qui pourront transporter jusqu'à vingt-cinq personnes, puis des Iguanes pouvant embarquer cinq passagers. Il s'agit de créer du lien, de l'appropriation, d'instiller un imaginaire qui parle à tous. Une sorte de spectacle permanent et quotidien.

Dans un premier temps, ce sont les friches portuaires qui vont être investies par nos deux Varans de voyage. Les animaux transporteront les voyageurs en direction du Dombunker, un édifice de béton de quatre-vingts mètres de long construit par les Allemands pour abriter un gigantesque canon. Le site du Dombunker accueillera l'administration de la compagnie du Dragon, un lieu d'exposition et un bar-restaurant-boutique. En arpentant cette zone délaissée, en révélant ses stigmates, qui racontent une longue histoire, les visiteurs comme les Calaisiens vont découvrir ou redécouvrir un paysage étonnant, notamment le Calais vert des anciennes tenues maraîchères visible depuis la digue royale. Il ne s'agit surtout pas de cacher le paysage, mais de mettre en lumière sa réalité, de le révéler pour pouvoir mieux ensuite se l'approprier.

DANS LA PROFONDEUR DE LA VILLE

Les deux Varans de voyage sont appelés à assurer la liaison entre le fort Risban et le fort Nieulay, un fort-écluse qui a longtemps

stigmata which tell a long story, visitors like Calais residents will discover or rediscover an astonishing landscape, in particular the green Calais of the old market gardening outfits visible from the royal embankment. Above all, it is not a question of hiding the landscape but rather highlighting its reality, revealing it so that we can better take ownership of it.

IN THE DEPTHS OF THE CITY

Two travelling Monitor Lizards ensure the link between Fort Risban and Fort Nieulay, a fort-lock that has long protected land access to Calais, when necessary flooding the marshes that provided a natural barrier against possible invaders. Well preserved, it is currently occupied by the directorate for parks and gardens. The fort will be open to visitors and will host a family of six Iguanas. These Iguanas will inhabit the historic site, sleep there and will be visible at night. Led by professional actors, they allow people to discover the fort via covered walkways, moats and exteriors. They offer a new perspective on the historic building and its surrounding environment. Once again, the idea is to supply an emotional experience that should gradually transform the view of the city.

In parallel, a Large Iguana lives in the car park and sleeps in a glass conservatory adjoining the church in the Saint-Pierre

protégé l'accès terrestre de Calais, inondant au besoin les marais qui constituaient une barrière naturelle contre d'éventuels envahisseurs. Bien conservé, actuellement occupé par le service des Espaces verts, le fort sera ouvert à la visite et accueillera une famille de six Iguanes. Ces Iguanes habitent le site historique, ils y dorment et sont visibles la nuit. Conduits par des comédiens assermentés, ils permettent de découvrir le fort, *via* les chemins de ronde, les douves et les extérieurs. Ils offrent un point de vue renouvelé sur l'édifice historique et son environnement. L'idée est, là encore, de nourrir une expérience émotionnelle qui doit peu à peu transformer le regard sur la ville.

Parallèlement, un Grand Iguane vit sur le parking et dort dans une verrière accolée à l'église du quartier Saint-Pierre, à l'origine commune distincte de Calais. Durant la semaine, il peut transporter une quinzaine de personnes ; le week-end, il propose des excursions dans le quartier de la dentelle. Cette partie de la ville, haut lieu de la production textile importée d'Angleterre au début du XIXe siècle, a conservé le cachet des quartiers ouvriers de l'époque avec ses petites maisons serrées les unes contre les autres, parfois ornées de *bow-windows* à l'anglaise, ses filatures, ses maisons de maître. Calais est aujourd'hui ville d'art et d'histoire.

Au moment où j'écris ce livre avec la complicité de Philippe Dossal, tous ces animaux n'ont pas encore pris forme. Ils neighbourhood, originally a town that was separate from Calais. During the week it can transport around fifteen people and at weekends offers excursions in the lace district. This part of the city, the centre of textile production imported from United Kingdom at the beginning of the nineteenth century, has retained the character of the working-class neighbourhoods of the time with its small houses pressed against each other, sometimes decorated with English-style bow-windows, spinning mills and manor houses. Today Calais is a city of art and history.

At the time of writing this book, with the help of Philippe Dossal, these animals have not all yet taken shape. They will appear as the project progresses during big shows, following in the steps of schoolchildren, stopping in towns and villages in Hauts-de-France and England, both arousing the curiosity of inhabitants and questioning their imagination. The story is yet to be finalised. It is written as the work progresses, taking into account the surprises, hazards, advances and delays that always impact development operations. Our projects are dedicated to urban development and duly interact with it, blending into its movement with flexibility and mobility.

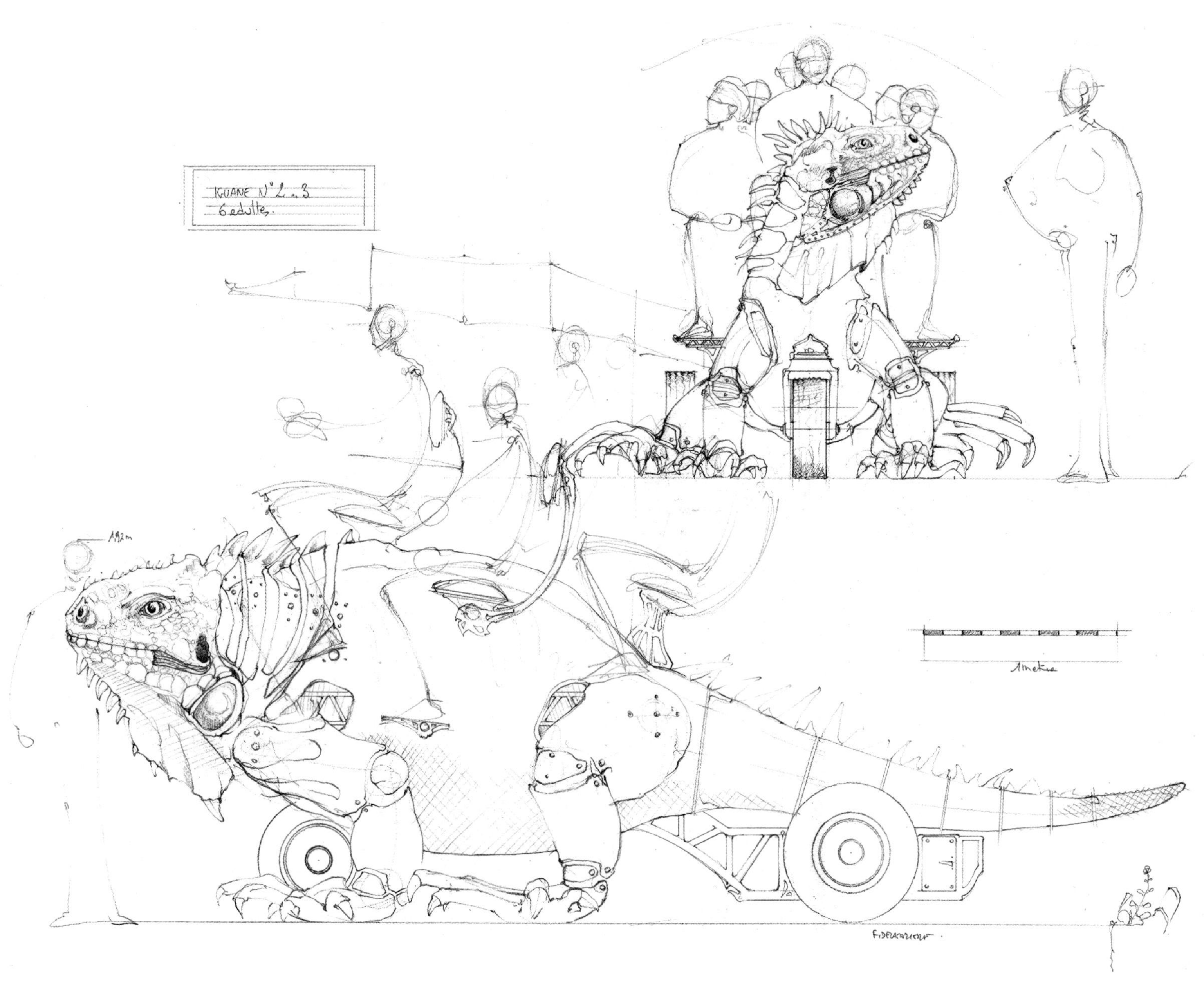

Les Iguanes du fort Nieulay, crayon sur papier, 58 × 44 cm.
The Fort Nieulay iguanas, pencil on paper, 58 × 44 cm.

vont apparaître au fil de l'avancée du projet lors de grands spectacles, parfois prenant le chemin des écoliers, faisant halte dans les villes et villages des Hauts-de-France ou d'Angleterre, provoquant la curiosité des habitants, interrogeant leur imagination. L'histoire n'est pas encore finalisée. Elle s'écrit au fur et à mesure de la progression des travaux, tenant compte des surprises, des aléas, des avancées ou des retards qui ne manquent pas de jalonner les opérations d'aménagement. Nos projets sont au service du développement urbain et interagissent avec lui, se fondent dans son mouvement avec souplesse et mobilité.

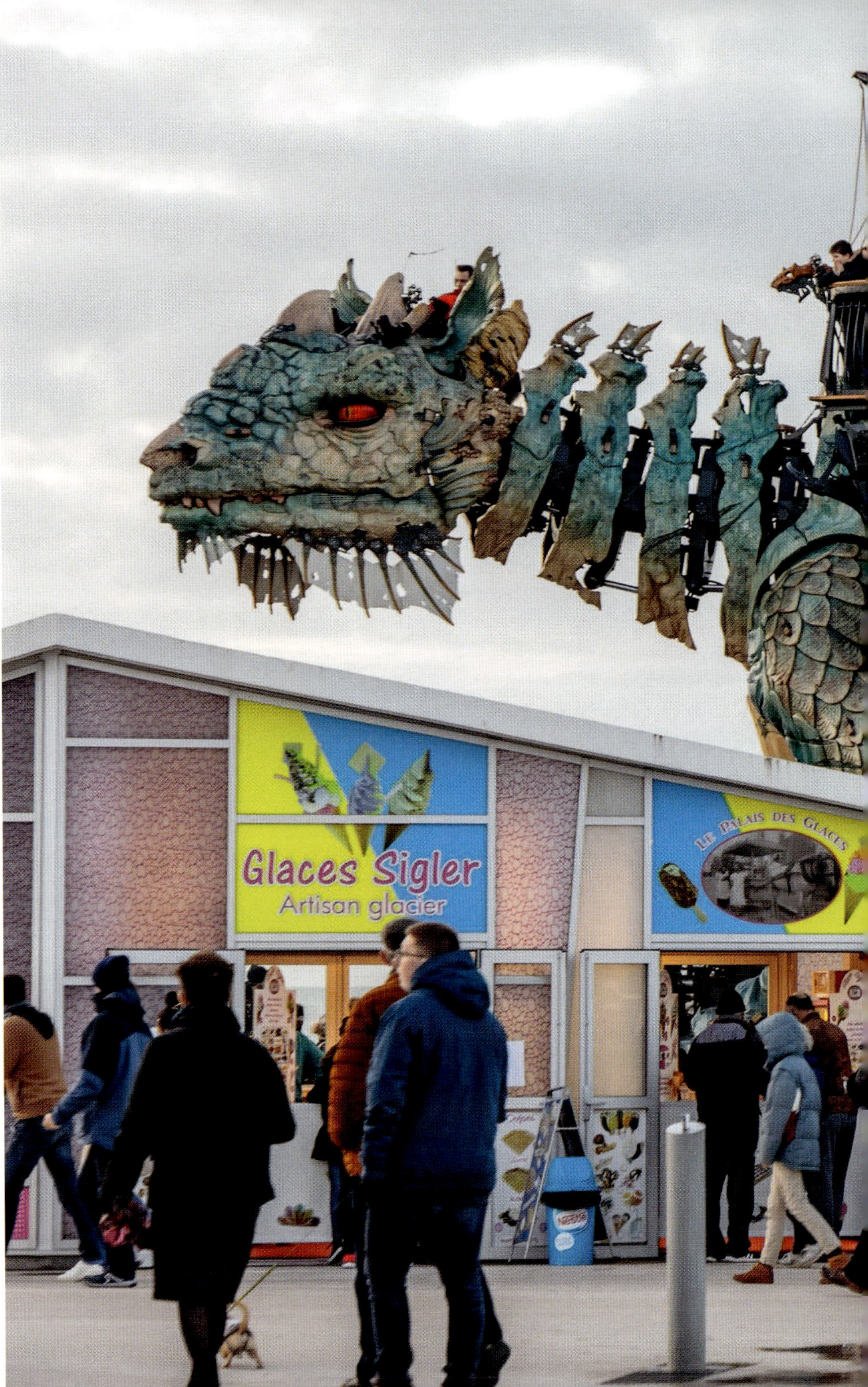

Le Dragon de Calais transportant cinquante voyageurs sur le front de mer en mode machine de ville.
The Dragon of Calais carrying fifty travellers on the seafront in City Machine mode.

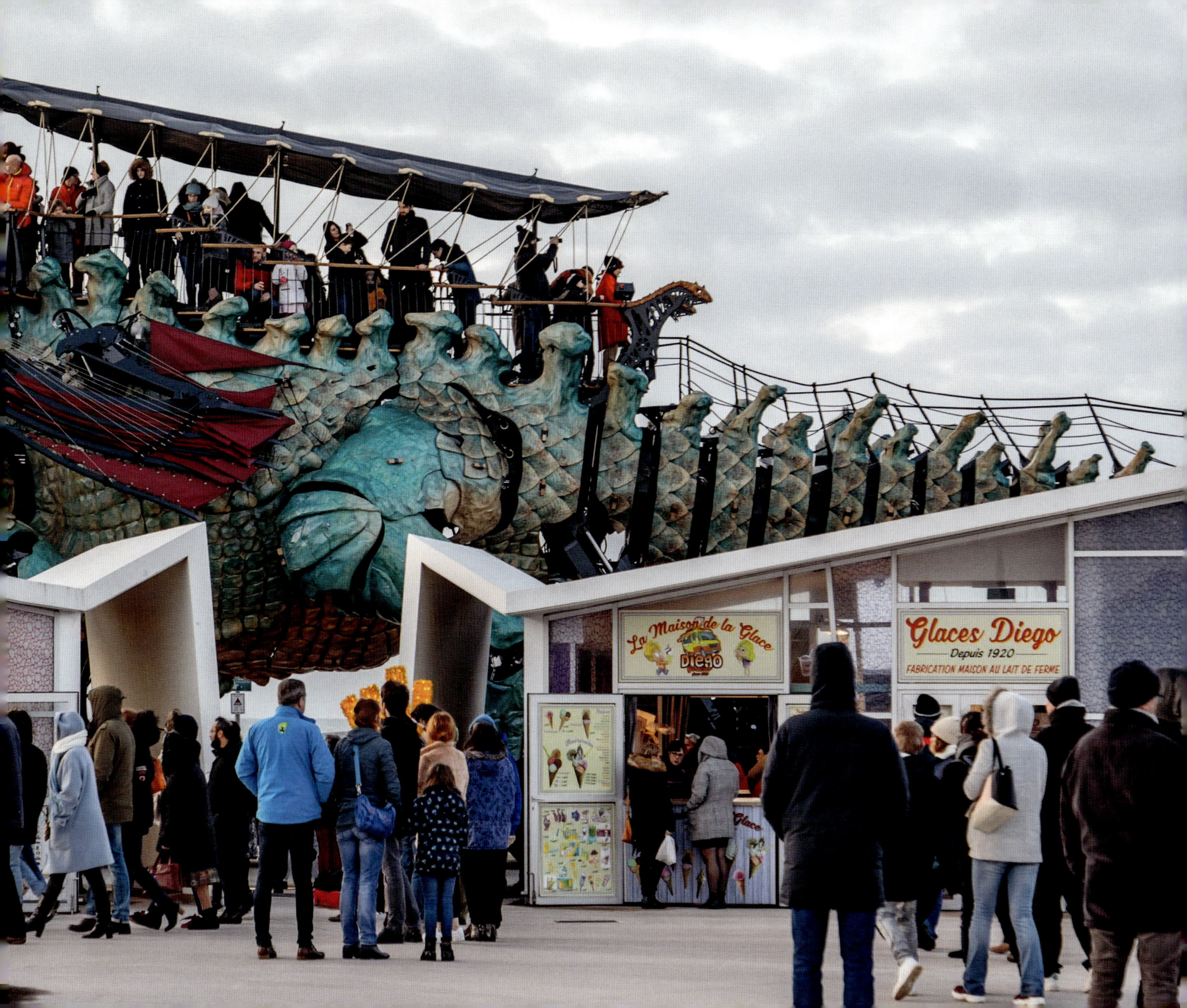

La Maison de la Glace
Diego
Glaces Diego
Depuis 1920
FABRICATION MAISON AU LAIT DE FERME
Glace

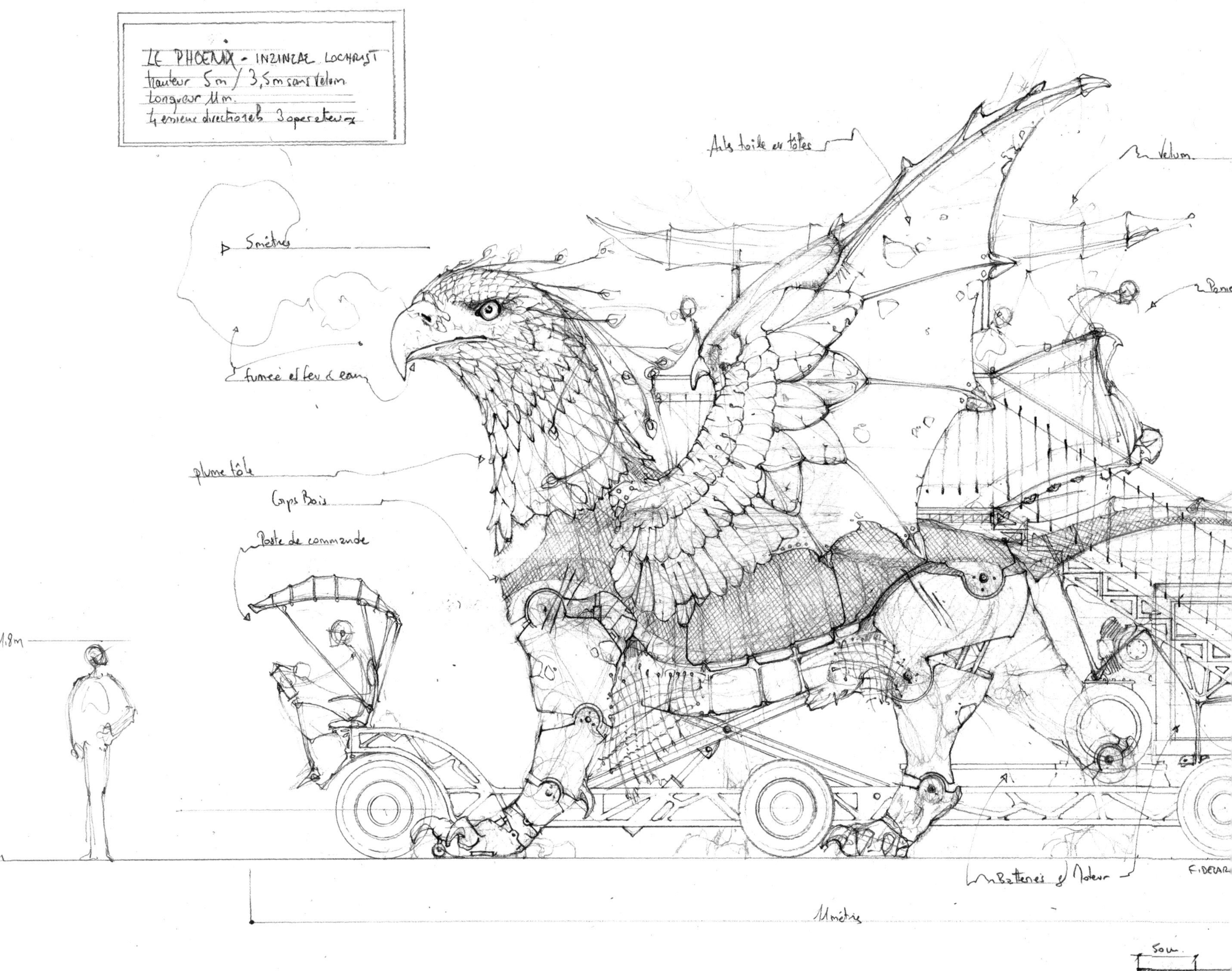

LE PHOENIX - INZINZAC LOCHRIST
Hauteur 5m / 3,5m sans velum
Longueur 11m.
4 essieux directionels 3 operateurs
Ailes toile et tôles
Velum
5 mètres
Panic
fumée et feu d'eau
plume tôle
Corps Bois
Poste de commande
1,8m
Batteries et Moteur
F. DECAR
1 mètre
5cm.
1 mètre

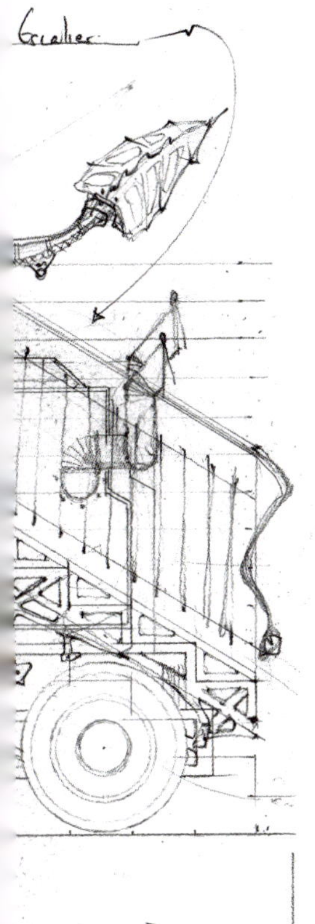

DANS LES CARTONS
IN THE PIPELINE

Chaque projet est une aventure. Certains aboutissent rapidement, d'autres restent un peu de temps, voire définitivement, dans les cartons. Mais l'étude d'une proposition, l'élaboration d'une réponse à une problématique sont toujours des expériences enrichissantes. Elles nous invitent à imaginer des solutions inédites pour revitaliser, repenser des territoires de toute nature, pas seulement dans les villes et pas exclusivement en France puisque notre travail est désormais observé dans le monde entier.

En marge des pratiques traditionnelles de l'urbanisme, nous ne répondons que rarement aux appels d'offres émis par les collectivités ou les aménageurs, nous proposons des œuvres d'art qui, par définition, dérogent à la mise en concurrence. Ce sont les porteurs de projet qui viennent vers nous et nous interrogent sur une possibilité d'intervention, la requalification d'une friche industrielle ou l'aménagement d'un quartier.

Il y a cependant, au préalable, une règle intangible : il faut toujours que notre mission ait pour champ l'espace public, que nos créations ne soient pas confinées dans un enclos inaccessible. Nous ne travaillons donc pas pour les parcs d'attractions.

Each project is an adventure. Some come to an end quickly, others last a little longer – or even definitively – in the pipeline. But the study of a proposal and the development of an answer to a problem are always enriching experiences. They invite us to imagine new solutions to revitalise and rethink areas of all kinds, not just in cities and not exclusively in France, since our work is now seen worldwide.

In addition to traditional town planning practices, we only rarely respond to tenders issued by local authorities or developers. Instead, we offer works of art, which, by definition, deviate from calls for tenders. These are the project leaders who come to us and ask about our possible involvement, the reclassification of an industrial wasteland or the development of a neighbourhood.

Beforehand, however, there is an intangible rule: our mission must always have a public space as its environment; our creations must not be confined in an inaccessible enclosure. Therefore, we do not work for amusement parks.

LA BAIE DE CARDIFF, THE RED DRAGON

Cardiff, la capitale du pays de Galles, a un problème structurel. Sa baie artificielle, creusée pour permettre aux navires
charbonniers d'accoster en eau profonde, est coupée du
centre-ville par un ruban de voies et de bâtiments désaffectés
qui ternissent le parcours donnant accès aux équipements de
loisirs déployés autour du bassin. La ville est donc à la recherche
de solutions pour rendre vie à ce parcours. Le contact s'établit
avec les aménageurs *via* le service des Espaces verts de la ville de
Nantes, au départ pour y jouer un de nos spectacles, *L'Expédition
végétale*, qui met en scène l'Aéroflorale II. Mais les échanges
que nous avons avec la ville de Cardiff nous conduisent rapidement sur un autre terrain, celui d'une opération plus ambitieuse
visant à retisser le lien entre la ville et sa baie. Nous contractualisons donc une préétude pour construire une proposition. Ces
préétudes doivent être financées, de sorte que nous ayons le
temps et les mains libres pour travailler en immersion sur les
lieux, que nous puissions rencontrer les acteurs, habitants et opérateurs, observer la façon dont la ville fonctionne, nous imprégner des traditions, des légendes locales.

THE RED DRAGON, CARDIFF BAY

Cardiff, the capital of Wales, has a structural problem. Its
artificial bay, dug out to allow coal ships to dock in deep
water, is cut off from the city centre by a ribbon of tracks and
disused buildings that tarnish the routes giving access to leisure
facilities deployed around the basin. The city was therefore
looking for solutions to bring life back to this route. Contact
was established with developers via the city of Nantes green
spaces department, initially to present one of our shows,
L'Expédition végétale, which staged Aéroflorale II. But the
exchanges we had with the city of Cardiff quickly drove us
down another route, that of a more ambitious operation aimed
at re-establishing the link between the city and its bay. So, we
contracted for a preliminary study to put together a proposal.
These pre-studies must be funded, so that we have the time
and free reign to work in an immersive manner on-site, so we
can meet the stakeholders, observe the way the city works,
and soak up traditions and local legends.
The red dragon – the symbol of Wales – quickly established
itself as the guardian figure. To include it on the scale of the

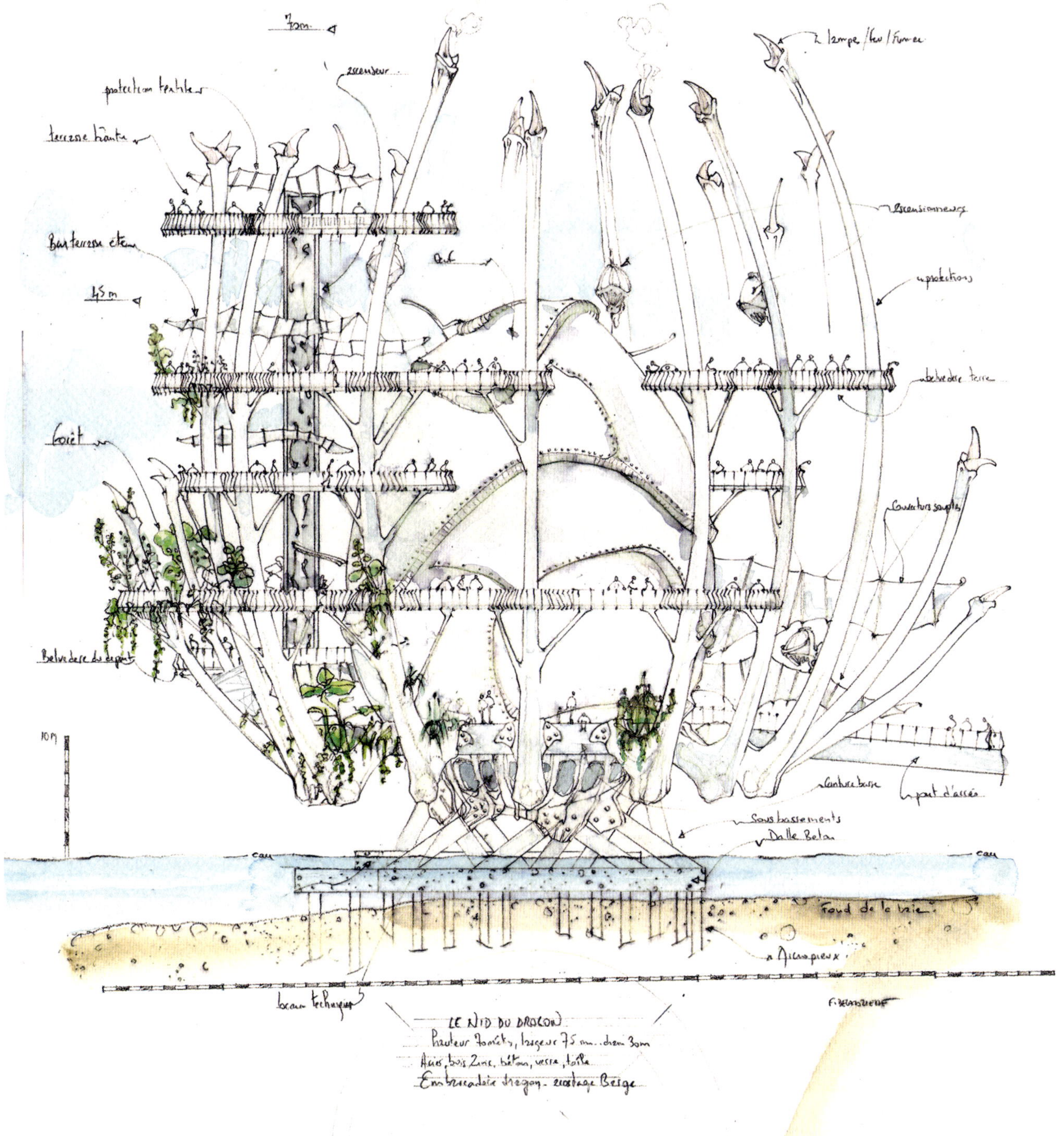
lampe / feu / fumée
ascenseur
protection textile
terrasse haute
Bar terrasse étang
ascensionneurs
projections
belvédère terre
forêt
couverture souple
Belvédère du sommet
ceinture basse
pont d'accès
soubassements
Dalle Béton
eau
eau
fond de la baie
Micropieux
locaux techniques
LE NID DU DRAGON
Hauteur ?, largeur 75 m ... dism 30m
Acier, bois, zinc, béton, verre, toile
Embarcadère dragon - accostage Beige

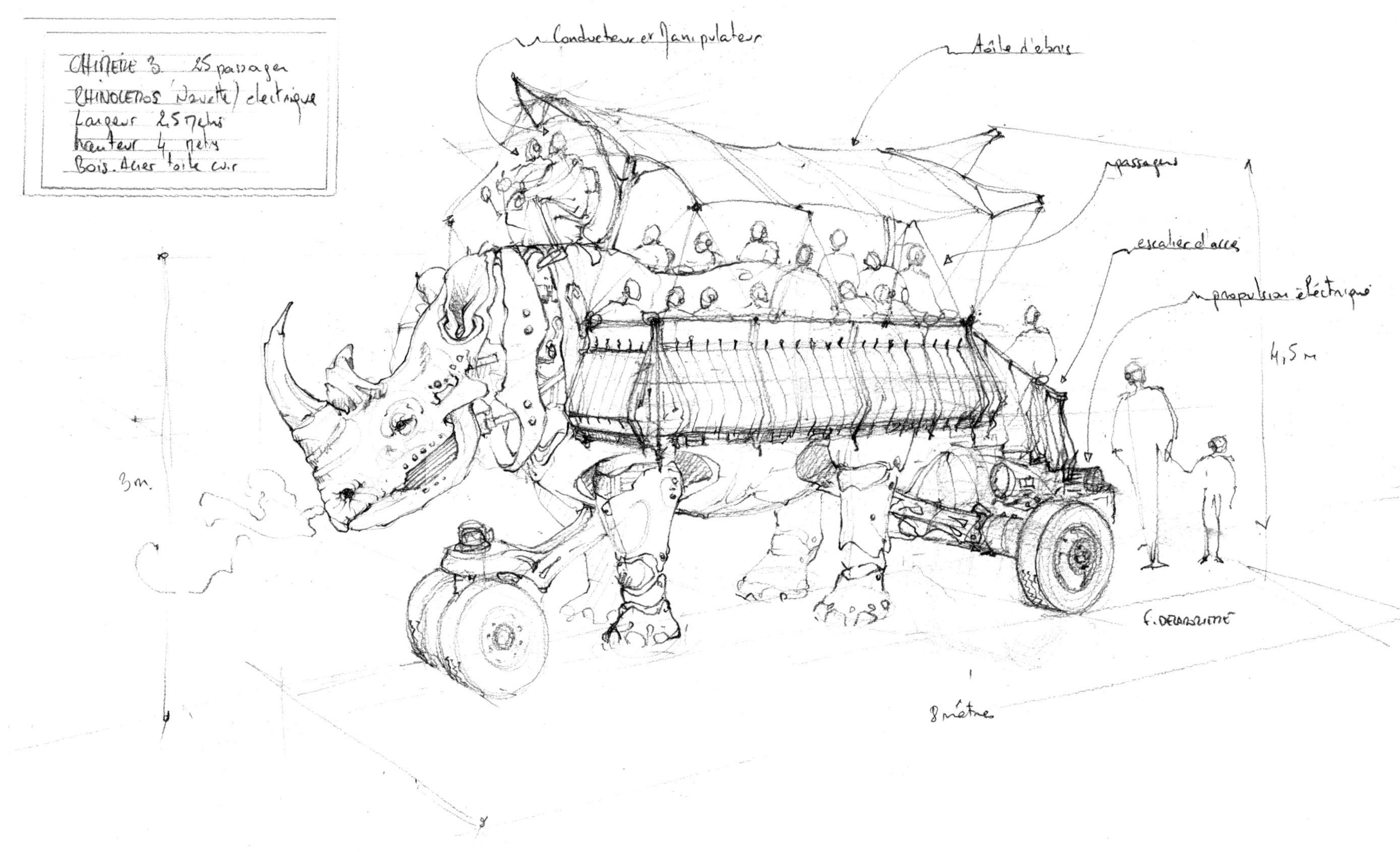

Rhinocéros de voyage, crayon sur papier, 65 × 50 cm.
Travelling rhinoceros, pencil on paper, 65 × 50 cm.

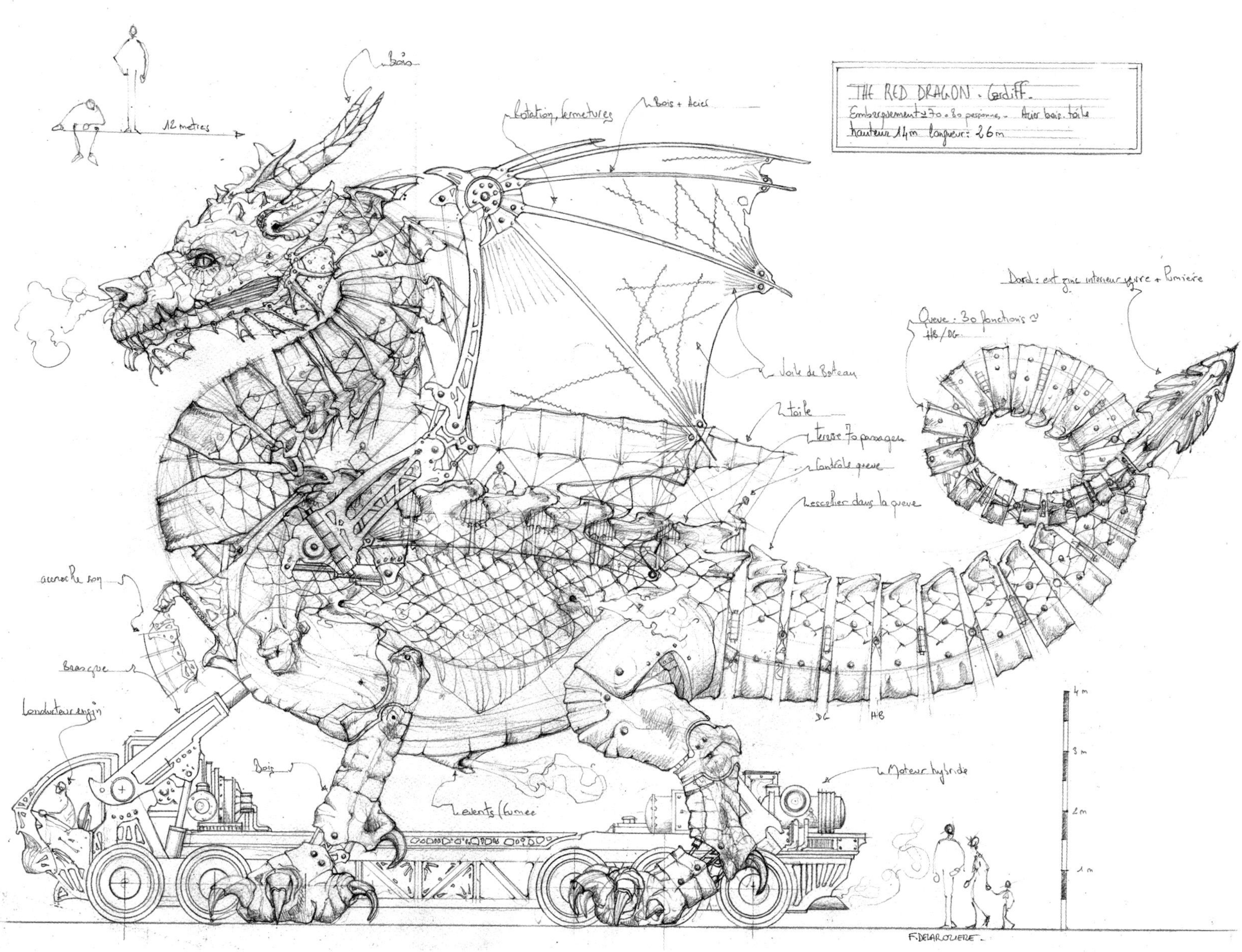

Le Dragon de Cardiff, crayon sur papier, 65 × 50 cm.
The Cardiff Dragon, pencil on paper, 65 × 50 cm.

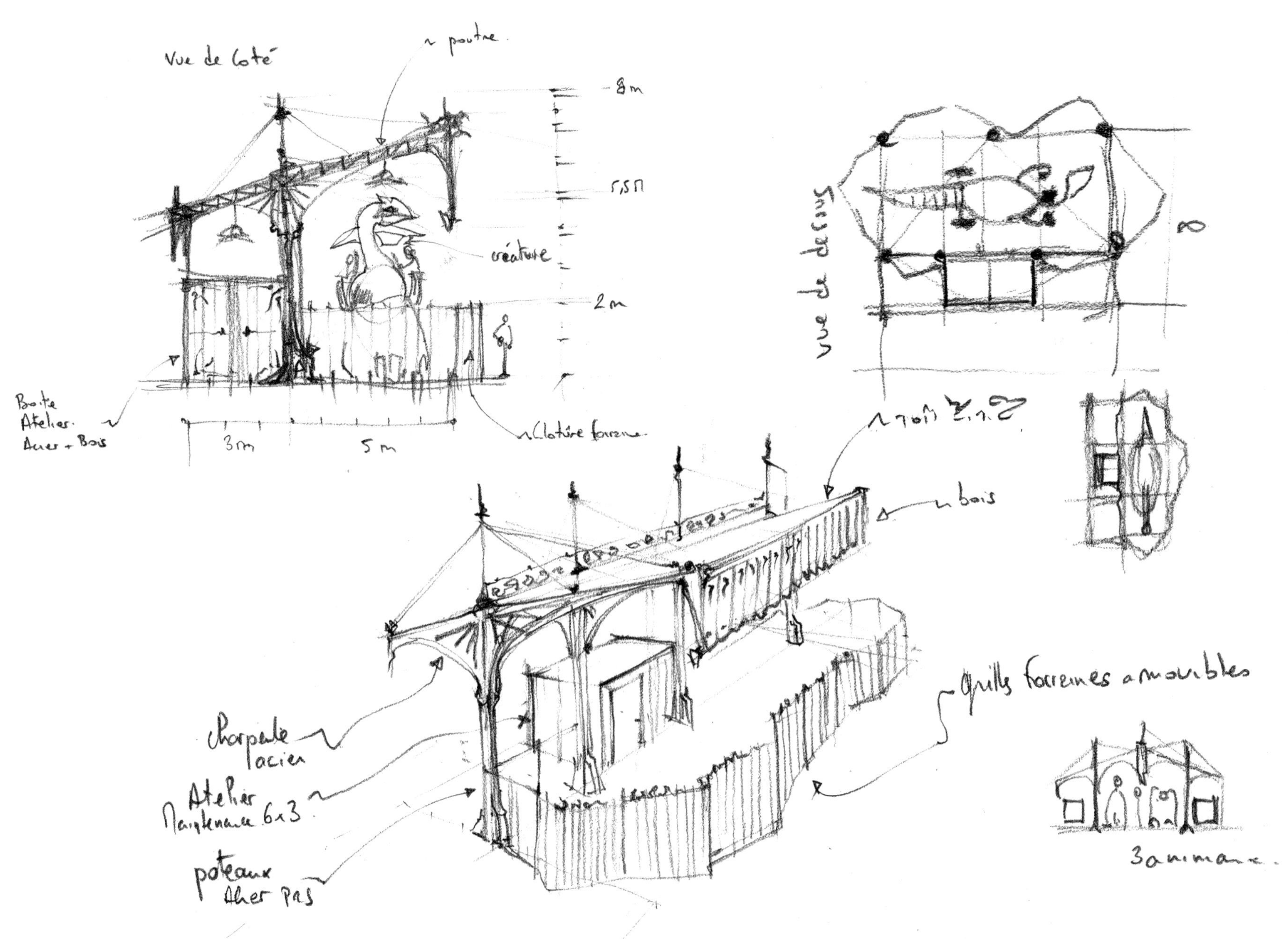

Vue de Coté
poutre
8 m
créature
2 m
Boite
Atelier.
Acier + Bois
3 m
5 m
Cloture forreine
Vue de dessus
bois
charpente
l'acier
Atelier
Maintenance 6x3
poteaux
Acier PRS
Grills forreines amoubles
3 animaux

Le dragon rouge, symbole du pays de Galles, s'impose rapidement comme figure tutélaire. Pour l'inscrire dans l'échelle de la baie, je dessine un repère visuel monumental, un nid en forme d'œuf, de soixante-dix mètres de hauteur, posé sur l'eau, doté de deux bars et d'un restaurant. Comme flottant sur l'eau, il est relié à la baie par une passerelle. Pour donner un caractère fantastique au parcours entre la ville et la baie, j'imagine la présence d'animaux mécaniques, un lézard, un émeu, un rhinocéros… promenant des passagers le long des voies. Je prévois également les abris qui, sous forme d'aubettes, deviennent les bases logistiques nécessaires à la bonne marche de l'ensemble. Le budget total de l'opération est, on s'en doute, élevé, quarante-deux millions de livres sterling, mais reste dans l'ordre de grandeur de ce type d'aménagement. Pour des raisons obscures, dues à la complexité des circuits de décision entre le Royaume-Uni, le pays de Galles et les responsables locaux, le projet n'a jamais été présenté officiellement aux élus. Il est donc en suspens.

bay, I designed a monumental visual landmark, an egg-shaped nest, seventy metres high, placed on the water and hosting two bars and a restaurant. As it floats on the water, it is connected to the bay by a footbridge. To give a fantastic character to the route between the city and the bay, I imagined the presence of mechanical animals – a lizard, an emu and a rhinoceros – walking passengers along the routes. I also planned the shelters which, in the form of bus shelters, become the logistical bases necessary for the smooth running of the whole system. Unsurprisingly, the total budget required for the operation is high – around forty-two million pounds sterling. However, this remains in the order of magnitude for this type of development. For obscure reasons, due to the complexity of the decision-making circuits between the United Kingdom, Wales and local authorities, the project was never officially presented to elected officials. It is therefore on hold.

LES JARDINS DE DERRY

Le scénario est un peu différent à Derry, en Irlande du Nord, où nous collaborons avec une structure britannique, Eden Project, l'association qui a créé des jardins tropicaux sous d'immenses dômes translucides dans une ancienne carrière de Kaolin en Cornouailles. Eden Project répond, en 2017, à un appel à projets des instances de Derry visant à valoriser les berges du fleuve, la Foyle, qui sépare la ville avec d'un côté, à l'ouest, la cité fortifiée catholique et de l'autre côté, sur la rive est, la ville protestante. Le projet tourne autour de jardins-greniers, de serres magnifiques, qui ont longtemps servi de réserve alimentaire pour les habitants de Derry. La phase d'immersion dans cette ville marquée par une histoire à la fois riche et violente me nourrit des légendes irlandaises, généreuses en chimères et en monstres issus de la tradition celte. Je propose de construire plusieurs petits dragons appelés à circuler sur les rives du fleuve, révélant les berges. Ces dragons apparaissent lors d'un grand spectacle par une mystérieuse porte découverte lors de travaux effectués sur le site. Alerté, le fils du dieu des Mers, une créature géante mi-homme, mi-cheval irlandais, garant de l'équilibre des mondes, poursuit les Dragons pour les

THE GARDENS OF DERRY

The scenario is a little different in Derry, Northern Ireland, where we are collaborating with the British Eden Project – an association that created tropical gardens under immense translucent domes in a former clay pit in Cornwall. In 2017 the Eden Project responded to a call for projects from the Derry authorities aiming to enhance the banks of the River Foyle, which separates the city with the fortified Catholic city to the West, and the Protestant city to the east. The project revolves around working gardens, magnificent greenhouses that have long served as a food reservoir of the people of Derry. The immersion phase in this city was marked by a history that is both rich and violent. It fed me with Irish legends, generous in chimeras and monsters from the Celtic tradition. I proposed building many little dragons to circulate on the river shores, showcasing the banks. These dragons appeared during a large-scale show through a mysterious door discovered during work being carried out on the site. Alert, the son of the god of the seas, a giant half man, half Irish horse creature, guarantor of the balance of worlds, pursues the dragons to

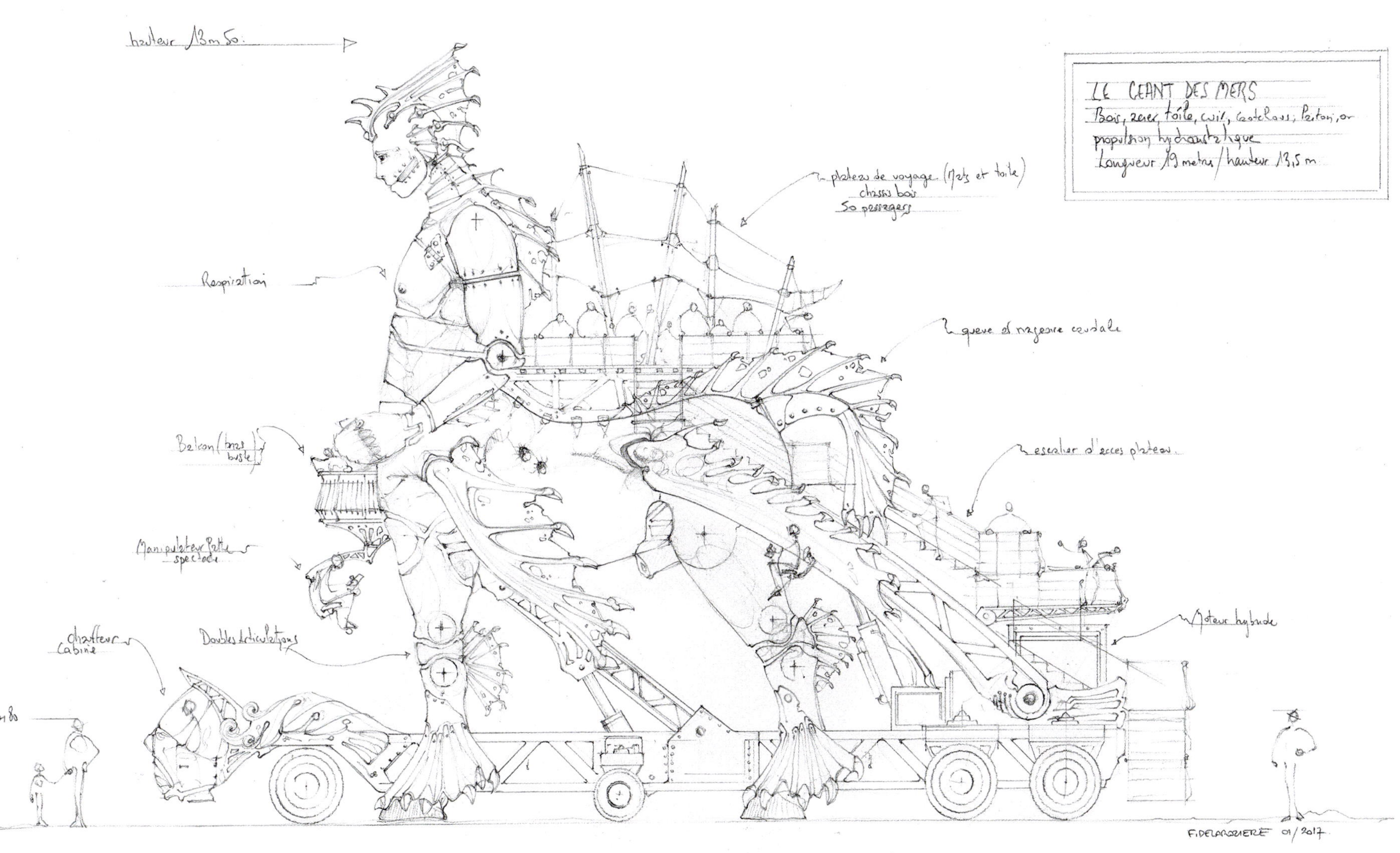

Le Géant des mers, crayon sur papier, 65 × 50 cm.
The Giant of the Sea, pencil on paper, 65 × 50 cm.

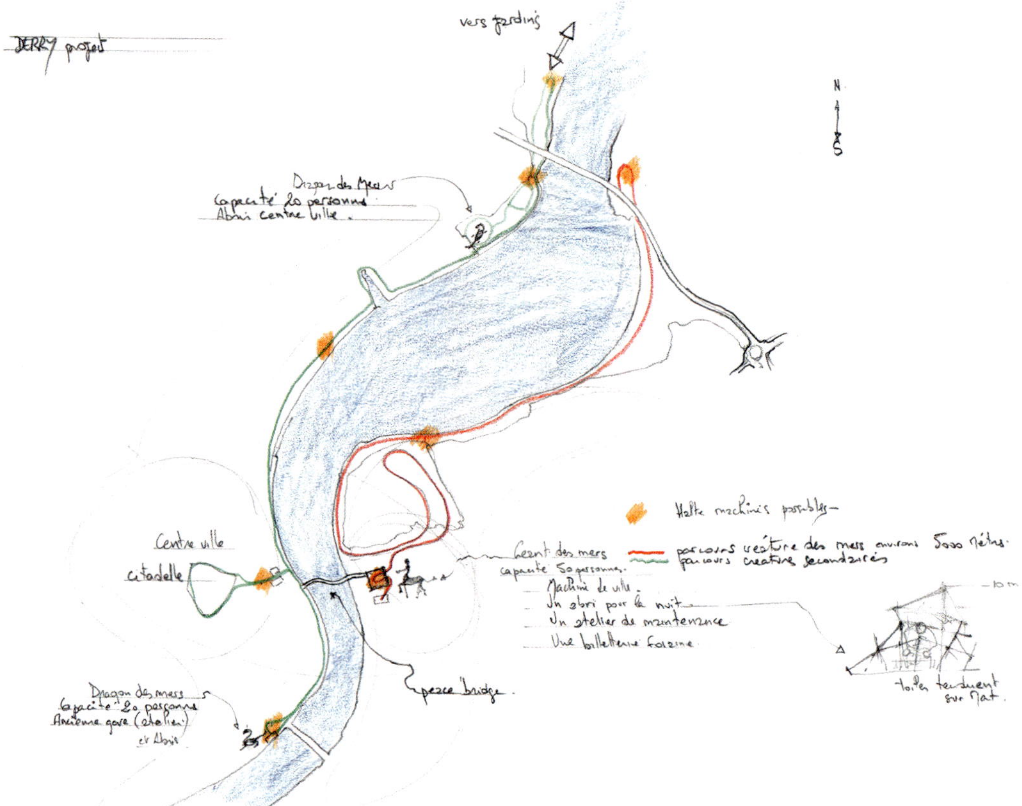

combattre. Finalement apprivoisés, les Dragons se mettent au service des hommes et les transporter. Le Géant quant à lui élit domicile sur une friche industrielle, embarquant sur son dos des voyageurs autour des sites historiques qui jalonnent les rives de la Foyle. L'histoire se raconte en plusieurs actes et s'inscrit dans les problématiques que nous avons plaisir à explorer : s'appuyer sur la réalité pour la faire basculer dans le rêve. Plusieurs projets étaient en concurrence pour Derry, mais celui d'Eden Park, et par conséquent le nôtre, n'a pas été retenu.

battle them. Finally tamed, the dragons put themselves at the service of people to transport them. Meanwhile the Giant chooses to live on a brownfield site, taking travellers on its back around historic sites that line the banks of the Foyle. The story is told over the course of several acts and is part of the issues that we had fun exploring, relying on reality to delve into dreams. Several projects competed for Derry, but Eden Park – therefore ours – was not selected.

Plan du parcours des Dragons et du Géant des mers, crayon sur papier, 42 × 30 cm.
Map of the route of the Dragons and the Giant of the Sea, pencil on paper, 42 × 30 cm.

LE PHOENIX DES FORGES

Située au cœur de la vallée du Blavet, à une vingtaine de kilomètres de Lorient, la base nautique d'Inzinzac-Lochrist est implantée sur une île au cœur d'une friche industrielle qui abritait d'anciennes forges. L'île de Locastel est un site naturel remarquable, prisé par les kayakistes qui goûtent le parcours enroché de ce petit fleuve côtier. Le bâtiment principal, qui sert de gymnase, est un hangar plutôt bien conservé mais sans grand caractère. La communauté d'agglomération souhaite, en 2016, rénover l'ensemble du parc, où subsiste également un ancien transformateur électrique, dans l'intention de renforcer son attractivité. De fait, le complexe a besoin d'être rafraîchi mais le site, dominé par un magnifique plan d'eau, et les bâtiments, témoins d'une page de l'histoire bretonne, offrent un splendide terrain de jeu.

Lors des repérages, je relève que l'ancienne forge est équipée d'un pont roulant, sur lequel j'ai l'idée de m'appuyer pour imaginer une série de machines dédiées à l'activité physique et sportive. L'équation n'est pas simple parce qu'il s'agit de proposer un univers singulier, à la fois ludique et sportif, qui

THE PHOENIX OF THE FORGES

Situated in the heart of the Blavet valley, about twenty kilometres from Lorient, the nautical base of Inzinzac-Lochrist is located on an island in the centre an industrial wasteland that once housed the old forges. The island of Locastel is a remarkable natural site, prized by kayakers who enjoy this small coastal river course. The main building, which serves as a gymnasium, is a fairly well-preserved hangar but doesn't have much character. In 2016 the urban community wished to renovate the entire park, where a former electrical transformer remains, with the intention of strengthening its attractiveness. Indeed, the complex needed to be refreshed, but the site, dominated by a magnificent body of water and the buildings, witness to a chapter in Breton history, offers a splendid playground.

During our scouting period, I noted that the old forge was equipped with a travelling crane, on which I had the idea to imagine a series of machines dedicated to physical and sporting activities. The equation was not simple because it was a question of proposing a singular universe that was both playful and sporting, not denying what already exists but giving it a new

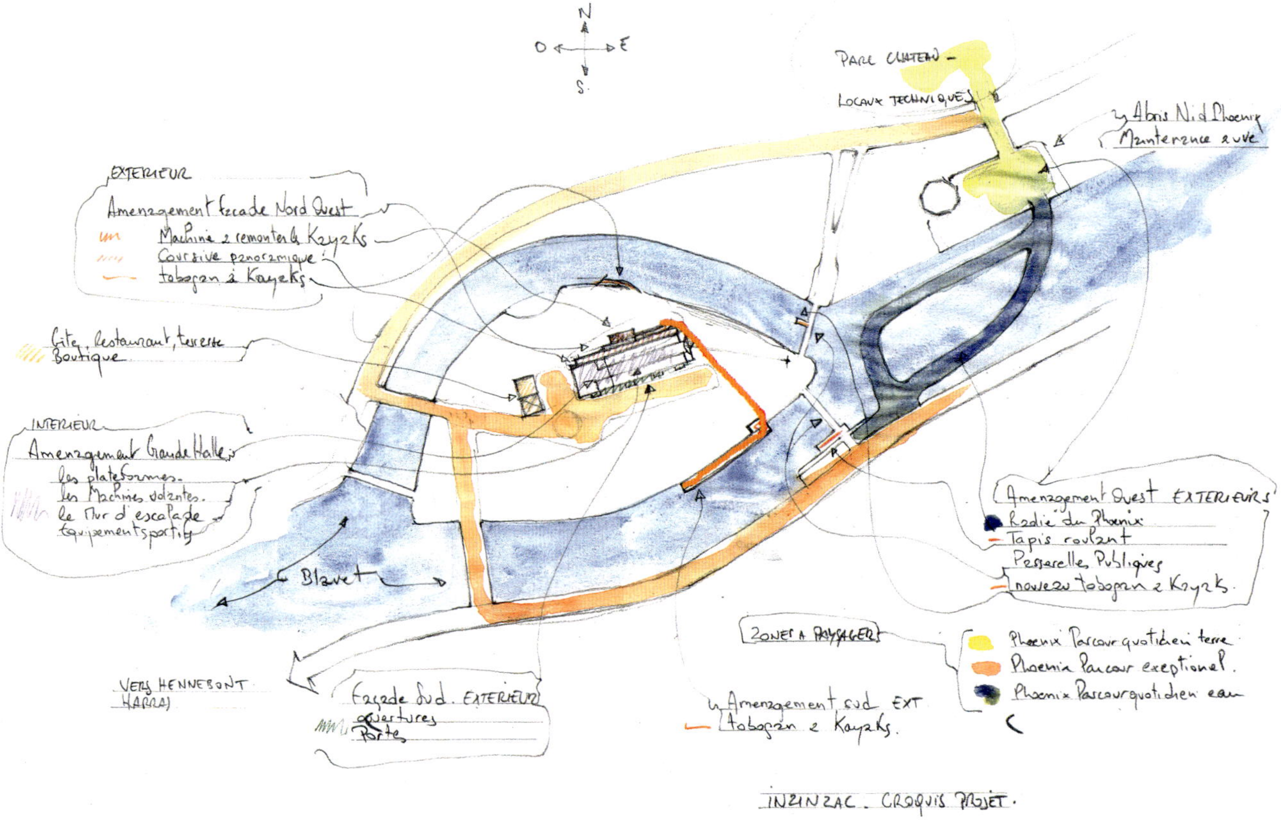

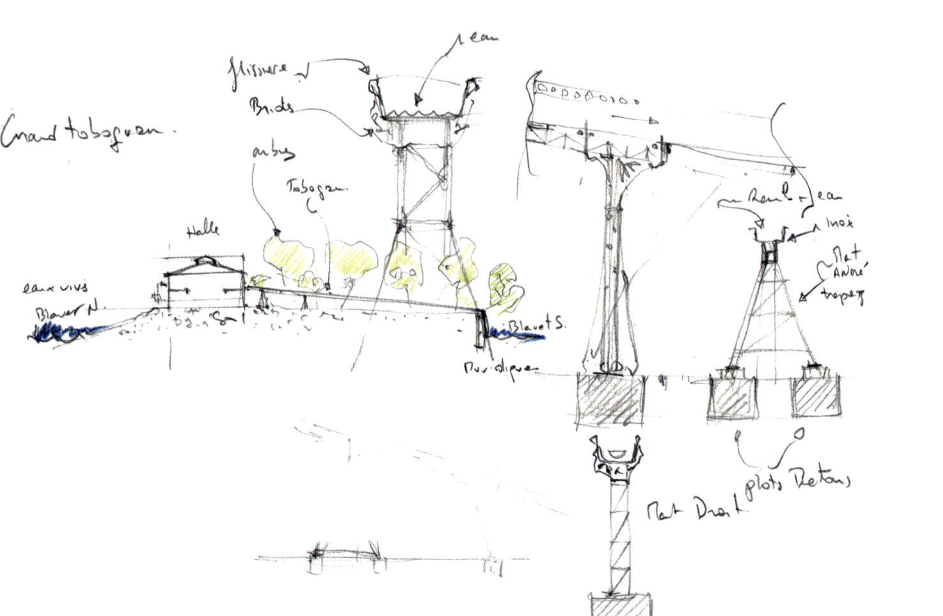

Étude pour Inzinzac-Lochrist. Plan descriptif général, crayon et aquarelles sur papier, 58 × 44 cm.
Study for Inzinzac-Lochrist. Broad outline, pencil and watercolours on paper, 58 × 44 cm.

Dessin du toboggan à kayaks, crayon sur papier, 58 × 44 cm.
Sketch of the kayak slide, pencil on paper, 58 × 44 cm.

ne nie pas l'existant mais lui donne une nouvelle dynamique. Je m'inspire, avec l'idée de créer un parcours sportif dans cette grande halle, des équipements que l'on trouve habituellement dans les salles de sport et j'imagine des appareils originaux, à l'aspect renouvelé par mon dessin, qui font appel à un effort physique. Je dessine par exemple un "ascencionneur" mû à la force des bras et des mollets qui permet de s'élever pour rejoindre une sorte de canoë mécanique doté d'avirons suspendu au pont roulant pour un déplacement dans les airs. Dans le même esprit, un long toboggan à kayaks permet de rejoindre le fleuve depuis les derniers étages de l'édifice. Je travaille parallèlement sur l'habillage du bâtiment en créant des puits de lumière dans la toiture, en le dotant de coursives, de balcons, de moucharabiehs pour permettre aux visiteurs d'embrasser le panorama mais aussi de rendre son architecture plus narrative.

L'idée est en effet d'élargir le public habituel du parc aux amateurs de nature, de loisirs et de culture. À cet effet, l'ancien transformateur est aménagé en chambre d'hôtes et en restaurant. Une créature fantastique, le Phoenix des forges, est convoquée pour permettre, notamment depuis les parkings, aux visiteurs de gagner l'île. Cette machine monumentale, capable de transporter une vingtaine de personnes, fait figure de créature fantastique gardienne des lieux. Marchant sur les eaux à la

dynamic. I was inspired with the idea of creating a sports course in this large hall and equipment usually found in sport halls. I imagined original apparatus, with the aspect renewed in my drawing that required physical effort. For example, I drew a "lift" moved by the force of the arms and the calves, which makes it possible to rise up to join a kind of mechanical canoe equipped with oars suspended from the rolling bridge to move it into the air. In the same spirit, a long kayak slide would allow us to reach the river from the top floors of the building. In parallel I worked on the building cladding by creating skylights in the roof, providing passageways, balconies and mashrabiyas to allow visitors to take in the panorama but to also make its architecture more narrative.

Indeed, the idea was to broaden the park's usual visitor base to lovers of nature, leisure and culture. For this purpose, the old transformer was renovated into a guest house and restaurant. A fantastic creature, the Phoenix of the Forges is summoned to allow bring visitors to the island, especially from the car parks,. This monumental machine, capable of transporting around twenty people, is a fantastic creature that guards the site. Walking on the water via an apron or floating on a raft, the means used to reach the island were not settled in the preliminary study and this Phoenix of the Forges will ultimately not see the light of day. The project turned out to be too

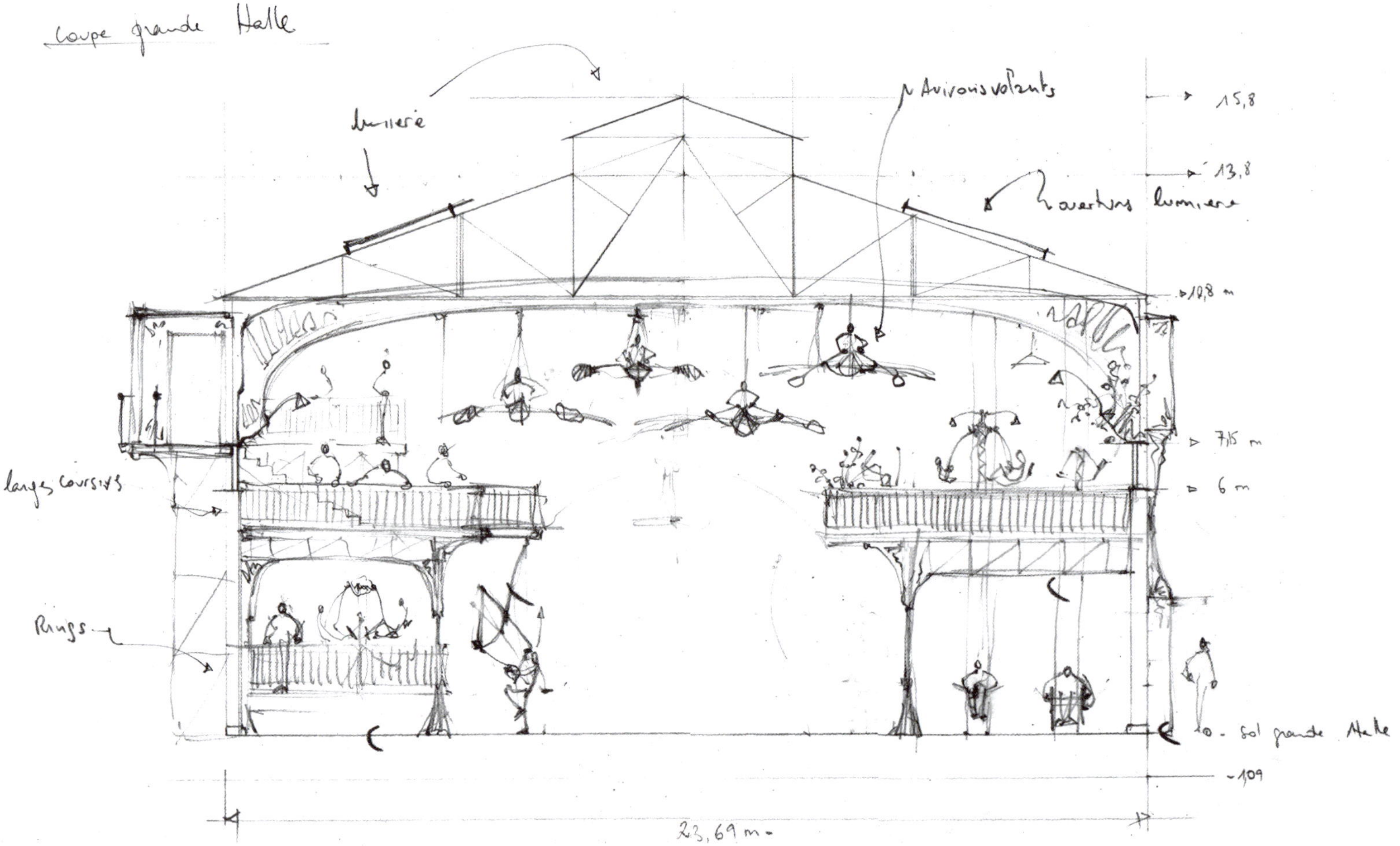

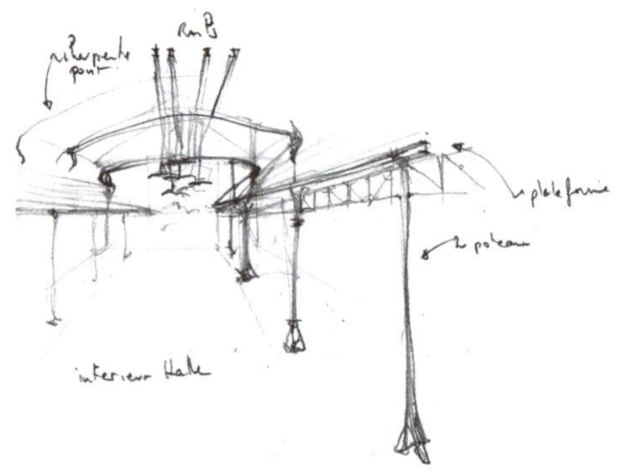

Coupe de la Grande Halle, crayon sur papier, 58 × 44 cm.
Cross-section of the Great Hall, pencil on paper, 58 × 44 cm.

Croquis d'un ascensionneur à pédales, crayon sur papier, 58 × 44 cm.
Sketch of the pedal lift, pencil on paper, 58 × 44 cm.

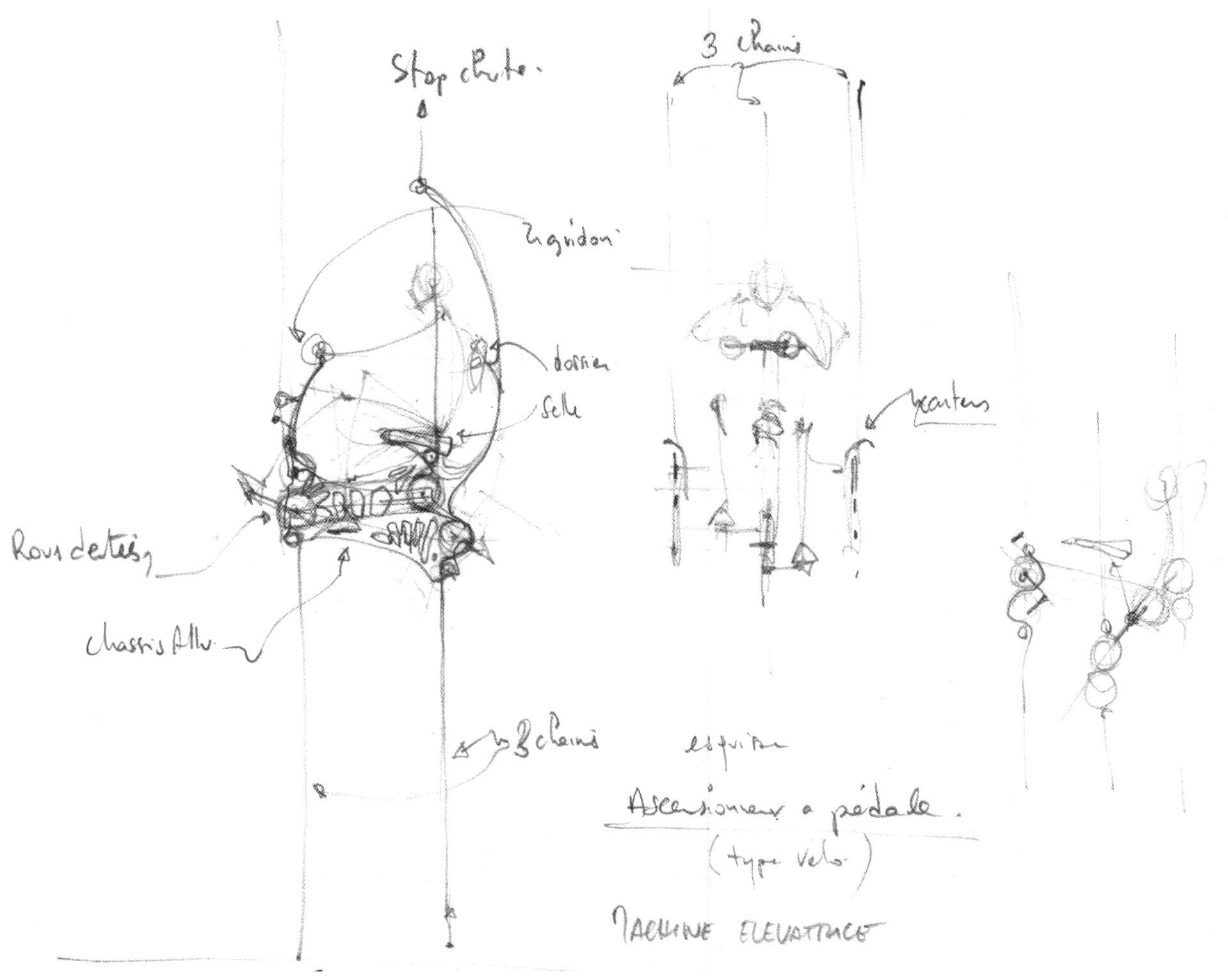

faveur d'un radié ou flottant sur un radeau – le moyen utilisé pour rejoindre l'île n'est pas tranché dans la préétude –, ce Phoenix des forges ne verra finalement pas le jour. Le projet se révèle trop ambitieux et peut-être un peu trop fou pour la collectivité, qui finalement n'a pas poursuivi les investigations.

ambitious and perhaps a little too crazy for the community, who ultimately did not follow-up with the proposal.

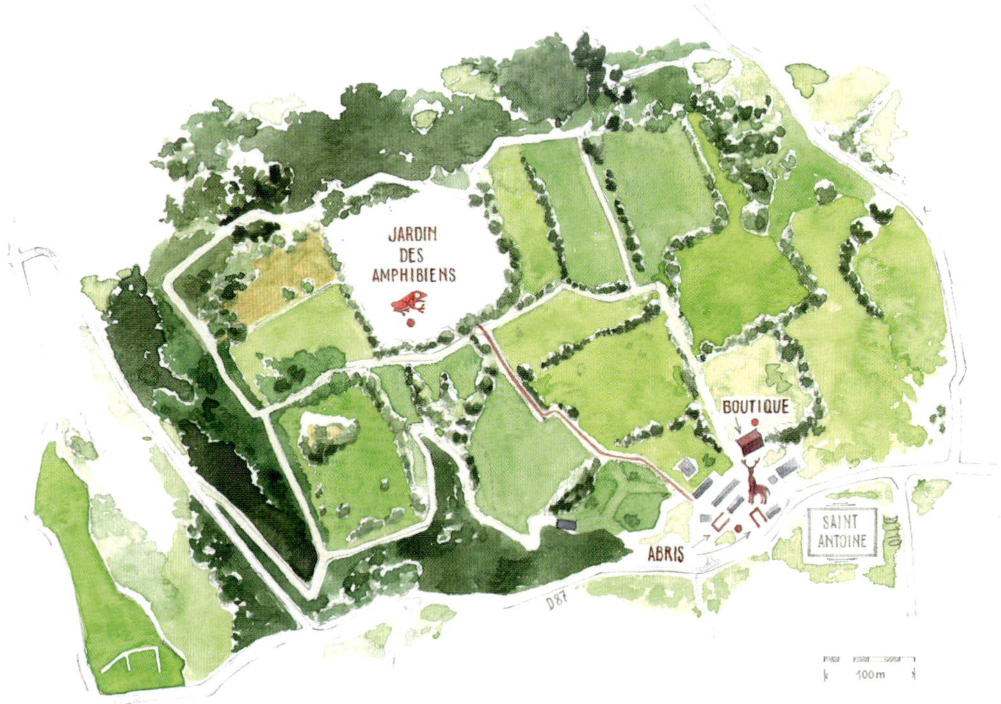

UN JARDIN FANTASTIQUE

Le hameau de Saint-Antoine, sur la commune de Lanrivain en Centre-Bretagne, est un site irréel au paysage velouté, sillonné de chemins creux, de prairies vallonnées, de talus boisés, comme surgi du XVIᵉ siècle, à l'image de sa chapelle de granit. Longtemps abandonné, le hameau reprend vie depuis quelques années, soutenu par la détermination de Jean Schalit, jeune homme de quatre-vingt-deux ans, propriétaire d'un jardin remarquable à quelques encablures, Le Grand Launay, et initiateur du festival annuel Lieux mouvants. Des artistes, comme Daniel Buren, des botanistes, comme Gilles Clément

A FANTASTIC GARDEN

The hamlet of Saint-Antoine, in the Central Brittany town of Lanrivian, is a surreal site with a velvety landscape criss-crossed with hollow paths, hilly meadows and wooded slopes, as if it arose in the sixteenth century, like its granite chapel. Long abandoned, the hamlet has come back to life in recent years, supported by the determination of Jean Schalit, a young man of eighty-two and the owner of Le Grand Launay, a remarkable garden close to the hamlet, and the founder of the annual Lieux Mouvants festival. Artists, such as Daniel Buren and botanists, including Gilles Clément and Francis

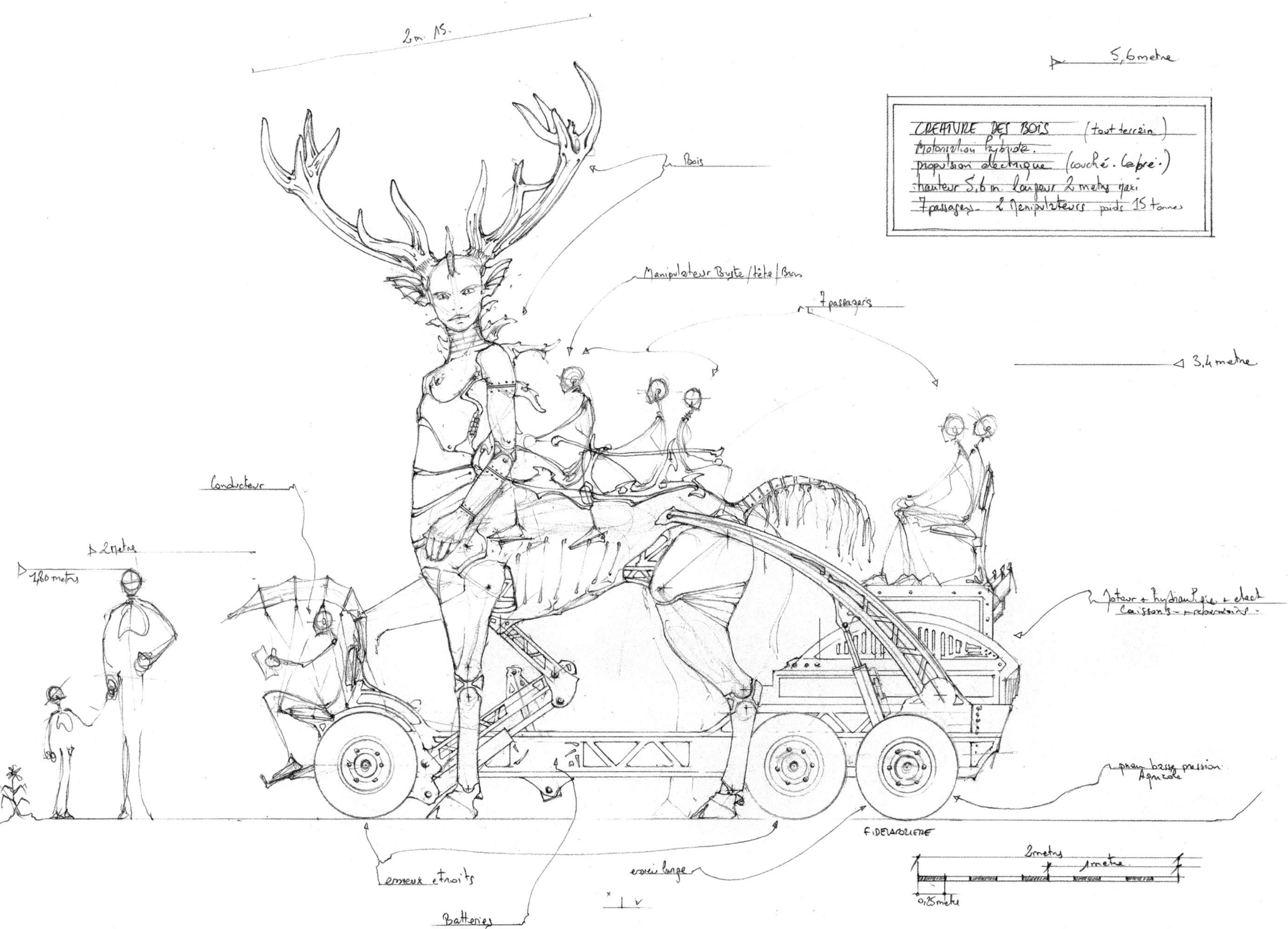

Créature des bois, crayon sur papier, 65 × 50 cm.
Woodland creature, pencil on paper, 65 × 50cm.

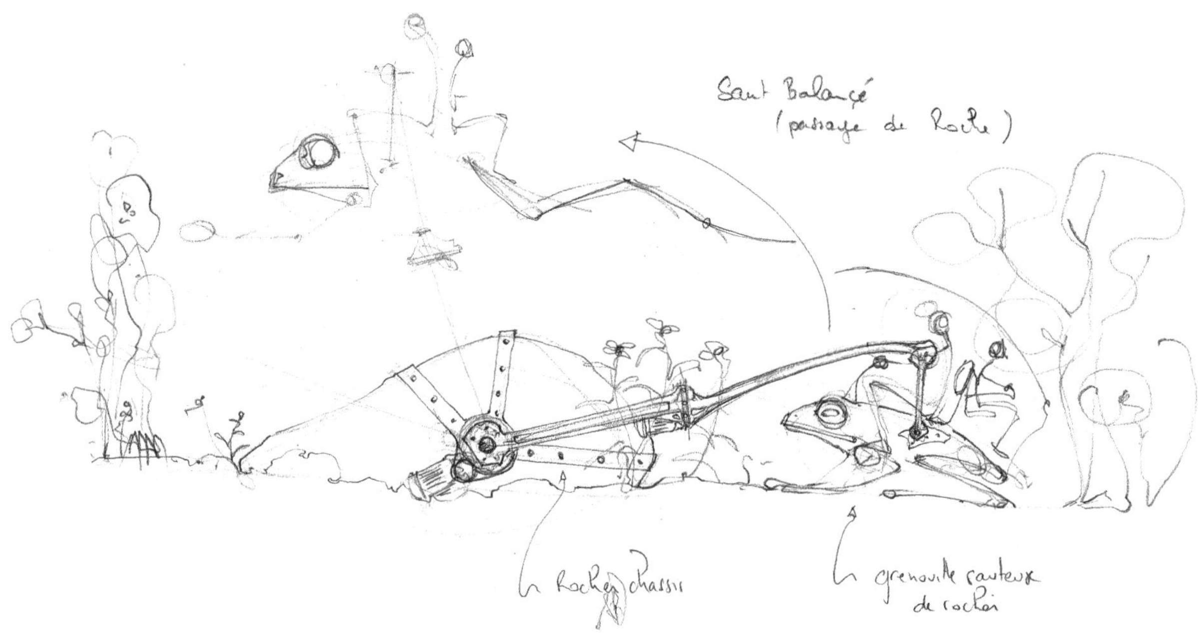

ou Francis Hallé, ont contribué à la mise en lumière de ce site exceptionnel. Ils participent aussi à la réflexion de l'Institut du jardin et du paysage de Bretagne et de la communauté de communes du Kreiz Breizh pour créer à Saint-Antoine un ensemble de jardins fantastiques.

Francis Hallé, l'inventeur du Radeau des cimes, travaille à un jardin dans la canopée qui s'appuie sur de grands arbres protégés du vent dans un vallon. L'idée est de proposer un parcours ludique en filet, parcourant des jardins accrochés à la cime des arbres pour observer, écouter la végétation et profiter, du haut d'une bulle des cimes, d'une vue panoramique sur le chaos granitique qui modèle le paysage.

Hallé, have contributed to drawing attention to this exceptional site. They also participate in the reflections of the institute dedicated to gardens and the landscape of Brittany and community of Kreiz Breizh to create a group of fantastic gardens in Saint-Antoine.

Francis Hallé, inventor of the canopy raft, is working on a canopy garden that will rest on large trees protected from the wind in a valley. The idea was to offer a playful netted route, passing through the hanging treetop gardens to observe and listen to the vegetation and enjoy, from the top of a treetop bubble, a panoramic view of the granite chaos that shapes the landscape.

Grenouille sauteuse sur rocher pour le jardin des Amphibiens (détail) ; crayon sur papier.
Jumping frog on a rock for the Amphibian Garden (detail), pencil on paper.

La compagnie La Machine planche, de son côté, sur la création du bestiaire fantastique appelé à se réfugier à Saint-Antoine. Chassées par la pression des hommes, ces Créatures des bois, mi-humaines, mi-animales, vont élire domicile dans les pâturages de Saint-Antoine. De taille adaptée au site, pour passer sous les frondaisons, après avoir été apprivoisées au cours d'un grand spectacle, elles seront en mesure de transporter une demi-douzaine de visiteurs dans les chemins creux du parc. Dans l'histoire contée, lorsqu'elles migrent, les Créatures des bois sont accompagnées par des Amphibiens. Ces derniers sont installés sur une parcelle en amont du village dans un jardin doté de points d'eau. Les Grenouilles géantes et les Crapauds sauteurs vivent autour des roches saillantes. Ces batraciens jouent, sautent et embarquent les visiteurs adultes et enfants dans leurs déplacements.

Ce travail avec le végétal, ce retour à une nature préservée sont une précieuse respiration. Ils me renvoient, en quelque sorte, à mes premières études. Ils engendrent certes de nouvelles contraintes, comme la portance au sol d'une machine dans un chemin creux, mais les contraintes stimulent toujours la créativité, elles en sont l'aiguillon. Un terrain inexploré s'ouvre ainsi, à Lanrivain, aux machines de ville qui s'autorisent désormais à évoluer en pleine nature, loin des villes.

La Machine is working on the creation of the fantastic bestiary that will take refuge in Saint-Antoine. Driven out by human pressure, these woodland creatures – half human and half animal – will take up residence in the pastures of Saint-Antoine. Their size is adapted to the site, to be able to pass under the foliage. After being tamed during a big show, they will be able to transport half a dozen visitors along the park's sunken paths. In the story told, when they migrate, the Woodland Creatures are accompanied by Amphibians. The latter are installed on plot upstream of the village in a garden with water sources. Giant frogs and jumping toads live around protruding rocks. These batrachians play, jump, and take adult and child visitors on journeys.

This plant-inspired work, this return to a preserved nature, is a precious breath of fresh air. In some respects, they take me back to my earlier studies. They certainly generate new constraints, such as ground lift of a machine in a hollow path, but such constraints always stimulate creativity: they spur things on. Thus, in Lanrivain, an unexplored field for City Machines opens up.

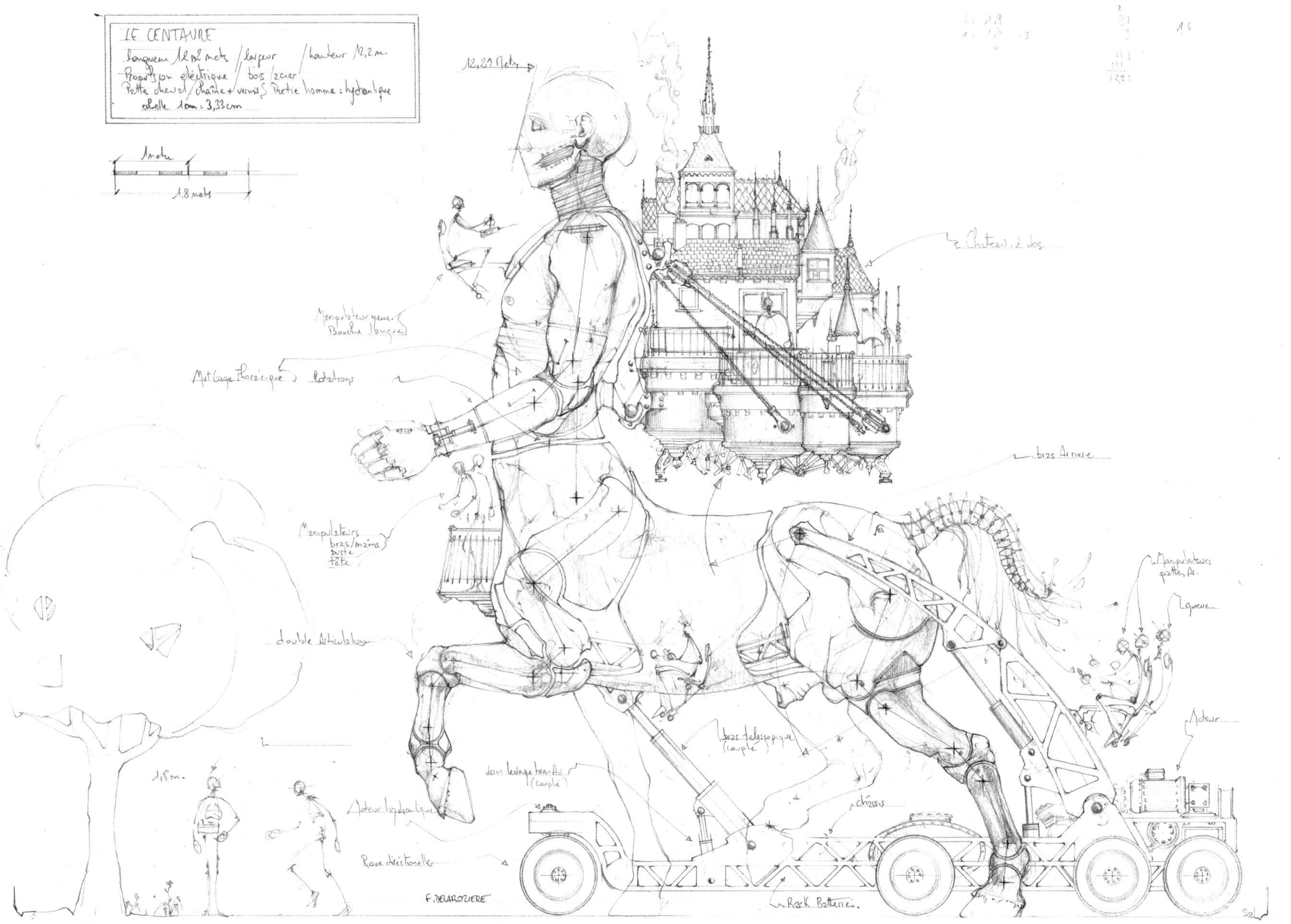

Le Centaure, crayon sur papier, 65 × 50 cm.
The Centaur, pencil on paper, 65 × 50 cm.

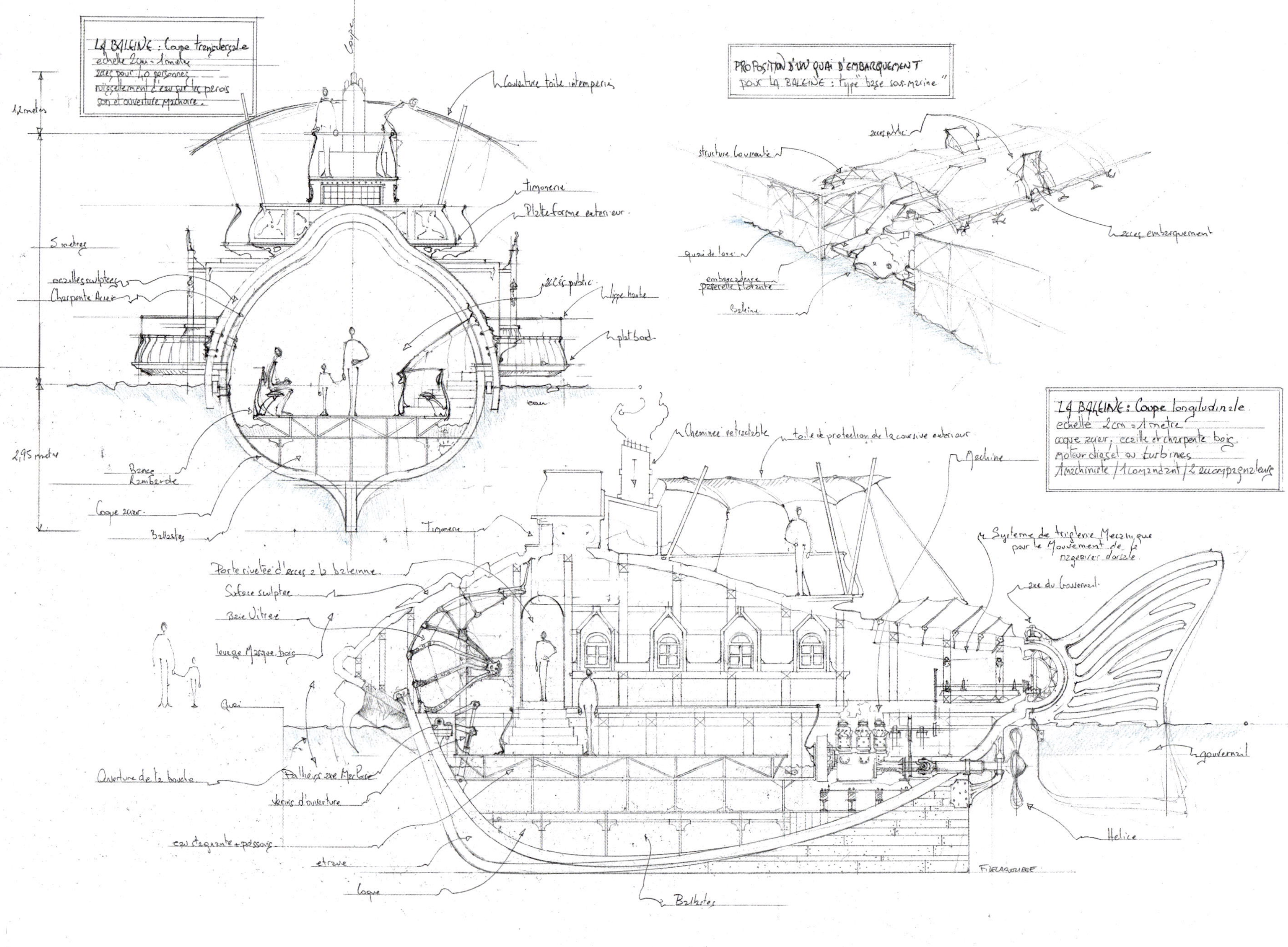

Projet de la Baleine, crayon sur papier, 58 × 44 cm.
Whale project, pencil on paper, 58 × 44 cm.

CRÉDITS PHOTOGRAPHIQUES / PHOTOGRAPHIC CREDITS